—— 主 编 ——

王 欣

—— 副主编 ——

刘永志

—— 编 委 ——

李成坚 胡杰辉 张家瑞 吴永强

曹曦颖 陈清贵 李国宏 莫光华

沈光临 王朝晖 黄丽君

外語

教育教学及人才培养研究

（2024）

四川大学出版社
SICHUAN UNIVERSITY PRESS

图书在版编目（CIP）数据

外语教育教学及人才培养研究．2024 / 王欣主编．
成都 : 四川大学出版社，2024．11．-- ISBN 978-7
-5690-7426-0

Ⅰ．H09

中国国家版本馆 CIP 数据核字第 2024VC6444 号

书　　名：外语教育教学及人才培养研究（2024）
　　　　　Waiyu Jiaoyu Jiaoxue ji Rencai Peiyang Yanjiu （2024）
主　　编：王　欣

选题策划：余　芳
责任编辑：余　芳
责任校对：于　俊
装帧设计：墨创文化
责任印制：李金兰

出版发行：四川大学出版社有限责任公司
　　　　　地址：成都市一环路南一段 24 号（610065）
　　　　　电话：（028）85408311（发行部）、85400276（总编室）
　　　　　电子邮箱：scupress@vip.163.com
　　　　　网址：https://press.scu.edu.cn
印前制作：四川胜翔数码印务设计有限公司
印刷装订：四川五洲彩印有限责任公司

成品尺寸：165mm×240mm
印　　张：16.5
插　　页：2
字　　数：281 千字

版　　次：2024 年 11 月 第 1 版
印　　次：2024 年 11 月 第 1 次印刷
定　　价：82.50 元

扫码获取数字资源

四川大学出版社
微信公众号

目　录

复合型外语人才培养

外语专业课程思政

外语专业课程建设与教学

大学英语教育教学

关键语种和研究生教育教学

复合型外语人才培养

依托项目的区域国别学人才培养模式探究

——基于四川大学“世界史＋外国语”实验班的思考①

严天钦

四川大学外国语学院，四川大学欧盟研究中心，
四川大学欧洲问题研究中心

摘　要：区域国别学成为一级学科将极大地促进区域国别研究的发展，也在很大程度上使外语学科的内涵得到延伸和拓展。一些外语类院校和综合性大学的外国语学院在培养区域国别学人才方面承担了重要使命，也在人才培养模式方面作出了一些改革。四川大学外国语学院与历史文化学院合作，依托特定项目创建的“世界史＋外国语”实验班，正是一种值得推广的区域国别学人才培养模式。但在高校现行的人事管理体制下，这种依托项目实施的区域国别学人才培养模式还面临许多困境。为解决这些困境，外语学科应该不断强化区域国别学人才队伍建设；同时教育部还应出台相关政策鼓励一些高校的区域国别研究中心和研究院实体化，把各学科的专家和资源整合起来，形成完整的多学科、跨学科区域国别学学士、硕士、博士贯通式培养体系。

关键词：国别与区域研究；人才培养；外语学科；四川大学；实验班

①　本文系四川大学“人工智能赋能创新型实践教育综合改革研究专项”项目“人工智能背景下区域国别学人才培养新模式研究”的阶段性成果。作者感谢“世界史＋外国语”实验班建设、四川大学“跨学科专业一贯通式”人才培养专项项目及“世界史＋外国语”实验班建设、四川省2018—2020年高等教育人才培养质量和教学改革项目负责人四川大学历史文化学院吕和应副教授和四川大学外国语学院王欣教授在论文写作过程中给予的帮助。

当前在一些国家和地区，右翼排外势力的影响不断扩大，逆全球化思潮抬头，经济全球化的步伐似乎放缓；然而，经济全球化的大趋势是不可逆的，当前逆全球化的思潮并不能阻挡中国与世界的融合。随着自身综合国力的提升，中国在全球治理和事务中正发挥着愈来愈重要的作用。百年未有之大变局对中国的区域国别研究人才提出了更高的要求，在这种背景下，区域国别研究的重要性得到凸显。在国内一些专家的推动下，区域国别学在2022年正式成为一级学科，这使得外语学科的内涵得到极大延伸，也为外语学科的发展提供了新的机遇。为了积极响应国家需求，服务国家战略，四川大学外国语学院自2018年起，在培养区域国别研究人才方面进行了有益的探索和富有成效的改革。本文在深入探讨培养区域国别学人才重要性的基础上，详细介绍四川大学外国语学院在此领域的经验。针对当前国内高校在培养区域国别学人才过程中面临的诸多挑战，本文亦做出了相应思考，并提出了对应的建议，以期为我国相关领域的人才培养提供有益的借鉴与启示。

1 新时代新背景下外语学科区域国别学人才培养的重要性得到凸显

随着全球化进程的不断加速，我国综合国力和国际地位的提升，我国在全球治理中发挥着日益重要的作用。在建设“一带一路”和构建人类命运共同体的背景下，区域国别学交叉学科的研究变得愈发重要。

2022年9月，国务院学位委员会、教育部印发《研究生教育学科专业目录（2022年）》，确定将“区域国别学”纳入第14类交叉学科一级学科目录，可授予经济学、法学、文学、历史学学位，至此结束了区域国别学长期以来没有明确学科归属的历史。“区域国别学”一级学科的建立是推进中国特色社会主义现代化事业和中国特色大国外交的现实需要，也是培养区域国别研究创新人才、对接国家战略、服务民心相通战略的基本要求。成为一级学科后，区域国别学在学术地位、资源、人才培养等方面将得到更多支持。对区域国家进行全方位、整体性、多角度、全息式的分析，不仅能填补学术上的空白，还能更好地完成其被赋予的历史使命（杨洁勉，2022）。为服务国家战略，各高校尤其是高校的外国语学院必须高度重视区域国别学建设，不断提升区域国别研究的质量，强化人才培养工作，把培养区域国别研究人才提升到国家战略的高度。

区域国别研究是一个跨学科的研究领域，要求多学科参与对域外地区或国家的全方位研究（钱乘旦，2023）。区域国别研究具有地域性、全面性、跨学科性和多学科性以及在地性和经验性四个特征，研究者必须掌握对象国和对象地区语言，并在当地生活和工作一段时间，才能获取一手资料，把相关研究做深、做透（钱乘旦，2021）。为了更好地培养区域国别研究人才，教育部在“交叉学科”门类下设立了“区域国别学”一级学科。根据国务院学位委员会第八届学科评议组、全国专业学位研究生教育指导委员会在2023年初公布的《研究生教育学科专业简介及其学位基本要求（试行版）》的规定，作为交叉学科，区域国别学“是对世界不同区域和国家的政治、经济、文化、社会、军事、人文、地理、资源等进行全面研究”的一门学科。为获得对特定地区和国家的全面、深刻的了解，研究者需要运用多学科的知识对区域、国别进行整体性、宏观性、集成性的研究。为服务国家对外合作战略，区域国别学所培养的人才“应当具备知行合一的学术素养，具有跨文化理解与交往能力；应当具有国际传播意识与能力，助力中国知识的全球化传播和中国声音的全球化表达”（中国学位与研究生教育学会，2023）。外语学科在培养区域国别学人才方面承担着重要任务，外语学科应该着重培养的是通领域、通国别和通区域的跨学科高端人才，这些人才所具备的跨文化能力、敏锐的洞察力、专项或综合研究能力和战略设计能力应该使得他们能够为国家提供高质量的咨询报告和调研报告，以便更好地服务于国家战略、中国特色大国外交、中外人文交流和国家文化软实力建设（彭青龙，2023）。

区域国别学成为一级学科使外语学科的发展迎来了新的机遇。作为交叉学科，区域国别学能通过整合经济学、法学、文学、历史学等学科资源和力量为区域国别研究提供新的研究思路、研究方法和路径。对于外语学科来说，在培养区域国别研究人才方面，如何摆脱单一学科传统的限制，真正实现多学科的交叉融合，如何充分发挥外语学科的特色优势，是外语学人需要认真思考的重要问题。

2 外语学科区域国别学人才培养的川大经验

实际上，在区域国别学还尚未成为一级学科之前，四川大学外国语学院便已在区域国别学人才培养领域进行了一系列创新尝试，以适应“新文科”建设以及“外语+”的改革需求。如推行本科双学位/双专业培养模式，鼓励有兴趣、有能力的学生在本科四年期间修读两个专业并获取相应学位。学生在扎实掌握外语技能的基础之上，通过修读世界经济、国际政治、国际法或者世界史专业的相关课程，能够有效突破以往相对单一的知识架构。该培养模式有助于增强学生的跨文化交际水平，为培养适应时代需求的高素质复合型人才奠定坚实基础，进而提升学生从事区域国别研究的综合能力（严天钦，2024）。

另外，在本科阶段培养区域国别学人才方面，依托四川大学“跨学科专业一贯通式”人才培养专项项目，自2018年以来，四川大学外国语学院与四川大学历史文化学院展开合作，创立“世界史+外国语”实验班，以适应新形势下国家对区域国别研究人才知识结构的要求。本实验班旨在培养对对象国或对象地区的历史、文化传统、国情现状有深入认知，拥有全球眼光和国际视野，熟练掌握对象国和地区的语言，能获取一手研究资料，具有跨文化交际能力的创新拔尖人才，并为世界史、外国语言文学、国际政治、外交学等相关学科输送高质量的研究人才。

“世界史+外国语”实验班每届招收20人左右，实施相对独立的培养方案。外国语学院和历史文化学院根据自愿的原则，对外语专业和世界史专业大一学生中提出申请的学生进行面试，选拔第一外语水平较高、专业基础扎实且对区域国别研究感兴趣的学生组建“世界史+外国语”实验班。学生在修读历史学课程的同时，根据他们的意愿和选拔测试结果，修读英语之外的另一门外语。历史文化学院负责实施历史学特别是世界史方面的教学和学术研究训练，外国语学院负责实施外国语言教学。学生需修满世界史和主修语言的必修课程，并按照教学计划选修相应的专业课程。毕业时，根据其所修课程，按照学生的意愿，授予历史学或外国语言文学的主修或辅修学位。“世界史+外国语”实验班实行双导师制，也就是说，实验班的学生在学习的过程中能同时得到一位世界史专业的教师和一位外语专业的教师的指导。学生在两位导师的指导下，每学期阅读一定量的中外文学术专著并撰写读书报告。

为了夯实“世界史+外国语”实验班学生的世界史知识，四川大学历史文化学院为实验班的同学量身定制了完备的教学规划。学生除了必修“中国通史”和“世界通史”等历史学专业的核心课程外，还需获取至少20个学分的世界史专业选修课程。其中，“世界史专业文献检索与利用”“西方史学理论原著选读”和“世界史学术前沿”被设定为世界史实验班学生的“方向必修课程”。此外，历史文化学院还为实验班的学生设置了欧洲史、美国史、上古中古史、东亚史等模块化课程集合，以供学生依据个人兴趣进行选修，并修习相应课程集合的专业语言课程。值得一提的是，外国语学院和历史文化学院借助实验班的教学有机整合了外语专业和世界史专业的优质师资力量，共同把“法语历史文献选读”“日语历史文献选读”“世界史专业文献检索与利用”等课程精心打造为跨专业的核心课程。在管理上，“世界史+外国语”实验班施行动态管理机制。每学年结束之际，都会对实验班的学生展开学业考核。外语或历史任一科目考核不合格者将退出实验班的培养体系，以确保实验班学生的学术水平和研究能力达到既定标准，保障实验班的可持续优化发展（严天钦，2024）。

经过几年的精心培养，“世界史+外国语”实验班中，外语专业的学生对对象国的历史、国情有了充分的了解；世界史专业学生在掌握专业知识和技能的同时，外语能力也得到大幅提升。自2018年起，“世界史+外国语”实验班已成功运行六年，共培养了102名优秀的复合型外语人才。这些学生在毕业后均表现出良好的学术和职业素养。以2021届毕业生为例，全班7名学生均凭借出色的表现达到了辅修学位的学分要求；有4名学生综合素养优秀，被浙江大学、南开大学和四川大学录取为免试硕士研究生；还有一位学生成功从四川大学转至柏林自由大学继续深造。近年来，该班毕业生深造的比例持续上升，稳定在六成以上，而选择直接进入职场的学生实现了百分之百就业。[①] 从实验班毕业后在其他兄弟院校继续深造的学生也获得了各接收院校的一致好评。这些成绩充分说明该实验班教育模式颇具成效。参与“世界史+外国语”实验班创建与日常教学管理的四川大学外国语学院和历史文化学院的教

① 数据由四川大学历史文化学院吕和应副教授提供。

师通过多次参加全国性的“世界史外语教学改革研讨会”，介绍和分享四川大学复合型人才培养经验，为四川大学“世界史+外国语”实验班赢得良好声誉。在国内各高校世界史专业的联合推动下，“外国语言与外国历史”（060106T）专业正式进入2020年2月教育部颁布的《普通高等学校本科专业目录（2020年版）》。四川大学“跨学科专业一贯通式”人才培养模式也在多所高校得到推广。

毫无疑问，“世界史+外国语”实验班为培养区域国别研究人才提供了一个很好的范式，但是这种依托四川大学“跨学科专业一贯通式”人才培养专项项目和“世界史+外国语”实验班建设，四川省2018—2020年高等教育人才培养质量和教学改革项目而开创的本科人才培养模式，其可持续性和普及性依然存在很大的不确定性。当前外语学科主导的区域国别研究人才培养依然面临诸多挑战和困难。

3 外语学科区域国别学人才培养存在的问题

“区域国别学”一级学科的建立解决了国别和区域研究学科属性不清楚的问题，使区域国别研究人才的本硕博贯通式培养成为可能。但在实际操作层面，“跨学科专业一贯通式”的人才培养依然受到许多掣肘。

不管是落实“新文科”建设还是培养具有综合素养的区域国别学人才都离不开科学的人才培养方案和合理的课程设置。国务院学位委员会第八届学科评议组、全国专业学位研究生教育指导委员会在2023年初公布的《研究生教育学科专业简介及其学位基本要求（试行版）》明确培养区域国别学硕士的课程体系应该包括三个模块，即语言模块、地区模块和专业模块。语言模块涉及学习对象国的语言，地区模块指学习对象国的历史与现实、政治与经济、社会与文化、内政与外交、安全与稳定、民族宗教等知识，专业模块指就对象国的某一问题做专业研究。区域国别学的课程设置应该满足学生个性化的需求，针对不同的学生提供个性化的培养方案，为学生提供多学科的选修课（中国学位与研究生教育学会，2023）。由此可见，外语学科区域国别人才培养的课程体系必须体现交叉性和综合性。课程既包括对象国和对象地区的语言学习，也包括区域国别相关内容。学生在大学一二年级将把主要精力放在语言学习上，大学三四年级则重点聚焦区域国别相关内容的学习，学习掌握政治学、经济学、历史学、法学和人类学的相关理论和研究方法。

然而，就目前国内外语学科为培养区域国别学人才设置的课程情况来看，多数外国语学院开设的语言技能课程过多，挤压了区域国别课程的设置空间，同时，课程设置受限于外语学科教学资源，使知识与语言往往较为割裂。因此，应当通过对外语专业课程的改革探索，构建全新的区域国别研究课程体系（查建国，陈炼，2022）。

四川大学外国语学院通过与四川大学历史文化学院合作，在“世界史+外国语”实验班成功实施了“跨学科专业一贯通式”人才培养模式，主要是依托四川大学人才培养专项项目资金的支持。事实上，当前中国大多数高校的人事管理体制不利于综合院校的不同学院之间形成这种跨学科协同培养人才的方式。国家非常重视区域国别研究，对高校的区域国别研究机构投入了巨大的财力。在2012年，全国获准立项的教育部区域和国别研究培育基地共42个，其中就包括四川大学申报的欧盟研究中心和美国研究中心。目前，全国大约有600家科研机构在从事区域国别研究。很多高校，比如安徽大学、对外经贸大学、北京大学、山东大学、聊城大学等在这些研究中心的基础上陆续成立了国别和区域研究院（赵少峰，2023）。然而，很多高校的区域国别研究中心或研究院都是虚体。这些研究机构虽然搭建了一个跨学科研究的平台，但是其研究人员主要还是来自各个院系的兼职人员。对研究人员的业绩进行考核的单位仍然是他们所在的院系。这些跨学科区域国别研究机构大多是附属机构，在用人权、财权和获取资源的能力上有先天不足，通常既没有自己的学生也没有向学生系统开设区域国别研究课程的权力和义务；因此，这些研究机构的跨学科研究人员的工作积极性往往并不高，无法更好地开展通过“跨学科专业一贯通式”人才培养模式来培养区域国别学人才工作（杨庆龙，2023）。

4 结语

区域国别学成为一级学科使外语学科的内涵得到延伸和拓展，为外语学科的发展带来了新的机遇。部分外语类院校和部分综合性大学的外国语学院所成立的教育部区域国别研究备案基地以及各高校在整合多个学院资源基础上成立的区域国别研究院为区域国别研究提供了平台，在一定程度上为中国实施中国特色的大国外交、中国参与全球治理、“一带一路”建设、构建人类命运共同体提供了很好的智力支持。在培养区域国别跨学科人才方面，四川大学外国语学院依托四川大学和四川省人才培养项目，自 2018 年以来联合四川大学历史文化学院所创立的“世界史+外国语”实验班，促进了外语学科与世界史专业的交叉融合，缓解了外语学习与区域国别学知识割裂的问题。然而，从全国总体情况来看，外语学科与以外语学科为基础搭建的跨学科区域国别研究中心或研究院在培养“外语+区域国别学人才”上还存在很多不足。为了应对外语学科在培养区域国别学人才方面存在的问题，一方面，拥有区域国别研究中心的外语类院校或综合性大学的外语学院要强化区域国别学科师资队伍的建设，鼓励有志于从事区域国别研究和教学的教师攻读相关专业的博士学位或到国外大学进行访学，同时加大人才引进的力度，特别是对在研究对象国的大学获得国际政治、经济学、法学或历史学博士学位的青年才俊的引进；另一方面，国家层面可以出台相关政策，支持有条件的综合性大学或外语类院校把原有的区域国别研究中心或研究院实体化。如此一来，有条件的大学就能够把区域国别研究相关的各学科专家和资源整合起来形成合力，在课程设置、教材编写、区域国别研究人才培养方案等方面走上正轨，真正形成完整的多学科、跨学科区域国别学学士、硕士、博士贯通式培养体系，使区域国别学作为一级学科发挥其应有的作用，满足国家在新形势下对区域国别研究人才的需求。

参考文献：

彭青龙，2023. 外语学科区域国别学人才培养与科学研究面临的挑战、机遇和定位［J］. 外语教学理论与实践（1）：9－17＋8.

钱乘旦，2021. 以学科建设为纲　推进我国区域国别研究［J］. 大学与学科（4）：82－87.

钱乘旦，2023. 关于区域国别研究的几个问题［J］. 学海（1）：114－116＋176.

杨洁勉，2022. 新时代中国区域国别学科建设的理论意义与学术治理［J］. 亚太安全与海洋研究（4）：1－11＋133.

杨庆龙，2023. 当前外语学科下国别与区域研究面临的问题及其对策［J］. 外语教学理论与实践（3）：26－33.

严天钦，2024. 新文科背景下国别和区域研究人才培养模式探索［J］. 创新教育研究，12（4）：297－303.

查建国，陈炼，2022. 培养区域国别研究复合型人才［N］. 中国社会科学报，2022－6－10（A02）：1－2.

赵少峰，2023. 从历史演进看区域国别学科建设［N］. 社会科学报，2023－01－19（005）：1－3.

中国学位与研究生教育学会，2023. 研究生教育学科专业简介及其学位基本要求［EB/OL］.［2023－01－10］. https://www.acge.org.cn/encyclopediaFront/enterEncyclopediaIndex.

翻译传播“课程链”矩阵下的国际传播人才培养：“三进”视角①

周　黎

成都外国语学院教育与体育学院

摘　要：全面提升国际传播效能，建立适应时代发展需要的国际传播人才是当下的重要议题。“三进”为国际传播人才的培养提供了重要的契机，也为课程思政教育教学开辟了新的路径。翻译传播教育对国际传播人才的培养具有重要作用。因此，基于“三进”的翻译传播“课程链”打破外国语言文学专业与新闻传播学专业的学科壁垒，从聚焦单门翻译或传播课程转向将多门课程“串联”，翻译与传播课程的各个“点”“线”“面”有机关联，形成了“三位一体”的矩阵，构建起一个连贯、立体的教育体系，从而充分发挥“课程链”协同育人效应，培养学生的国际传播能力。因此，为顺应新文科建设和学科交叉融合的趋势，翻译传播“课程链”矩阵下的国际传播人才培养需要更新现有人才培养机制、模式和路径，同时优化师资队伍和教材体系，进而提升人才的培养质量，实现知识传授、能力培养、价值塑造的全面育人目标，为国家的文化软实力和国际传播战略做出贡献。

关键词：“课程链”；国际传播；人才培养；“三进”

① 本文系2023年四川省教育厅人文社会科学重点研究基地四川外国语言文学研究中心与高等教育出版社联合资助项目：类ChatGPT人工智能技术背景下高校应用型翻译人才信息素养创新培养模式构建研究（编号：SCWYGJ23－11）和2023年四川省高等学校人文社会科学重点研究基地新建院校改革与发展研究中心项目：“三进”背景下新型本科院校国际传播人才外译能力培养研究（编号：XJYX2023B10）阶段性研究成果。

1 引言

2016年，在全国高校思想政治工作会议上，习近平总书记强调，要把思想政治工作贯穿教育教学全过程，使各类课程与思想政治理论课同向同行，形成协同效应。2020年5月28日，教育部印发《高等学校课程思政建设指导纲要》，明确指出培养什么人、怎样培养人、为谁培养人是教育的根本问题，立德树人成效是检验高校一切工作的根本标准①，这为高等教育领域提供了明确的方向指引和价值遵循，确保了教育工作始终围绕培养德才兼备的社会主义建设者和接班人这一核心任务展开。2021年5月31日，习近平总书记在十九届中央政治局第三十次集体学习时的讲话中，首次提出要“全面提升国际传播效能，建强适应新时代国际传播需要的专门人才队伍”②。因此，为了适应新时代的国际传播需求，我们必须全面提升国际传播效能，建设一支强大的国际传播人才队伍。而《习近平谈治国理政》（以下简称《治国理政》）作为系统反映习近平新时代中国特色社会主义思想的权威读本，其多语种版本既是我国政治话语外译范本，也为高校外语课程思政建设提供了思想宝库③。因此，《治国理政》多语种版本进高校、进教材、进课堂（以下简称“三进”）为人才培养和课程思政开展创新了路径，也为培养新时代国际传播人才提供了重要的启发和示范。

国际传播能力是一个国家软实力的重要指标。传统国际传播理论研究认为，国际传播是在民族、国家或其他国际行为主体之间进行的、由政治所规定的、跨文化的信息交流和沟通，与国家利益相关，带有明显的政治倾向性和意识形态色彩（胡正荣，王润珏，2019：61）。因此，

---

① 中华人民共和国中央人民政府网. 教育部关于印发《高等学校课程思政建设指导纲要》的通知［EB/OL］.（2020－05－28）. http://www.gov.cn/zhengce/zhengceku/2020－06/06/content_5517606.htm.

② 中华人民共和国中央人民政府网. 习近平主持中共中央政治局第三十次集体学习并讲话［EB/OL］.（2021－06－01）. https://www.gov.cn/xinwen/2021－06/01/content_5614684.htm.

③ 张蕴，邹渝，王正宇，等. 以《习近平谈治国理政》“三进”教学铸魂育人　书写外语人才培养的新时代答卷［EB/OL］.（2024－02－26）. https://www.workercn.cn/c/2024－02－26/8161207.shtml.

全面提升国际传播效能，建立适应新时代国际传播需要的专门人才队伍是当下亟待解决的重要议题。近年来，我国外语类人才培养成效显著，但也存在培养模式发展不平衡、不充分，培养规格单一、趋同，培养路径偏窄等问题。“三进”工作是坚定师生理想信念和提高国际传播人才培养质量的重要契机，而翻译是国际传播的重要路径。因此，围绕“三进”构建的翻译传播“课程链”有利于打造覆盖面更广、更系统的课程思政体系。

2 国际传播能力建设与翻译教育研究综述

国内学术界对国际传播能力的内涵、意义及发展路径进行了广泛的探讨和深入研究。诸多学者，例如严功军（2018），程曼丽（2019），任文、李娟娟（2021），黄娴、丁柏铨（2021），蓝红军（2021），李伟荣（2021），夏康健、崔士鑫（2021），赵田园、徐秀玲（2021），郝宇青、陆迪民（2022），张彩霞、杨永军（2022），夏康健（2023），段鹏（2024），唐娟（2024）等都在这一领域贡献了宝贵的见解。其中，文秋芳（2022：17）特别强调了国际传播能力、国家话语能力和国家语言能力的内在关联，并认为培养国际传播人才是外语专业（包括国际中文教育专业）的重要使命。她建议采用“双轮驱动”策略，调整教学内容，实现“语言教育”与“传播教育”的有机融合。杨枫（2021：15）指出，由于以汉语形态呈现的世界话语产品不多，中国的国际传播能力与对外话语体系建设主要依靠翻译这座桥梁。蔡基刚（2023：22）认为国际传播能力是以外语能力尤其翻译能力为基础的。陆航（2023）明确指出提升译介能力是实现有效国际传播的关键。吴赟（2022：12）提出翻译作为国际传播中的关键环节，是各国软实力较量、互相渗透乃至交融的基本手段，在影响各国争夺国际话语权，对他国民众与文化形成吸引力、感召力及影响力等方面具有重要意义。在新形势下，杨涛、黄建友（2022）提出，翻译教育应从提升国家文化软实力和中华文化影响力的战略高度出发，构筑“学生、学术、学科”一体的综合发展体系，将国际传播理念贯穿翻译教育的全过程。

由此可见，翻译教育在培育国际传播人才方面发挥着至关重要的作用。为此，可以通过构建的翻译传播“课程链”，将翻译、语言、文化、交际与传播等关键要素融为一体，形成一条连贯的国际传播能力培养体系。这不仅能在知识传授、能力培养方面，更能在价值观引领层面，为培养适应时代需求的高素质国际传播人才打下坚实的基础。

3 翻译传播“课程链”矩阵与国际传播能力培养

构建翻译传播的“课程链”是推进国际传播人才培养改革的关键，它为实现国际传播人才的培养目标提供了更为高效和创新的教育模式。这种模式通过整合翻译与传播学科的核心内容，不仅优化了教育资源的配置，也拓展了教学内容的深度与广度，确保了教育过程与国际传播实践的紧密结合。所谓的“课程链”是以某一项目、主题或核心能力为主，具有逻辑相关序列的有层次的三个或三个以上的一系列课程的链式组合①。这一概念体现了课程体系模块化的趋势，其构建的主旨是“将课程体系重新整合与有机衔接”（王欢，2020：25），以形成更加紧密和高效的教育架构。

基于翻译传播能力培养的“课程链”构建是翻译课程思政教学改革的重要抓手。这一过程要充分考虑翻译传播的跨学科性质，遵循科学性、可操作性、实用性原则。同时，结合国际传播能力建设要素，重组和优化翻译传播课程资源，以确保课程内容的深度与广度，满足国际化人才培养的需求。这种创新的课程设计在培养学生的跨文化交际能力、批判性思维和专业实践技能的同时，深入落实课程思政，实现价值引领，加强学生对国际传播责任和文化自信的认识。这不仅有助于提升学生的综合素养，也为他们未来在国际舞台上发挥作用奠定了坚实的基础。

翻译传播“课程链”设计打破了传统学科之间的壁垒，实现了外国语言文学专业与新闻传播学领域的深度融合。通过将《治国理政》的理念融入外语类翻译核心课程与国际传播核心课程，可以实现从单一课程的“聚焦”向多门课程的“串联”的转变。这种显性与隐性相结合的教育模式，不仅促进了知识传授、能力培养，更在价值观塑造上发挥了重

---

① 人民网.“课程链”与“课程魔方”[EB/OL].（2015-11-13）. http://edu.people.com.cn/n/2015/1113/c1053-27811674.html.

要作用，为实现全面育人目标奠定了基础。

翻译传播的核心课程，如“英汉互译”“英语文体与翻译”“翻译实践与职业翻译”等，与国际传播相关课程，如“新闻传播学”“全媒体理论与实务”“新闻法规与职业道德”等相互衔接。这些课程形成以知识为基础的显性关联，同时以《治国理政》贯穿教育教学全过程，形成隐性关联，进而构建起一个基于“三进”的翻译传播的核心“课程链”体系。翻译传播“课程链”的构建以“理解和讲好”中国故事为核心使命，旨在培养符合时代要求，具有全球视野的复合型国际传播人才。这一“课程链”以“三进”为抓手，通过自上而下的顶层设计，对课程体系、人才培养方案及教育模式进行全面优化，实现课程内容的深度融合与创新。“课程链”注重“点”与“线”的有机结合，构建起以翻译传播为核心的“课程链”的“面”(例如“新闻翻译”“国际新闻采访编译实践”等课程)，实现从“点”入手，抓“点”促“线”，以“线”带“面”①，将知识、能力、价值等育人目标贯穿国际传播人才培养全过程，充分发挥翻译传播课程的协同创新育人效应，培养学生适应时代需求的国际传播能力（如图 1 所示)。

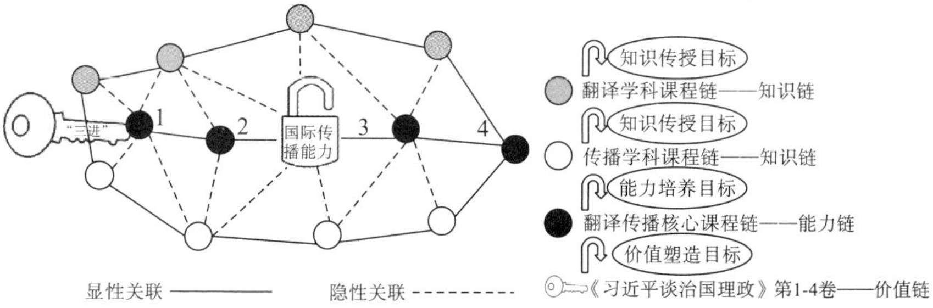

图 1 “三进”大背景下的翻译传播课程链“点”“线”“面”“三位一体”矩阵图

翻译传播“课程链”是一种创新的课程体系模式，它将翻译与传播有机结合，强调时间维、课程维、能力维的“三维”统一。这一模式通过精心设计的课程结构，将翻译和传播等关键教学“点”串联起来，形成连贯的“课程链”作为“线”，进而构建起一个立体的“课程体系”作为“面”，实现隐性和显性教育的有机结合。在这一体系模式中，《治

① 上海外国语大学. 上外启动课程思政领航计划建设，探索“课程链”改革新路径[EB/OL].（2019−12−13). http://www.newoaa.shisu.edu.cn/ea/e5/c6655a125669/page.htm.

国理政》的内容有机融入国际传播人才培养的全过程，“注重在知识传播中强调价值引领，形成全方位、熔炉式的教育体系”①，进而确保育德与育才、专业教育与思政教育深度融合。这种全新的“课程链”旨在构建一个知识、能力与素质的“三位一体”的国际传播人才培养模式，厚植家国情怀，为国家培养出具有高政治素养、扎实专业知识和国际视野的国际传播人才（如图2所示）。

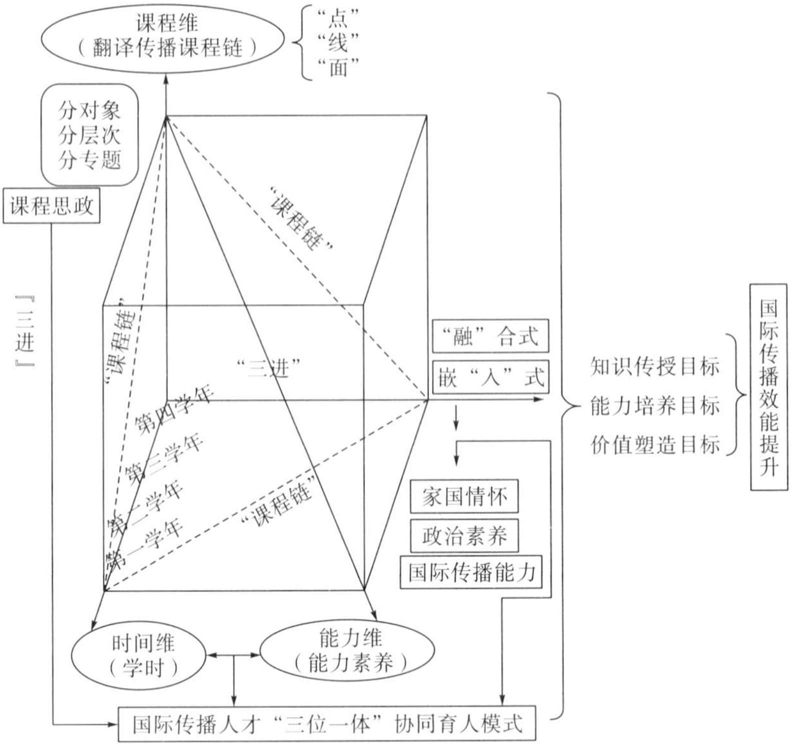

图2 “课程链”矩阵架构下的国际传播人才培养模式

4 “课程链”矩阵架构下国际传播人才培养展望

在“新文科”背景下，交叉融合新专业（新方向）是时代发展的大趋势，“要以新的思路和跨界模式，探索建设适应引领时代发展的新专业（新方向），培养创新型专业人才”（樊丽明，2020：7）。目前国际传

① 人民网.“课程链”与“课程魔方”[EB/OL].（2015－11－13）. http://edu.people.com.cn/n/2015/1113/c1053－27811674.html.

播人才培养体系上还存在培养目标不够明晰、结构发展不够均衡等问题，尤其是外语院校培养国际传播人才还处于摸索阶段。目前国内人才培养的三种模式分别是通才型（外语＋新闻学＋国际关系）、能力型（新闻技能＋议程设置能力＋熟悉国际传播“语汇”和“游戏规则”）、特殊型（专门培养：专款、专项、特殊学制）（戴佳，史安斌，2014：48）。现存的国际传播人才培养目标定位不够清晰，与教学实际和时代发展不适配，缺乏“自上而下”的顶层设计，培养课程也多将翻译或传播等专业知识传授或技能训练简单叠加，跨学科综合与融合较为缺乏，导致出现“翻译”＋“传播”拼凑的两张皮现象。相较而言，“课程链”矩阵架构下国际传播人才培养模式有机串联起翻译传播“课程链”的“点”“线”“面”，实现了从单一的“细分”专业教育到综合性“复合”能力培养的转变，从“单向”的知识灌输到“多向”培养的转变，形成了一个科学、系统、完整的国际传播培养体系。

因此，在“三进”大背景下，新型国际传播人才培养目标要顺应新文科建设和学科交叉融合的趋势，尤其要注重顶层设计，围绕国际传播能力培养的多维需求，制定宏观的人才培养指导方针，明确国际传播人才应具备的知识结构、能力框架和素质要求。为此，我们不仅要对现有的人才培养机制、培养模式和培养路径进行审视和创新，同时也需要对师资队伍和教材体系进行全方位的更新与优化，以确保“课程链”矩阵架构下的国际传播人才培养能够适应新时代的需求。

4.1　培养机制的战略优化

首先，新型国际传播人才培养要根据国际传播领域的变化和市场需求，建立动态调整机制，确保“课程链”架构下的国际传播人才培养目标和课程设置等能够及时更新，与行业发展实际需求相符。同时，积极完善协同育人机制，强化学校与媒体、企业、政府等机构的合作，“以外语教育教学为根基，积极探索建立国际传播人才培养联动机制”（蒋洪新，杨卓，2024：5）。这不仅能为“课程链”提供丰富的实践场景，也可为学生提供实践机会和实习岗位，从而使理论知识得以在真实世界中得到应用和检验。此外，积极引入国际交流与合作机制，为“课程链”架构下的国际传播人才培养注入国际化元素。通过交换项目和国际研讨会等，可以极大拓展学生的国际视野。这不仅可以丰富他们的全球视角，也可以提高他们在多元文化环境中的沟通和协作能力。最后，积极构建人才培养质量监控与评估机制，以确保“课程链”矩阵架构下的国际传播人才培养方案能够持续改进，教育质量不断提升。通过定期的教学评估和反馈收集，可以准确掌握人才培养过程中的问题，进而进行必要的调整和优化。这样，通过不断优化培养机制，可以实现从单一知识传授向综合能力培养的转变，促进学生在国际传播领域的全面发展。

4.2 培养模式的创新融合

新型国际传播人才培养模式要基于翻译传播“课程链”进行创新型融合，实现从单一“细分”的专业培养到复合型、多向度的人才培养的转变。这种模式突破了传统学科界限，强调跨学科的整合和实践能力的培养，旨在塑造能够在多元化和国际化环境中自如应对的国际传播专才。在翻译传播“课程链”矩阵架构下，可以通过设置交叉学科课程来实现培养目标，例如将新闻学、国际关系、外语等学科相结合的“国际新闻采访编译实践”等课程。这些课程不仅要求学生掌握必要的专业知识，还强调实践技能的培养和国际视野的拓展。同时，这一模式关注学生的个性化发展路径，鼓励学生根据个人兴趣和职业规划进行深入学习，以满足国际传播行业的多样化需求。此外，该培养模式注重实践导向，通过国际传播实习和项目参与等形式，确保学生能够在真实的环境中应用和进一步掌握翻译传播技能。这种实习实践经历不仅可以强化学生对专业知识的掌握，而且可以显著提升他们解决复杂问题的能力，使他们能够自信地在国际传播领域中迎接挑战。

4.3 培养路径的系统构建

构建翻译传播“课程链”矩阵的关键在于构建一条系统化的国际传播人才培养路径。该路径贯穿学生从入学到毕业的整个教育过程，旨在全方位塑造其多维能力和价值观。首先，这一路径要搭建起国际传播人才应具备的核心能力框架，包括语言能力、跨文化交际能力以及国际新闻报道和编译能力等，并围绕这些能力创设新的课程体系，确保学生掌握专业知识与技能。在培养过程中，要将国际传播领域的价值观念与伦理标准融入教育内容，同时推进社会主义核心价值观进高校、进教材、进课堂。通过课程教学与国际传播实践活动的有机结合，实现社会主义核心价值观在高等教育中的深入贯彻，确保其入脑、入心、入行，从而培养学生的责任感和使命感。此外，批判性思维的培养也是该路径的重要组成部分，要关注学生的独立价值判断能力以及分析和解决问题的能力。通过“课程链”矩阵架构下的多维度培养路径，学生不仅能掌握必要的专业技能，更能够增强在国际传播领域中的实践工作能力，成为能够深刻理解并生动讲述中国故事的复合型国际传播人才。

4.4 师资队伍的跨界整合

在新时代背景下，国际传播能力建设已成为一项复杂的系统工程。新时代国际传播概念内涵与外延的变化直接影响着国际传播人才队伍培养的思路与方向（胡正荣，王天瑞，2022：45）。为此，要积极变革现有的人才培养管理机制体制，完善国际传播人才师资队伍建设顶层设计，为国际传播人才的培养提供充足的师资准备，从而更好地服务国家国际传播战略。“三进”背景下的国际传播人才的师资队伍建设必须在明确未来国际传播人才应具备的能力和知识结构的同时，注重价值观引领，从而明晰师资队伍建设的目标、路径和评价标准等，确保教师队伍的跨界整合有序进行。跨学科的翻译传播教师人才队伍建设要注重统筹协调，“打破学科壁垒、专业壁垒和学院壁垒……选拔外语好，具备传播基础知识、基本技能，了解中国国情、世界各国国情的人才”①。此外，必须注重师资队伍的专业能力发展，通过与媒体机构、国际组织等合作，为教师提供实践机会，增强师资队伍在国际传播领域的实践工作能力，提升师资队伍的国际传播实践能力，为培养新时代的国际传播人才打下坚实的基础。

4.5 教材体系的立体发展

教育数字化是我国开辟教育发展新赛道和塑造教育发展新优势的重要突破口②，尤其在培养新型国际传播人才方面，优质立体教材的支撑显得尤为重要。构建立体化的翻译传播教材体系不仅顺应数字化的潮

---

① 人民网. 大连外国语大学校长刘宏：培养扎根中国、融通中外的国际传播人才[EB/OL]. (2023-04-20). http://edu.people.com.cn/n1/2023/0420/c367001-32668869.html.

② 教育部. 以数字化开辟教育发展新赛道 [EB/OL]. (2023-10-13). http://www.moe.gov.cn/jyb_xwfb/s5148/202310/t20231013_1085364.html.

流，也是实现人才培养目标的重要基石。教材具有鲜明的意识形态特点，是课堂教学的重要载体，也是实现人才培养目标的重要支撑。教材作为意识形态的鲜明体现和课堂教学的核心载体，其编写必须紧跟“三进”政策，“反映中国特色社会主义理论与实践新发展、吸收新研究方法的新教材，补充新内容”（樊丽明，2020：7）。在“课程链”矩阵架构下，翻译传播教材的编写要贯彻落实国家的方针政策，坚持立德树人的根本任务，注重价值引领，融入思政元素，同时积极回应国际传播人才培养新要求，满足国家、社会的新需求，将先进的教学理念、教学方法等创新融入，突出翻译传播教材的时代性。此外，更要充分考虑翻译与传播学科的交叉融合，体现“课程链”的点、线、面结构，将知识点（点）、知识体系（线）和课程体系（面）有机结合，强调跨学科的综合能力培养。翻译传播教材不仅要关注语言技能和传播理论，还要关注文化理解能力、国际视野和批判性思维等的培养。在创新翻译传播教材的编写中要充分融入过程性和动态性评估，构建多模态、交互性强的“平面教材+数字教材”的立体化体系，确保教材成为国际传播能力培养的有效支撑，促进学生国际传播能力的全面提升。

5　结语

加强和改进国际传播工作，展示真实、立体、全面的中国是新形势下的迫切需要。翻译传播教育要应势而动，发挥培养国际传播人才的重要作用，提升国际传播效能，塑造“真实、立体、全面”“可信、可敬、可爱”的中国形象。建设高质量国际传播人才队伍是构建大外宣格局的重要组成部分。因此，基于翻译传播“课程链”的国际传播人才的培养还要不断创新人才培养的跨学科建设、课程建设、师资建设、质量评估体系建设、翻译传播社会实践能力培养等，进一步实现知识传授、能力培养与价值塑造的育人目标。我们坚信，通过不懈努力和持续创新，我们能够培养出一批具有全球视野、专业素养、创新能力和深厚文化底蕴的国际传播人才，为构建人类命运共同体、推动世界和平与发展做出积极贡献。这不仅是对教育事业的贡献，更是对国家和世界的责任和使命。

参考文献：

蔡基刚，2023. 论国际传播能力的培养：话语能力与翻译能力［J］. 中国大学教学（Z1）：19－24.

程曼丽，2019. 国际传播能力建设的实践研究与意义——兼评《新媒体跨文化传播的中国实践研究》［J］. 新闻与传播评论，72（1）：123－128.

戴佳，史安斌，2014. “国际新闻”与“全球新闻”概念之辨——兼论国际新闻传播人才培养模式创新［J］. 清华大学学报（哲学社会科学版），29（1）：42－52＋159.

段鹏，2024. 加强全球文明交流互鉴对我国国际传播能力建设的重要意义［J］. 现代出版（2）：1－7.

樊丽明，2020. “新文科”：时代需求与建设重点［J］. 中国大学教学（5）：4－8.

郝宇青，陆迪民，2022. 加强国际传播能力建设的路径与方向［J］. 人民论坛（10）：116－119.

胡正荣，王润珏，2019. 智能传播时代国际传播认识与实践的再思考［J］. 对外传播（6）：61－64＋1.

胡正荣，王天瑞，2022. 能力与价值：新时代国际传播人才队伍培养的关键［J］. 中国编辑（8）：45－51.

黄娴，丁柏铨，2021. 论国际传播“五力”——对加强国际传播能力建设的几点思考［J］. 新闻爱好者（8）：18－23.

蒋洪新，杨卓，2024. 外语教育加强国际传播能力建设的若干思考［J］. 外语界（1）：2－5.

蓝红军，2021. 国家翻译能力的理论建构：价值与目标［J］. 中国翻译，42（4）：20－25.

李伟荣，2021. 新时代提升我国国际传播能力建设：溯源、现状与路径选择［J］. 中国文化研究（3）：35－43.

陆航，2023. 提升译介能力是做好国际传播的关键环节［N］. 中国社会科学报，07－26（2）.

任文，李娟娟，2021. 国家翻译能力研究：概念、要素、意义［J］. 中国翻译，42（4）：5－14＋191.

唐娟，2024. 科学把握加强国际传播能力建设的着力点［J］. 人民论坛（5）：96－98.

王欢，2020. 全媒体时代出版高等教育“课程链”的构建原则与创新路径［J］. 出版发行研究（5）：24－29.

文秋芳，2022．国际传播能力、国家话语能力和国家语言能力——兼述国际传播人才培养“双轮驱动”策略［J］．河北大学学报（哲学社会科学版），47（3）：17－23．

吴赟，2022．国际传播能力建设与翻译学发展的未来向度［J］．上海交通大学学报（哲学社会科学版），30（1）：12－22．

夏康健，2023．国际传播能力建设的“体系化”特征研究［J］．传媒（9）：57－59．

夏康健，崔士鑫，2021．习近平总书记关于推进国际传播能力建设重要论述的发展脉络和深刻内涵［J］．中国出版（13）：8－13．

严功军，2018．全球化转型：国际传播与能力建设再思考［J］．新闻界（8）：84－92．

杨枫，2021．国家翻译能力建构的国家意识与国家传播［J］．中国翻译，42（4）：15－19．

杨涛，黄建友，2022．将国际传播理念贯穿翻译教育全过程［N］．中国社会科学报，04－26（8）．

张彩霞，杨永军，2022．新时代中国国际传播能力建设的使命、维度与实现路径［J］．山东社会科学（5）：114－120．

赵田园，徐秀玲，2021．新时代翻译能力研究的国家视角与跨界融合——兼评首届“国家翻译能力：理论建构与实践探索”学术研讨会［J］．当代外语研究（5）：121－128．

应用型外语院校国际组织人才培养模式探索

单　俊

成都外国语学院教师教学发展中心

摘　要：本文首先简述了国际组织人才培养的紧迫性、必要性；之后分析了目前国内高校国际组织人才培养的四种类型；然后分析了外语院校培养国际组织人才的专业优势和应用型外语院校培养国际组织人才的规格及培养模式；最后论述了应用型外语院校国际组织人才培养的四个关键环节，即建设三模块的课程体系、采用“真实素材”进行教材编写、强化实习实践和师资队伍建设，从而进一步探索了应用型外语院校国际组织人才培养的思路和模式。

关键词：国际组织人才；培养模式；外语院校；真实素材

1　引言

党的二十大报告中指出我们展现负责任大国担当，积极参与全球治理体系改革和建设，赢得广泛国际赞誉，我国国际影响力、感召力、塑造力显著提升。中国在经济硬实力增长的过程中需要兼顾文化软实力的提升。我们不仅要参与国际事务，而且要更有效地参与国际事务，提升我国在国际上的影响力。国际组织既是全球治理机构，也是国与国之间交往互动的重要平台，在调解国际争端、促进世界经济发展、保护全球环境与生态、加强国际间文化交流等方面的重要性日益凸显。在国际组织中拥有一定数量的代表，我们就能更有效地参与国际事务，在国际组织平台上为国家发声。这对宣传国家理念，传播国家文化，塑造国家形象，创造更加有利于国家发展的国际舆论环境都有着重要意义。因为国际组织职员在工作中会自然而然地将自己的理念、价值观、工作方式融入国际组织的日常工作。并且，在国际组织中拥有一定数量的代表，能够有效提高国家在国际组织中的参与能力、议事能力和决策能力等（BFIO，2015）。因此国内高校纷纷根据国际组织用人标准制定人才培养方案，研究教学的模式，为国际组织输送合格的人才。

2 国内对国际组织人才培养的探索

我们以往对国际组织对于国家发展的重要性缺乏认识，因此也就没有意识到国际组织人才培养的重要性。国家缺少整体的培养战略和相关政策，无论是培养还是选拔推荐国际组织人才都与发达国家有一定差距。随着我国国际影响力的不断增强，国家更加重视培养国际组织人才和向国际组织输送人才。2016 年 4 月，中共中央办公厅、国务院办公厅印发了《关于做好新时期教育对外开放工作的若干意见》，提出提升"在全球教育治理中的发言权和代表性，选拔推荐优秀人才到国际组织任职"。

在相关政策的指导下，全国各个高校都积极主动地进行国际组织人才培养的探索与实践。目前，国内高校国际组织人才培养大致有以下几种类型：第一类是设置新的专业，采用这种方式的主要为综合性院校。综合性院校专业覆盖全，各专业师资储备充分，有助于重组各类教学资源建立新的专业，比如清华大学和北京大学分别开设了本科专业"国际事务与全球治理"（金茜，刘婧如，2020）和"国际组织与国际公共政策"（徐雪英，李媛，2020），北京大学还通过本硕博贯通的方式培养在国际组织中可以有更大发展空间的专业人才。第二类是采用"外语+"模式，即以外语学科为主线，与其他学科合作进行国际组织人才培养。如山东大学采用双学位班的形式培养国际组织人才，开设"英语+国际政治""英语+法学"双学位班（刘洪东，2020）。综合大学充分利用学科设置完备的优势，进行跨学科、跨专业的人才培养。上海外国语大学于 2007 年在本科生中开展"国际公务员人才实验班项目"（徐雪英，李媛，2020），该实验班以外语学科为主线，增加其他专业知识的学习，培养"语言+专业"复合型全球治理人才。北京外国语大学也开展了"探索国际组织需要的复合型人才培养模式"项目（贾文健，2017）。第三类是国内高校之间开展校际合作，联合培养国际组织人才。如复旦大学与上海荣昶公益基金合作，设立全球治理人才培养项目，与上海交通大学等 10 所上海高校跨校合作（徐雪英，李媛，2020），建立覆盖多所学校、多种学科的国际治理人才培养机制。第四类是国内高校与海外高校进行合作，如四川外国语大学与英国高校合作开展“3+1 国际组织人才实验班”（刘洪东，2020）。

3 应用型外语院校国际组织人才培养规格和模式

3.1 外语院校的专业优势

根据国际组织对招聘人员的要求来看，它们通常对外语有很高要求，比如联合国机构要求其应聘者能使用两种及两种以上的语言，除了日常交流，还需要能够运用这些语言进行谈判协商、做口头报告、撰写报告和文件等。在挑战与机遇并存的国际组织工作，高水平的语言能力是重中之重，三语流利（英语、法语和母语）可以说是对联合国工作人员的基本要求。对于国际组织人才培养而言，外语应用能力是前提，也是基础，因此外语院校在专业培养上具有一定的优势。不少外语院校，如上海外国语大学、四川外国语大学都已经在国际组织人才培养方面进行了积极探索，为之后外语院校的国际组织人才培养提供了可借鉴的思路。

3.2 国际组织职员具备的素质和能力

国际组织人才要经过国际组织和机构严格选拔才能入职，国际组织和机构各方面的标准和要求会比一般组织机构更高、更严。在国际组织工作需要具备一个基本素质和四种基本能力。一个基本素质即严谨踏实的工作作风。四种基本能力即跨角色转换能力、跨语言沟通能力、跨文化合作能力、跨领域学习能力。

3.3 应用型外语院校国际组织人才培养规格

应用型外语院校的定位是培养符合市场需求、实践能力强的应用型人才，因此在国际组织人才培养的规格上也与研究型院校有所区别，应用型外语院校更倾向于培养在国际组织中工作的一般公务人员。因此培养规格可确定为首先语言应用娴熟，主要是英语和法语娴熟，其次是可以驾驭国际组织的日常工作，再者就是具备国际组织的入门能力。

因此，应用型外语院校培养的国际组织人才应具备三种能力，即语言能力、专业通用能力和国际组织的日常工作能力。语言能力主要强调语言的应用能力，也就是使用外语在工作环境中进行口语表达和书面表达的能力。专业通用能力主要是掌握未来工作所需的通用专业知识，包括管理学、法学、会计学等相关知识。对于这一类知识着重掌握工作中会应用的部分通用知识。比如会计学要求能进行项目成本核算，看得懂会计报表，可以进行日常财务分析，能够满足国际组织的日常工作需求即可。国际组织的日常工作能力主要是指在国际组织工作所需的团队合作能力、计划与组织能力等。

3.4 国际组织人才主要培养模式

首先是建立国际组织人才实验班，实验班在大一的英语专业和法语专业学生中进行选拔，这两个专业的学生按照原有人才培养方案，毕业后应具备较好的英语或法语应用能力，所以外语应用能力的培养在外语类院校中已经比较成熟。之后对选拔出来的学生采用“外语+”模式，即在他们已有的专业之外制定四年的培养方案，前三年以校内学习为主，最后一年到国际组织进行实践或参与国际组织的相关活动。培养方案中一方面增加在国际组织工作所需的其他专业知识，另一方面继续强化语言应用能力，特别是适应国际组织工作的语言应用能力。在国际组织人才培养实验班实践较为成熟之后，建立国际组织虚拟学院（见图1），面向全校大一新生招生，建立一套完整的国际组织人才培养方案，主要培养路径为“外语+”模式，由学校统一部署，各二级学院、部处共同协作，从理论建设、课程建设、教材建设、师资建设、组织建设等方面不断完善，形成一套完备的国际组织人才培养体系。理论建设需强化国际组织人才培养理论的研究；课程建设构建“外语专业课程++”的三模块课程体系；教材建设采用真实素材来编写国际组织人才教材；师资建设要重视聘用在国际组织工作的专业人才作为特聘专家来校指导；组织建设方面，成立国际组织学院办公室，制定相关管理制度。

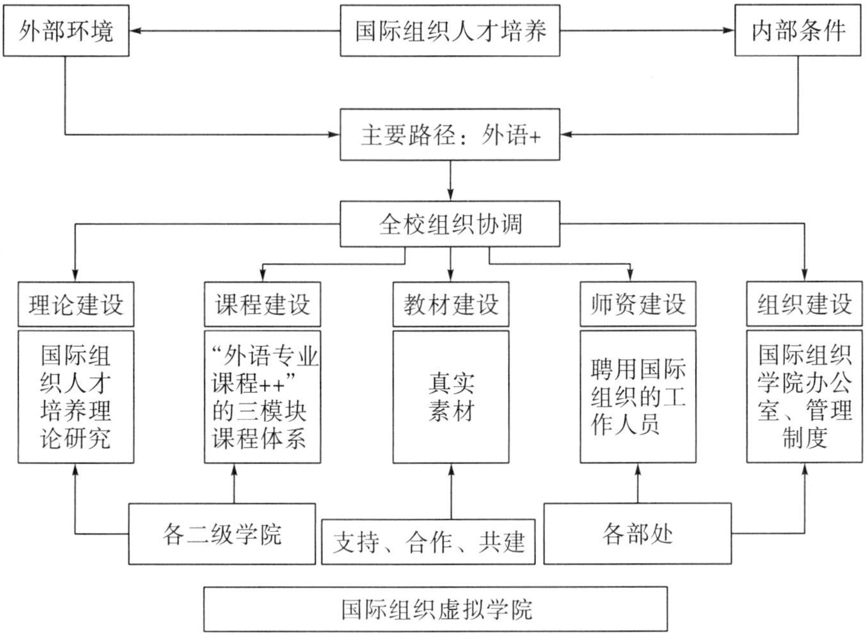

图 1　国际组织虚拟学院架构图

4　国际组织人才培养的关键环节

课程体系、教材建设、实习实践、师资建设是国际组织人才培养中的关键环节。

4.1　课程体系

在设计国际组织人才的课程体系方面，首先要了解国际组织对招聘人员的需求。如联合国机构就要求其应聘者能够熟练使用两种及两种以上的语言，除日常沟通交流，还需要运用这些语言进行协商谈判、做口头报告、撰写报告和文件等，尤其要求通晓英语和法语这两种语言。另外联合国等国际组织机构注重职员的专业背景，对于管理学、会计学、医学、工程学、法学、政治学方面人才需求量较大。同时还要求应聘者具备在国际组织工作中的团队合作能力、计划与组织能力等。根据这些需求让学生在四年有限的时间中学习到所需、必要、可用的知识是课程体系设计的关键。据此，可将国际组织人才实验班课程设计为三大模块，即语言课程模块、专业课程模块和国际组织人才通识课程模块。语言课程在外语院校体系完整，有良好的培养基础和条件，需要增加和强调的是国际组织工作常用的口头表达和公文写作的专项训练。在专业课程方面将国际组织需求量大且学校已经开设的专业，以辅修和双学位的形式提供给学生自行选择。国际组织人才通识课程是让学生了解有关国际组织的基本知识，如国际组织与制度、联合国知识与术语、多边外交、国际法与规则制定、国际经济法等，可以开设“国际组织概论”“国际法”等课程。

4.2 采用“真实素材”进行教材建设

建设一批国际组织人才培养教材，教材要能够符合国际组织对人才的知识、能力的真实需求。教材建设无疑也是国际组织人才培养的关键环节。教材建设基于两个原则，一是用外语编写，二是教学材料强调来自工作实践第一线的真实素材。所谓真实素材，就是国际组织工作中真实的报告、公文等。用外语编写是由于国际组织人才未来工作的环境是外语环境，采用外语编写教材，有助于学生提前适应工作场景。采用真实素材编写教材并进行教学，可以节约时间，提高效率，让学生直接学习未来工作中要用的各类报告、公文等，使所学与所用对接，教学知识与岗位对接。教材编写分为几个步骤，包括真实素材的采集、真实素材的评估、真实素材的改造。真实素材的采集要寻找在国际组织中的工作人员协助收集公开的报告、公文等各类材料。真实素材的评估是指对收集到的真实素材进行评估之后区分出“通用”与“专用”真实素材（沈光临，2022）。“通用”素材是指相关行业内大多数岗位工作都能用到的专业术语和知识（沈光临，何晶晶，邱枫，等，2022）；“专用”是指只在某个行业使用的术语和知识。选入教材的是“通用”真实素材。收集到的真实素材并不能直接用于教材，需要进行改造才能进入教材，因为真实素材是完全对接工作流程的，它与教学所需的组织结构完全不同，这类材料还要经过公理化和教学化改造，才能真正用于教学（沈光临，何晶晶，邱枫，等，2022）。

4.3 实习实践

为了使培养的国际组织人才上岗后能快速适应岗位，使学校所学与岗位所需相匹配，需要特别重视实习实践环节，让学生在进入岗位前做好充分的准备。一是利用好周边资源，让学生积极参加省内、市内的各种国际会议、国际赛事、外事活动；二是建立海外实践基地，让学生到基地参加海外工作实践、志愿服务等；三是积极与各类国际组织合作，给学生提供更多到国际组织中参加实习实训的机会。

4.4 师资队伍建设

一是要整合校内教师资源，建立国际组织人才培养教师团队。选拔外语专业教师以及其他相关专业教师组成国际组织人才实验班的跨学科教师团队。二是要加强团队教师培养，通过各类培训让教师增进对国际组织运行机制、工作流程和组织文化等方面的知识的了解，以便更好地指导学生。三是邀请通过招聘进入国际组织工作的人员作为特聘专家来校指导交流，参与学校的国际组织人才培养。在师资队伍建设方面要特别用好通过招聘进入国际组织工作的人员，这一类人员可以为国际组织人才培养提供国际组织工作中的真实素材，构建国际组织真实工作场景，讲授国际组织日常工作流程和内容，帮助学生在进入国际组织工作后尽快地适应岗位。

5 结语

成都外国语学院是一所专业的外国语学院，是四川省唯一的一所专业外语院校，开设了 16 门外语语种专业，外语优势明显，目前以国际组织人才实验班的方式启动了国际组织人才培养计划。该计划明确了学校的国际组织人才培养规格，确定了三大模块的课程体系，特别强调采用“真实素材”建设一批符合国际组织人才培养需求的教材，同时在学生实习实践、教师队伍建设方面进行了积极探索。

目前中国正处于百年未有之大变局，讲好中国故事是外语人义不容辞的责任与担当。在全球化已经成为不可逆的时代潮流的今天，更需要持续不断地向国际组织输送人才，在国际上发声，讲好中国故事，维护国家形象。成都外国语学院积极响应国家需求，将不断进行国际组织人才的培养与探索。

参考文献：

贾文健，2017. 助力中华民族走向世界舞台　大力培养和输出国际组织人才［J］. 中国大学教学（6）：33－37.

金茜，刘婧如，2020. 全球治理视阈下国际组织人才培养的实践探索［J］. 中国高等教育（8）：50－52.

刘洪东，2020. 新文科理念下高校国际组织人才培养的思考［J］. 中国大学教学（9）：28－31.

沈光临，何晶晶，邱枫，等，2022. 应用型外语人才培养视域下真实素材研究前景分析——六篇国外真实素材相关论文推介［J］. 外语教育与应用（0）：3－13.

徐雪英，李媛，2020. 综合性大学国际组织人才培养模式的理论与实践［J］. 北华大学学报（社会科学版），21（4）：126－134.

BFIO，2015. *Arbeiten bei internationalen organisationen* ［R］. Deutschland：Zentrale Auslands und Fachvermittlung：8.

跨境电商专业群建设研究综述[①]

李　硕

成都外国语学院中东欧语言学院

摘　要：本文聚焦我国高职院校跨境电商专业群建设的理论和实证研究。理论部分深入探讨了专业群的内涵、研究意义及建设理论，强调其在高等教育和产业融合中的关键作用。实证研究通过案例分析，详细描述了高职院校在跨境电商专业群建设中的实践与经验，重点关注课程整合、管理制度建设及产业与学业融合实践。同时，文章指出了当前跨境电商专业群研究存在的问题以及面临的挑战，如高职院校主导、民办学院参与不足，校际协作存在限制、资源共享深度不足等，并呼吁未来研究深入挖掘应用型民办学院的作用，推动校际协作机制的建设及深化资源共享内在机制。总体而言，本文全面梳理了我国跨境电商专业群建设现状，为高校在跨境电商领域人才培养提供了有益指导。

关键词：跨境电商；专业群；教育教学改革；民办高校

1　引言

跨境电子商务等新兴外贸模式正迅猛发展，并成为稳定外贸发展的关键力量。在这个新兴领域中，“一带一路”沿线国家逐渐崛起，成为中国跨境电商进出口增长最为迅猛的市场之一。2020 年，受疫情冲击，

①　本文系中国民办教育协会项目“新文科背景下民办高校跨境电商专业群建设研究”（项目编号：CANFZG23424）中期成果。

全球贸易总额萎缩。在这一背景下，我国货物贸易在2020年1至4月整体呈现负增长趋势，与之形成鲜明对比的是，通过海关跨境电商管理平台完成的进出口额却以两位数的增幅逆势增长。根据官方数据，一季度通过海关跨境电商管理平台的进出口额，同比增幅高达34.7%①。以阿里巴巴国际站为例，仅在2020年3月，其平台订单量同比增长就达到了惊人的114%②。其中东盟地区已经超越美国，成为中国最大的贸易伙伴。这表明跨境电子商务在中国外贸中的崛起，不仅在数字上得到了充分体现，更在地区合作和贸易伙伴关系上发挥了举足轻重的作用。

然而，根据《2019中国进口发展报告》的统计数据，全国范围内跨境电商领域仍然存在着严重的人才缺口，约为450万人，而且以每年30%的速度继续扩大，人才短缺问题成为阻碍跨境电商行业实现高质量发展的主要因素。

在这一背景下，教育部对《普通高等学校本科专业目录（2012年）》进行了调整，在管理学学科门类下专门设置了电子商务专业类，涵盖了电子商务和电子商务及法律两个本科专业③。这一调整旨在满足我国跨境电子商务领域对专业人才的迫切需求。此外，值得关注的是，根据《普通高等学校高等职业教育（专科）专业设置管理办法》，教育部明确了2019年度的专业增补计划，其中包括跨境电子商务专业等9个专业④。这一系列政策和规定的制定，旨在解决跨境电子商务领域的人才短缺问题，促使我国高等教育系统更好地迎合和支持新兴产业的发展。

新专业的建设涉及人才培养方案、课程体系、师资培养、实践教学等多个方面的长期探索和修正。跨境电商作为国际贸易新业态，在高职

---

① 发展改革委. 一季度跨境电商进出口保持高速增长［EB/OL］.（2020－05－19）. https://www.ndrc.gov.cn/fgsj/tjsj/jjmy/dwjmjztfx/202005/t20200519_1228341_ext.html.

② 人民日报海外网. 数字外贸逆势上扬 阿里国际站3月交易额同比增幅167%［EB/OL］.（2020－04－10）. https://m.haiwainet.cn/middle/3541085/2020/0410/content_31764522_1.html.

③ 教育部. 十三届全国人大二次会议第5718号建议的答复［EB/OL］.（2019－09－18）. http://www.moe.gov.cn/jyb_xxgk/xxgk_jyta/jyta_gaojiaosi/201911/t20191101_406451.html.

④《普通高等学校高等职业教育（专科）专业目录》2019年增补专业［EB/OL］.（2019－10－18）. http://www.moe.gov.cn/jyb_xxgk/s5743/s5744/A07/201910/t20191018_404237.html.

院校专业设置中长期未被涉及。部分院校通过在国际贸易、电子商务或商务英语等专业中开设跨境电子商务方向或特色班、订单班，采用拼盘式课程体系，导致跨境电子商务在专业地位上从属于原有专业，没有形成系统的跨境电子商务人才培养方案，相关专业间缺乏协同性（李玫瑰，连序海，2020）。

因此，整合国际贸易、电子商务、商务英语、市场营销、报关与国际货运、物流管理等资源，构建跨境电商专业群和科学的课程体系，有助于院校顺利度过跨境电子商务专业建设的探索期，为企业输送优秀跨境电子商务人才。

2　文章发文数量研究

截至2023年12月29日，笔者在中国知网（CNKI）以“跨境电商”和“专业群”为主题进行检索，共检索到文献58篇。2019年3月教育部、财政部联合印发了《关于实施中国特色高水平高职学校和专业建设计划的意见》，发文数量于2020年大幅增加；2021年10月，《关于推动现代职业教育高质量发展的意见》颁布，进一步肯定了建设高水平专业群在推进高等职业教育提质培优方面的重要作用，发文数量又有上升趋势。可见国家政策对于研究领域具有较强的引导作用。从文献类型来看，以期刊文章为主。从地域来看，对产教融合课题的研究区域集中化明显，主要集中在浙江、广东、江苏等，且研究学者基本来自职业技术学院，其他院校较少。

3　理论背景研究

3.1　概念界定

当前，关于专业群内涵的定义，学术界尚未达成共识。多数研究者从构建方法与原则两个方面对其进行解读。专业群内涵除了体现建群方法、建群原则之外，还应涉及建群目的与意义方面的内容。具体定义如下：根据产业链或行业岗位群人才需求特征，将一个或几个具有办学优势的专业确定为核心专业，若干个学科基础相近、职业岗位相关、技术能力接近的相关专业确定为成员专业，构建专业群结构（李玫瑰，连序海，2020）。

针对跨境电商专业群的内涵，有学者指出，该专业群由信息技术和现代商务相关专业共同构成。随着网络技术的不断进步，跨境电商规模逐渐壮大，并已建立健全的跨境电商专业群。跨境电商专业群与群内各个专业之间存在相互促进的关系。各专业作为专业群的基础，为专业群的发展提供支撑；专业群则为各专业领域的发展提供了坚实的发展依托（谢荣军，2021）。

3.2 意义研究

专业集群建设对高校发展具有战略意义。通过专业集群的构建，高校能够更充分地集合各专业的优势，培养更具综合素养的人才。此外，专业集群的建设有助于高校灵活调整专业结构，实现更紧密的产业链对接，促进产学研三方面的深度合作。这一观点突显了专业集群在高校综合发展和产业整合方面的积极作用（郭岩，齐晓明，2021）。

有学者侧重于对跨境电商领域人才培养的问题的研究。从网络经济专业群的视角出发，当前跨境电商人才培养仍存在与企业需求脱节、校企合作不充分等问题，专业群建设在解决这些问题中发挥关键作用。充分利用网络经济专业群的资源优势，有助于解决人才培养与企业需求脱节和校企合作不足等问题，以更有效地培养跨境电商领域的专业人才。这一观点凸显了专业群建设在应对特定行业挑战和需求方面的实际应用性（李智，2019）。

此外，还有学者关注现代产业学院对跨境电商专业集群建设的推动作用。他们认为，以产业学院为依托构建专业集群是应用型高校实施多主体协同育人、实现人才培养目标以及促进区域经济社会发展的有效途径。这一观点基于专业集群建设在应用型高校中的实际操作情况，凸显了其促进区域经济发展的战略重要性（于振邦，梁忠环，2021）。

可见，跨境电商专业群的建设不仅有助于提高高校人才培养质量，满足跨境电商行业对人才的需求，对于推动高校内涵式发展、促进产业升级和区域经济发展也具有深远意义。

3.3 专业群建设理论研究

3.3.1 专业群建设模式与体系

在跨境电商专业群建设方面，我国学者主要关注高职院校跨境电商专业群建设，并在课程体系、产业链建设和专业群内部逻辑等方面提出不同的理念和实践路径。

有学者在不同层面强调了“三段式”课程体系，即基础共享平台课程、专业核心素养课程、高层综合拓展课程的构建。这一理念为培养具备跨境电商领域所需基本素养和高层次综合拓展能力的专业人才提供了指导（李玫瑰，连序海，2020；陈桔华，2021）。

此外，构建专业集群还可立足地方产业链。这一策略通过深入研究地方产业规划与行业发展布局，全面了解地方产业链结构和发展态势，进而确立高校专业集群。此类专业集群建设模式亦称为“以链建群”，其优势在于紧密跟踪行业发展趋势，紧密结合地方产业发展方向培育人才，以满足行业需求。建立一条翔实且具有实践性的实施路径，能够确保专业群建设的稳健发展（郭岩，齐晓明，2021）。

从内部逻辑来看，专业群的建设应遵循“三相一共”的原则，即各专业基础平台课程相通，专业技术技能领域相近，产业链就业岗位相关，共同建设和共享专业教学资源（陈桔华，2022）。

在1+X证书制度下，可遵循“三三三”模式。高职对外商贸类专业群的职业技能等级标准主要涵盖跨境电商B2B、B2C领域的数据运营，以及实用英语交际。这些标准划分为初级、中级和高级三个等级，高级别包含了低级别的职业技能要求。专业定位上，国际经济与贸易专业主攻跨境电商B2B领域运营、销售和营销工作，跨境电商专业则专注于B2C领域运营、销售和营销，商务英语专业涉及B2B和B2C领域的客服和商务助理工作。因此，跨境电商B2B和B2C领域的运营、销售、营销、客服、商务助理等工作任务和过程即高职对外商贸类专业群的学习任务和过程。这构建了“三三三”模式，包括三个专业、三种证书和三个级别（张慧颖，2022）。

综合来看，李玫瑰、连序海（2020）和陈桔华（2021）的“三段式”课程体系，陈桔华（2022）的“三相一共”原则以及张慧颖（2022）“三三三”模式在不同方面共同构建了一个更为完整、系统且相互协同的专业群建设框架，而郭岩、齐晓明（2021）的地方产业链建设为专业群建设提供了实际路径，从而共建了一个多层次、有机连接的跨境电商专业群建设框架。

3.3.2 专业群建设内容

课程是专业群建设内容的核心。课程设计既需兼顾工作岗位群需求和国家职业资格标准，又要顾及学生个性化发展，以提高学生的岗位适应能力。其核心概念是“平台+模块”设计，通过“平台课程”确保专业群的基本规格和全面发展的共性要求，通过“模块课程”实现不同专业人才的分向培养，达到“底层共享、中层分立、高层互选”的效果。这一设计理念注重培养全面发展的专业人才，以满足不同专业的需求，为专业群的多样性和适应性提供了良好的基础（何嘉扬，蔡德仿，2020）。

而对于新商科专业群的建设，在当前数字经济背景下，应秉持“立德树人”的根本宗旨，围绕与商业价值链紧密相连的职业岗位群展开。在此基础上，借助专业群构建平台，实现各专业间的交叉融合。商科核心课程旨在以全面性视角，深入探讨如何实现跨学科合作、知识整合以及技术整合，从而有效应对当前社会经济发展中的各类复杂问题，引领学生深入探究数字经济背景下商业体系与其运作规律的本质联系，培育其从微观角度出发解决问题的能力，从而塑造具备高素质的复合型技术人才（王昕，石伟平，2022）。

显然，我国在专业群建设内容方面存在相似的焦点，强调课程设置的重要性以满足多样化层次和领域的需求。尽管何嘉扬、蔡德仿的“平台+模块”设计理念与王昕、石伟平的商科平台课程观念在实施方法上存在差异，但在核心目标上达成共识，即致力培养全面发展、具有复合型技能的专业人才。这种共识反映了专业群课程设计面临的共同挑战：适应数字经济时代不断变革的人才需求。

3.3.3 专业群建设的管理评价体系

在专业群建设中，专业群教学团队的构建与管理的基本原则的制定尤为重要，尤其关注专业群负责人、专业带头人、骨干教师的紧密协作。通过课程团队的构建，减弱教学团队内部专业的独立性，采用“导师制”整合现有教师、兼职教师和企业教师的举措，可为学生提供个性化指导，全方位推动专业群的发展。这一理念强调了教师团队的整体协同与学生个性化发展的紧密关系，凸显了教学团队协同合作和个性化导师制度在构建全面、高效管理评价体系中的关键作用（吴佳艳，吴梦，2020）。

专业群建设中，教师的职责和考核机制也值得关注。在考核过程中，不应仅仅依据项目效益对学生进行评价，而应更加注重学生在项目中的沟通能力、职业技能等方面的全面素质。强调采用多元化的考核机制，通过建立完善的考核机制促进学生更好地完善自我。这一理念表明，在考核中，教师需要更全面地关注学生的发展，不仅要注重专业技能，还要加强沟通、团队协作等软技能的培养，全面提升学生素质，提高其在跨境电商领域的竞争力。这与专业群建设的管理评价体系相契合，突显了对学生多方面能力发展的重视，为评价体系的完善提供了重要参考（谢荣军，2021）。

吴佳艳与吴梦的导师制及团队建设理念为专业群师资管理体系注入了创新元素，而谢荣军的多元化考核机制丰富了体系中的评价指标，从而共同塑造了全面且科学的专业群建设管理评价体系。

4 实证研究

杭州师范大学钱江学院通过推动课程共融、教材共建、标准共循等措施，积极促进跨境电商专业协同发展，着力培养具备复合型能力的人才。为此，学院不仅设立了院级层面的跨境电商教研室，确保师资共享，还构建了科学有效的管理制度，推动团队不断成长。同时，学院设立了跨境电商专业群建设指导委员会，强化与行业的对接，形成了全面的跨境电商专业群保障机制。这些措施表明学院在专业群建设中注重系统性和协同性，旨在提供全方位的人才培养支持（金贵朝，郑秀田，林菡密，2019）。

青岛黄海学院以“学业＋产业＋创业”的“三业融合”为核心战略，不断扩展发展空间，深入推进跨境电商专业集群建设。学院通过构建“四位一体”的工作室制度，将产业、学业、创业和就业有机融合、紧密衔接，形成了贴合实际的产教融合生态链条。这一模式有效推进了跨境电商专业集群化建设方案的实施，由于模块和课程群具有灵活性，学院能够及时调整和更新课程体系，确保课程教学内容与市场需求的变化同步（陈桔华，2021）。

宁波职业技术学院的国际商贸专业群以多语种专业为主体，与宁波临港产业集聚区和浙江自贸区的国际商贸和物流企业展开长期合作。通过产学研合作、校地合作、校企合作等方式，与数字产业空间深度对接，构建了一批共享型校外实践基地，实现了小空间大集聚、小平台大产业、小载体大创新的目标。这反映了学院在地方产业需求基础上，通过产学研合作实现了人才培养和实践基地的有效对接（邱璐轶，梁律，周密，2022）。

南宁职业技术学院紧紧把握广西实施“电商广西、电商东盟”工程的契机，构建了以电子商务专业为核心，引领商务英语、应用越南语、应用泰语、国际经济与贸易、物流管理等多个专业协同发展的“协同发展型”跨境电子商务专业群。通过科学规划专业群架构、设立专业群课程体系、改革人才培养模式，学院着力于教学资源的统一协调建设与运用，打造了具有区域特色的“协同发展型”跨境电商专业群。此举凸显了学院在跨境电商领域重视协同发展，通过多元化策略构建富有地域特色的专业集群（王昕，石伟平，2022）。

总体而言，我国各高校分别采取了一系列举措，强调了课程整合、管理制度建设、产业与学业融合等方面的重要性，共同致力培养跨境电商领域的复合型人才。各学校的经验互相启发，形成了跨境电商专业群建设的丰富实践案例。

5 结语

由上述分析可见，我国对跨境电商专业群建设进行了深入的理论研究和实证分析，涵盖了专业群内涵、研究意义、建设理论以及实证研究等多个方面。然而，在对专业群建设的述评中，一些问题和挑战也浮现出来，值得深入思考和解决。

5.1 高职类院校主导，民办学院参与不足

我国高职类院校在跨境电商专业群建设中的经验较为丰富，研究文献众多，而针对应用型民办学院专业群建设展开研究的相关文献数量较

少。在专业群建设中，应用型民办学院更注重实际应用和行业对接，具有更灵活的课程设置和实践机会。未来研究应更加深入地挖掘应用型民办学院在专业群建设中的角色，以促进人才培养的全方位、多层次发展。

5.2　专业群建设校际限制

在专业群建设的论述中，有部分高职院校在内部积极推进专业群的建设，但关于校际协作的讨论相对较少。尽管各高职院校具备师资、实践基地、行业联系等方面的独特优势，但校际协作的推动仍存在一定局限。未来的研究可以深入分析校际协作的机制，探讨潜在的合作障碍，并提出切实可行的策略，以推动专业群建设的跨校共同发展。特别是在高职院校中，应用型民办学院的应用型属性可能涉及较少，而加强校际协作可以更好地整合不同学校的优势，推动专业群的全面协同发展。

5.3　资源共享深度不足

尽管一些高职院校在专业群建设中建立了一些共享机制，例如教研室、指导委员会等，但是这些机制在资源共享的深度上仍然存在欠缺。当前的文献研究对于资源共享的深层次机制和操作细节没有进行足够深入的探讨。未来的研究应更加深层次地分析学校间资源共享的实质，探讨具体的共享内容和方式，以及可能存在的实际操作问题。深度挖掘资源共享的内在机制，有助于发现潜在的优化点，为高职院校专业群的资源共享提供更加有效的路径，进一步推动专业群建设的全面协同发展。

总体来说，我国在跨境电商专业群建设方面已取得了一定的成果，但仍需在多个层面进行深入研究和改进。通过加强应用型民办学院的研究、推动校际协作、深化教育教学改革、注重地域特色和产业需求以及完善评价体系等措施，有望进一步提高我国跨境电商专业群建设的水平和质量，为我国跨境电商领域培养更多高素质的复合型人才。

参考文献：

陈桔华，2021.“双高建设”背景下高职院校跨境电商专业群及课程体系构建研究[J]. 财富时代（9）：115－118.

陈桔华，2022．基于区域产业特色的高职高水平专业群建设——以跨境电商为例［J］．晋城职业技术学院学报，15（5）：37－40．

郭岩，齐晓明，2021．基于地方产业链的跨境电商专业集群建设研究［J］．投资与创业，32（21）：76－78．

何嘉扬，蔡德仿，2020．面向中国—东盟的跨境电子商务专业群建设策略研究——以南宁职业技术学院为例［J］．桂林师范高等专科学校学报，34（2）：134－138．

金贵朝，郑秀田，林菡密，2019．基于复合型人才培养的跨境电商专业群建设研究——以杭州师范大学钱江学院为例［J］．电子商务（10）：74－75＋94．

李玫瑰，连序海，2020．高职院校跨境电商专业群结构优化及课程体系构建研究［J］．对外经贸（8）：133－136．

李智，2019．网络经济专业群背景下的跨境电商人才培养研究［J］．花炮科技与市场（3）：159－160．

邱璐轶，梁律，周密，2022．数字经济时代商贸专业群产教协同实践探索［J］．科技创业月刊，35（9）：94－96．

王昕，石伟平，2022．数字经济时代高职新商科专业群建设：目标、挑战与路径［J］．职业技术教育，43（11）：11－16．

吴佳艳，吴梦，2020．专业群建设背景下高职外语外贸类专业改革探索［J］．常州信息职业技术学院学报，19（1）：49－53．

谢荣军，2021．基于专业群共建共享的跨境电商实习实训基地建设与实践［J］．营销界（17）：195－196．

于振邦，梁忠环，2021．依托现代产业学院构建跨境电商专业集群的探索和实践［J］．山东教育（22）：57－60．

张慧颖，2022．基于1＋X证书的高职对外商贸类专业群“课证融合”实施策略探索［J］．经济师（9）：209－210．

数智时代英语专业人才数字素养培养挑战与策略[①]

吴章玲

四川民族学院外国语学院

摘　要：在当今的数智化时代，数字素养已经成为公民的必备素养之一。为了适应社会的飞速发展，国家教育政策已经明确指出强化数字素养教育对国家未来的发展至关重要。特别是在英语专业人才的培养过程中，如何有效地将数字素养与英语学习相结合，从而提升学生的实际应用能力和综合素质，是教育界迫切需要解决的问题。本文深入分析了数字素养在英语学习中的重要性，并聚焦探讨英语专业人才培养中面临的挑战及相应的解决策略，旨在寻求一种将数字素养与英语学习融为一体的有效途径，以促进英语专业人才的全面发展。

关键词：数智时代；英语专业人才；数字素养；挑战与策略

1　引言

在数智化进程快速推进的今天，数字素养已经成为人们生活、学习和工作中不可或缺的一种素养。《中华人民共和国国民经济和社会发展第十四个五年规划和2035年远景目标纲要》强调“迎接数字时代，激活数据要素潜能，推进网络强国建设，加快建设数字经济、数字社会、

①　本文系四川民族学院教改项目“基于OBE理念的大学英语混合式‘一流课程’建设实践与研究（X-JG202342）”成果。

数字政府，以数字化转型整体驱动生产方式、生活方式和治理方式变革”，说明数字应用将深入人们生活的各个领域。同时，2021 年 11 月，中央网信办会同相关部门研究起草了《提升全民数字素养与技能行动纲要》，其中明确了提升全民数字素养与技能的指导思想、基本原则和发展目标等，指出要针对不同人群，不同学历体系创设数字教育培训场景①。说明新时代的公民需要通过各种途径提升自己的数字素养。数字素养是一个多维的概念，它不仅涵盖了基础的计算机操作技能，还扩展到了信息检索、数据分析、网络沟通等多个领域。在这一背景下，英语教育领域正经历着一场革命性的变革，数字素养在英语专业人才培养中的作用日益显现。如何在教学实践中巧妙地融入数字教育，既提升教学成效，又不牺牲学生对基础知识的掌握，成为英语教育当前面临的关键挑战。总体而言，数字素养在英语专业人才培养中的应用不仅具有理论价值，更具有实践意义。它能够显著提升学生的学习效率、交际能力，并有助于培养他们的自主学习能力和跨文化交际能力。然而，如何有效地利用数字素养，将其转化为推动英语教育改革和进步的强大动力，仍需我们进行更深入的研究和探讨。

2　数字素养的内涵、特点及其在英语学习中的重要性

2.1　数字素养的内涵

数字素养一词源自英文“Digital Literacy”，它涵盖了一系列与数字技术相关的知识和技能。“数字素养与技能是指数字社会公民学习工作生活应具备的数字获取、制作、使用、评价、交互、分享、创新、安全保障、伦理道德等一系列素质与能力的集合。”（方向，2022）这包括人们对数字技术的熟练掌握，如搜索引擎的使用、电子邮件的管理、在线协作工具和网络学习平台的应用等；也包括对数字信息的理解和评估，如数据的分析、解读和批判性思考等；更包括了对数字信息的有效

---

① 中共中央网络安全和信息化委员会办公室．提升全民数字素养与技能行动纲要［EB/OL］．（2021－11－05）．http://www.cac.gov.cn/2021－11/05/c_1637708867754305.htm.

利用和管理，如信息的检索、组织、分享和保护等。它涉及技术、媒体、数据、人工智能等多方面的知识和应用技能。在英语学习中，数字素养具有丰富的内涵。第一，数字素养包括基本的计算机操作技能。这不仅指简单的打字和点击，还指能够有效地使用各种英语学习软件和工具，如用文字处理、表格制作、图像编辑等方式处理和呈现信息。第二，数字素养还包括信息检索和评估能力。在数智化时代，人们每天能够接触到海量的信息，其中大量的信息都是没有价值的。学生需要学会有效地从网络中检索自己所需的信息，并能够对这些信息进行评估，判断其真实性和可靠性。第三，数字素养还涉及数据分析和阐释能力。随着大数据时代的到来，数据已经成为一种新的资源。学生需要学会收集、整理和分析数据，并能够根据数据得出结论和做出决策等。第四，数字素养还包括数字创作和表达能力。在数智化时代，传统的写作方式逐渐被多媒体和交互式的内容所取代。学生需要学会使用数字工具来表达自己的想法和观点，制作视频、动画、网站等，这些方式都可使学生的创作能力和英语表达能力得到锻炼。综上所述，数字素养在英语学习中的内涵十分丰富。

2.2 数字素养的特点

数字素养具有多种特点。首先，数字素养是一种综合能力，它涵盖信息、媒体、技术等多个领域。在当今的数智化时代，英语专业人才不仅需要掌握英语语言技能，更需要具备处理和理解与英语相关的数字信息的能力。其次，数字素养是一种创新能力。在数智化的环境中，英语专业人才需要能够利用数字工具和技术来创造性地思考和解决问题。再次，数字素养是一种批判性思维能力。面对接触到的海量信息，英语专业人才需要具备批判性思维能力，以便能够识别和评估各种数字信息的质量和可靠性。最后，数字素养是一种终身学习能力。在这个快速变化的数智世界中，英语专业人才需要具备持续学习和适应新技术的能力。

2.3 数字素养在英语学习中的重要性

数字素养与技能意为数字获取、使用、制作、交互、分享、评价、创新、安全保障、伦理道德等素质与能力，是数字时代人们生产生活的必备能力和数字经济可持续发展的社会基础①。数字素养不仅仅是对数字和代码的理解和操作，更是一种对信息的敏感度、批判性思考能力和创新思维的体现。在英语学习中，数字素养具有举足轻重的地位。首先，数字素养能够帮助学生更好地理解和掌握英语语言。在英语学习过程中，学生会接触大量的英文文字、音频、视频资料和统计数据等数字信息。具备良好的数字素养的学生能够迅速准确地捕捉到相关学习信息，从而提高他们的英语阅读和听力水平。其次，数字素养有助于培养学生的跨文化交际能力。在全球化的背景下，英语不仅仅是一种语言，更是一种文化的载体。通过数字技术，学生可以接触到来自不同文化背景的信息和观点，从而拓宽他们的视野，增强他们的跨文化交际能力。此外，数字素养还能够提高学生的自主学习能力。在数智化的学习环境中，学生可以利用如在线课程、电子图书、学术数据库等各种在线资源进行自主学习。为了利用这些资源，学生需要具备搜索技巧、信息评估能力、多媒体处理能力等数字技能。总的来说，数字素养在英语学习中具有重要的意义。

3　英语专业人才数字素养培养的应用挑战与策略

数字素养对于提高英语学习效率、增强综合应用能力具有重要的作用。英语专业学生通过使用各种数智化工具，如在线词典、语音识别软件、学习管理系统等，可以更加便捷地获取和处理英语学习资源，从而提高学习效率。然而，数字素养在英语专业人才培养中的应用也面临一些挑战。

3.1　教师数字素养的提高

教师数字素养，即“教师适当利用数字技术获取、加工、使用、管理和评价数字信息和资源，发现、分析和解决教育教学问题，优化、创新和变革教育教学活动而具有的意识、能力和责任”（中华人民共和国教育部，2022）。尽管数字素养在英语专业人才培养中的应用得到了广

① 中共中央网络安全和信息化委员会办公室. 提升全民数字素养与技能行动纲要［EB/OL］. (2021－11－05). http://www.cac.gov.cn/2021－11/05/c_1637708867754305.htm.

泛的关注和研究，但是在实际的教学过程中，教师的数字素养提高仍然面临着许多问题。首先，教师的数字素养提高需要时间和经验的积累。数字素养不仅仅是掌握一些基本的技术操作，更重要的是要能够理解和运用数字技术来改进教学，这就需要教师有足够的时间和精力去学习和实践。然而，在当前的教育环境中，教师的工作负担非常重，很难有足够的时间去提升自己的数字素养。其次，教师的数字素养提高需要得到足够的支持和资源。这包括学校的支持，如提供足够的培训机会和资源；也包括社会的支持，如提供相关的政策和环境。目前这些支持和资源的不足，给教师的数字素养提高带来了很大的困难。此外，教师的数字素养提高还需要改变他们的教学观念和方法。传统的教学观念和方法往往强调教师的权威和知识的传授，而忽视了学生的主体性和其创新能力的培养。在数智化的教学环境中，教师的角色更多的是学生学习的引导者，而不是单纯的知识传授者。这就要求教师能够适应这种变化，改变自己的教学观念和方法。

针对以上挑战，可以采取以下对策：首先，学校和社会应该给予教师更多的支持和资源，帮助他们提升数字素养，包括提供更多的培训机会和资源，以及改善相关的政策和环境。其次，学校应当重新审视教师评价体系，将数字素养和数字教学能力纳入评价标准之中。激励教师主动提升自己的数字技能，并将其有效融入教学实践中。再次，教师应将数字素养与英语教学相结合，使自己具有全面、科学的综合能力。在数字化的背景下，英语教师的英语能力不仅仅是指英语语言表达和理解能力，更包括信息的获取、处理和应用能力。具体来说，可以从以下几个方面来构建教师的综合能力。第一，语言技能：主要指听、说、读、写四项基本技能。教师能够使用更多的数字化工具和资源，如在线听力测试、语音识别软件等来提高语言技能。第二，信息获取能力：主要是利用数字工具获取信息的能力。通过布置一些具体的任务，如在线搜索、数据分析等，提升教师的信息获取能力。第三，信息处理能力：主要是处理和分析信息的能力。通过数据挖掘、文本分析等更复杂的任务，增强教师的信息处理能力。第四，信息应用能力：主要是将所学知识应用于实际问题解决的能力。通过开展一些实际的项目，如网站设计、软件开发等，评估教师的信息应用能力。最后，应该通过研究和实践来探索更有效的教学方法和技术，帮助教师更好地利用数字技术来改进教学。

通过这些策略，可以帮助教师提升自己的英语能力和数字素养水平，从而提高英语教学效率。

3.2 学生数字素养的培养

在今天的数智化时代，数字素养已经成为每个人必备的基本技能之一。对于英语专业人才的培养而言，数字素养不仅仅是一种技能，更是一种思维方式和学习方式的转变。实际情况中，数字素养在英语专业人才培养中的应用仍然没有落实到位。首先，需要明确什么是数字素养。数字素养是一个涵盖多个方面的综合概念，包括信息获取、信息评估、信息处理、信息组织、信息传播等方面的能力。在英语专业人才培养中，数字素养可以帮助学生更好地理解和掌握英语知识，提高学习效率和质量。而在实际教学中，许多学生的数字素养水平并不高。一方面可能与学生自身的学习能力和学习习惯有关；另一方面，也与教师的教学方法和教学理念有关。因此，学校需要采取有效的措施来提高学生的数字素养水平。“数智化时代，在高等教育教学实践中精准的目标导向和强烈的任务驱动是学生智能学习的重要条件，因此教育者需要尊重、理解、启迪受教育者，使学生的潜能得到充分开发，这意味着数智化时代高等教育应继续并着重坚持‘以学生为中心’的理念，将学生作为教育教学的主体且保持不变。”（张志华，孙嘉宝，季凯，2022）

具体来说，可以从以下几个方面来培养学生的数字素养：第一，增强学生的信息技术应用能力。学校可以通过开设相关课程或组织实践活动来帮助学生掌握各种信息技术工具的使用方法，如搜索引擎、在线翻译工具、多媒体制作软件等工具。第二，培养学生的信息评估和管理能力。教师可以通过案例分析、小组讨论等方式来帮助学生学会如何有效地获取、筛选、评估和管理各种信息资源。第三，提高学生的信息安全意识。教师可以通过讲解相关法律法规和网络安全知识来帮助学生树立正确的信息安全观念，学会如何保护自己的个人信息和隐私。第四，培养学生的创新思维和批判性思维能力。教师可以通过开展创新性项目或研究活动来激发学生的创新精神和批判性思维能力，帮助他们在解决问题时运用数字技术进行创新性思考。

3.3 教育政策和制度的完善

对于英语专业人才的培养而言，数字素养不仅能够帮助学生更好地理解和掌握语言知识，还能够提高他们的信息获取、处理和应用能力，从而更好地适应社会的需求。数字素养在英语专业人才培养中的应用面临着一些挑战，其中最主要的就是教育政策和制度的不完善。首先，当前的教育政策和制度重视传统的教学方法和评价体系，而忽视了数字技术在教学中的应用。例如，许多学校仍然采用传统的教学模式，如讲授式教学、课堂讨论等，而没有充分利用数字技术，如在线学习平台、虚拟实验室等。此外，评价体系也往往过于注重学生的语言知识和技能，而忽视了他们的数字素养。其次，教育政策和制度的不完善也体现在对教师的培训和支持上。许多教师可能没有足够的时间和资源来学习和掌握数字技术，因此无法有效地将其应用到教学中。此外，教师的评价和激励机制也可能不利于他们采用新的教学方法和技术。

针对这些挑战，学校需要采取一系列的对策来完善教育政策和制度。首先，学校需要调整教育政策和制度，以鼓励和支持教师采用新的教学方法和技术。例如，可以设立专门的基金来支持教师的培训和发展，或者提供奖励给那些成功将数字技术应用到教学中的教师。其次，学校需要改革评价体系，以更好地反映学生的全面能力。除了语言知识和技能之外，教师也应该兼顾学生的数字素养和其他软技能的掌握情况。例如，可以设立专门的考试或项目来评估学生的数字素养，或者将数字素养作为评价学生综合素质的一个重要指标。最后，需要加强对学生的培训和支持，以提高他们的数字素养。这不仅包括教授他们如何使用数字工具和技术，还包括培养他们的信息素养、创新思维和社会责任感等。只有这样，才能真正实现英语专业人才的培养目标，为社会的发展做出贡献。

4 结语

本研究深入探讨了数字素养在英语专业人才培养中的挑战与策略，并得出了一系列重要结论。随着信息技术的广泛应用，数字素养已经成为当代公民的基本素质之一。在英语专业人才培养过程中，注重培养学生的数字素养不仅有助于提升学生的英语综合能力，还能帮助他们更好地适应信息化社会的发展需求。通过数字素养的培养，学生可以更加熟练地运用各种信息技术工具，如搜索引擎、在线翻译工具等，从而提高英语学习的效率和质量。此外，数字素养还有助于培养学生的跨文化交际能力，使他们能够在全球化背景下更好地与他人进行沟通与合作。总之，数字素养在英语专业人才培养中具有重要的应用价值，但同时也面临一定的挑战，如师资欠缺、教育资源和学生的自主学习能力不足等。为了充分发挥数字素养在英语专业人才培养中的作用，有必要从教师培训、学校资源优化和学生自主学习能力培养等方面入手，采取有效措施，推动数字素养在英语专业人才培养中的广泛应用。

参考文献：

但武刚，李玉婷，王海福，2022. 高校教师数字素养框架构建与展望［J］. 教育与教学研究（9）：41－53.

方向，2022. 什么是数字素养？［N］. 人民邮电报，03－24.

张志华，孙嘉宝，季凯，2022. “变”与“不变”：高等教育数智化转型的趋向、风险与路径［J］. 高等教育管理（6）：23－58.

中共中央网络安全和信息化委员会办公室，2021. 提升全民数字素养与技能行动纲要［EB/OL］. （2021－11－05）. http://www.cac.gov.cn/2021－11/05/c_1637708867754305.htm.

中华人民共和国国民经济和社会发展第十四个五年规划和2035年远景目标纲要［M］. 北京：人民出版社，2021.

中华人民共和国教育部，2022. 教育部关于发布《教师数字素养》教育行业标准的通知［EB/OL］. （2022－11－30）［2023－06－20］. http://www.moe.gov.cn/srcsite/A16/s3342/202302/t20230214_1044634.html.

外语专业课程思政

师范院校英语专业课程思政内涵与路径①

杨静林

成都师范学院外国语学院

摘　要：师范院校英语专业人才培养既具有普通高等学校英语专业人才培养的共性，也有明确的英语教育人才培养的特性。本文以英语专业的英语公共演讲课程为例，在厘清师范院校英语专业课程思政内涵的基础上，围绕课程思政的三项基本功，从“三育”＋“三理解”的课程思政内容、“三流程、六环节”＋“3＋1课程评价模式”的课程思政教学实施与评价、“促学促教”＋“榜样示范”的教师课程思政意识和教学能力提升等方面探讨师范院校英语专业课程思政路径，以期为探索师范院校英语专业课程思政与英语教育人才培养有机融合的途径等提供案例参考和启示。

关键词：师范院校；英语专业；课程思政；内涵与路径

近年来，我国高校英语专业课程思政已逐步成为学术研究的关注热点。2019—2022年间，以“英语专业课程思政”为核心词检索的学术论文在知网由2019年39篇到2020年115篇、2021年210篇、2022年233篇，呈现出逐年递增的趋势。研究内容主要包括英语专业课程思政理论和途径探讨（彭康洲，魏玉兰，2021），课程思政内容的挖掘（徐锦芬，2021；黄国文，肖琼，2021），教学方法、课程改革、教材建设的研究和探索（王欣，陈凡，石坚，2021；郭英剑，2022）等。总体来

① 基金项目：四川省高等教育人才培养质量和教学改革项目“师范院校英语专业‘1＋X’复合型教育人才培养模式创新研究”（JG2021－1371）；成都师范学院校级教学改革研究项目“师范类专业认证背景下英语学科课程思政建设：以英语公共演讲课程为例”（2021JG03）。

讲，对于英语专业课程思政的研究既有宏观层面的学理探讨，也有微观层面的教学探索，研究对象主要为普通高等学校英语专业，针对师范院校英语专业课程思政的研究相对较少。

师范院校英语专业人才培养既具有普通高等学校英语专业人才培养的共性，也有明确的英语教育人才培养的特性。因此，对于课程思政的内涵解读，要结合师范院校办学定位和人才培养目标，凝练课程思政的具体内核，以更好地在教学中落实课程思政的内容，实现“立德树人”的目标。

基于上述背景，本文以英语专业的英语公共演讲课程为例，厘清师范院校英语专业课程思政内涵，并围绕课程思政的三项基本功：课程内容、教学实施、教师思政意识，探讨师范院校英语专业课程思政路径，以期为探索师范院校英语专业课程思政与英语教育人才培养有机融合的途径提供案例参考和启示。

1　师范院校英语专业课程思政内涵

课程思政是“以各类学科课程或专业课程知识传授为载体进行的思想、观念、精神与价值等方面的隐性教育过程”（张晨宇，刘唯贤，2021）。教育部2020年5月印发的关于《高等学校课程思政建设指导纲要》（以下简称《纲要》）的通知明确了课程思政建设的目标和内容重点：课程思政要紧紧围绕坚定学生理想信念，以爱党、爱国、爱社会主义、爱人民、爱集体为主线，围绕政治认同、家国情怀、文化素养、宪法法治意识、道德修养等重点优化课程思政内容供给，系统进行中国特色社会主义和中国梦教育、社会主义核心价值观教育、法治教育、劳动教育、心理健康教育、中华优秀传统文化教育（教育部，2020）。师范院校既担负了高等教育培育专业人才的重任，也是培养高质量专业化创新型教师队伍的重要基地。因此，师范院校课程思政的目标既有“育才”和“育人”性，也有其“育师”性。

结合教育部颁布的《纲要》《普通高等学校师范类专业认证实施办法（暂行）》（教育部，2017），以及师范院校办学定位和英语专业人才培养目标，师范院校英语专业课程思政内涵具体体现在以下五个维度。第一，政治认同：了解世情、国情、党情、民情，增强对党的创新理论的政治认同、思想认同和情感认同，树立“人类命运共同体”的意识。第二，家国情怀：知“中国故事”，用英语讲好“中国故事”，增强文化自信和厚植家国情怀。第三，文化素养：挖掘和欣赏中外优秀文化中的“真”“善”“美”，拓展国际视野，具备跨文化交际的意识和能力。第四，道德修养：具备“师德规范”，践行社会主义核心价值观，增进对中国特色社会主义的思想认同、政治认同、理论认同和情感认同。贯彻党的教育方针，以立德树人为己任。第五，职业情怀：具备“教育情怀”，增强对教师职业的认同感、责任感，并树立正确的价值观、尊重学生人格等。

师范院校英语专业课程思政的内涵体现了“立德树人”的核心内容，同时也体现了师范院校英语教育人才培养的特点。具体到不同课程的课程思政实践中，切忌生搬硬套，为了课程思政而“硬套”思政内容，应在理解师范院校英语专业课程思政内涵基础上，挖掘课程思政内容，在教学实践中实现知识传授、能力培养和价值观塑造的有机结合，以及提升教师课程思政意识和教学能力，促进学生的全面发展。

2 “三育”＋“三理解”的课程思政内容

课程“三育”包括以下内容：“育才”，即掌握英语的基本知识和能力，达成课程培养英语专业人才的目标；“育人”即通过时事关注和典型案例分析等，培养学生的政治认同、家国情怀、文化素养和道德修养等，引导学生树立正确积极的价值观，达成正确价值观塑造的育人目标；“育师”即结合未来教师职业素养要求，通过创设教育教学情景，在知识传授和能力应用过程中，让学生理解和体悟教师职业，并培养对教师职业的认同感以及教育情怀，达成英语教育人才培养的目标。下面以英语公共演讲课程为例，课程在“三育”理念下，围绕师范院校英语专业课程思政内涵的五个维度具体和细化其内容（见表1）。

表1　英语公共演讲“三育”课程思政内容

思政内涵	思政内涵五维度	“三育”课程思政内容
党和国家意识	政治认同	通过时事新闻阅读和观看，关切时代焦点问题，了解世情、国情、党情、民情，增强对党的创新理论的政治认同、思想认同和情感认同，树立“人类命运共同体”的意识。（育人）
责任和担当	家国情怀	通过主题凝练和优秀人物演讲稿赏析，了解中华优秀传统文化、民族精神和时代精神的内涵，树立文化自信。（育才、育人）
如何做人做事	文化素养	通过经典案例赏析，了解中西优秀人物演讲稿的真知灼见，具备思辨能力、跨文化交际能力等；掌握演讲和辩论的知识和技能，在情境中综合应用和操练，具备用英语“讲好中国故事”的能力。（育才、育人、育师）
	道德修养	通过经典案例赏析和演讲主题意义挖掘和讨论，树立正确的价值观和同理心。（育人、育师）
如何为人师表	职业情怀	通过教师示范作用、教育教学情景创设以及“教育类”经典案例赏析和演讲主题实践，增强对教师职业的认同，理解“立德树人”的核心内涵并树立以“立德树人”为己任的目标，具备高尚的人格和师德规范。（育人、育师）

课程“三理解”包括理解英语公共演讲、理解当代中国、理解教师职业，是“三育”课程内容的细化。首先，结合课程专业知识传授和能力培养的“育才”内容，进一步提炼课程单元主题，以及设计以“讲好中国故事”和“教育教学”为情景的单元实践项目，通过主题理解、知识学习和能力训练，理解英语公共演讲。其次，结合课程“育人”内容，通过课程内容整合和资源拓展，例如课程融合理解当代中国系列教材《英语演讲教程》的内容，充分利用《中国日报》双语新闻、中国国际广播电台等网络资源，围绕单元主题拓展网络资源，形成课程思政资源库等，丰富课程理解当代中国和传播中国声音的素材。最后，通过“教育”“教师”等主题的典型案例分析、对标英语教师职业素养要求的教材建设，以及教育教学情景下，课堂活动设计等具体化“育师”的教学内容，“润物细无声”地引导学生理解教师职业。

“三育”＋“三理解”的课程思政内容由点及面，体现了课程内容的深度、广度和温度，体现了专业课程的特点，也兼顾了课程的育人价值和英语教育人才培养的目标实现。

3 “三流程、六环节”+“3+1课程评价模式”的课程思政教学实施与评价

教学实施是落实课程思政的具体实践。课程教学践行“学生中心”“产出导向”和“持续改进”的宗旨、要求和理念，以英语公共演讲知识传授为抓手，以不同情境，尤其是教育教学情境中英语公共演讲技巧能力培养为导向，以立德树人贯穿课程教学全过程为目标的“三流程、六环节”和“3+1课程评价模式”的一体化教学。

“三流程、六环节”指课前、课中、课后的三个教学流程，以及对应“三流程”的共六个教学环节。“三流程”“六环节”的一体化教学做到课前环节有任务：通过线上理论学习、资料检索，引发学生学习兴趣、积极思考和发现问题；课中环节有思考：通过案例分析、体验合作，促进学生深度思考和理解学习；课后环节有实践：通过单元实践项目、学习反思，提高学生讲好中国故事等的产出能力。以英语公共演讲课程中的“演讲题目的选题和破题”单元为例，课前线上理论学习和资料检索环节，学生需要完成两项任务：完成本单元线上理论学习课程和主要概念总结；通过资料检索了解“外研社·国才杯”等主要英语演讲赛事的命题演讲题目；课中案例分析和合作体验，教师在破题三步法的案例讲解和分析授课完成之后，学生通过实践英语公共演讲话题选择，以及运用话题破题的三步法分析话题，深度理解课程标准主题范畴和全球话题的关注焦点，培养分析思维能力；课后单元实践和学习反思，课后单元实践为学生以最近一年的“外研社·国才杯”英语命题演讲题目为案例，结合破题三步法进行题目分析。同时，结合教材单元学习自评表，反思学习本单元过程中在知识、能力和情感态度与价值观方面的收获等。

由于课程思政目标中的情感态度和价值观等都属于内隐要素，对思政效果的评价具有一定的难度。“3+1课程评价模式”包括“形成性评价”“终结性评价”和“诊断性评价”的“3”与单元学习“自我评价”的“1”，它们共同构成教学、教师、学生的多维度评价体系。“形成性评价”的内容包括课堂表现、在线学习和实践活动，评价方式有课堂问答、任务探究、演讲呈现、小组合作；“终结性评价”的内容为期末考

试试题，评价方式包括命题演讲和即兴演讲；诊断性评价的内容是学生通过课程学习达到的发展水平和学习情况，评价方式包括问卷调查和学生访谈等。不同于传统演讲与辩论课程注重教师评价或同伴评价，本课程在每个单元设计了学生“自我评价”环节，从单元知识、能力和情感态度价值感三个维度为学生提供了单元学习自评表，以课程第一章自评表为例（见表 2）。

表 2　单元学习“1”自评表

维度	内容	等级				学习反思
知识	公共演讲的概念	□掌握	□理解	□了解	□不清楚	
	公共演讲与对话交流的区别	□掌握	□理解	□了解	□不清楚	
	英语教师与公共演讲的关系	□掌握	□理解	□了解	□不清楚	
	公共演讲的分类	□掌握	□理解	□了解	□不清楚	
能力	教育教学情境下用英语做自我介绍和介绍他人	□完全掌握	□掌握	□基本掌握	□未掌握	
	思维能力：归纳总结	□完全掌握	□掌握	□基本掌握	□未掌握	
情感态度与价值观	交际中所持的积极态度	□完全具备	□具备	□基本具备	□不具备	
	教育情怀：教学情怀	□完全具备	□具备	□基本具备	□不具备	

“三流程、六环节”的一体化教学打破课堂沉默，激发学生学习主动性和参与积极性。“3+1 课程评价模式”从单一成绩评价走向多元综合评价，构成教学、教师、学生的多维度评价体系，丰富了课程评价视角，也为课程思政效果等内隐要素评价的可视化提供了实践操作的新思路。

4 “促学促教”＋“榜样示范”的教师课程思政意识和教学能力提升

除了挖掘课程内容的思政元素，将其有机融入课堂教学以外，教育者先受教育也是课程思政的重要构成部分之一，教师应持续拓展多种学习渠道，不断提升自身思政教学的意识和能力。

拓展学习渠道，正确认识专业课程与课程思政的关系，加强自身课程思政的意识和提升课程思政教学能力。教师应正确认识专业课程教学不仅仅是单纯的知识传授和技能训练，也是“立德树人”的过程。师范类院校的英语公共演讲课程不仅仅要在课程中体现英语语言的综合应用和演讲能力的提高，还应体现课程中对学生道德素养、师德规范、教育情怀等潜移默化的影响和培养。后者的培养并不只是通过抽象空洞的理论讲授来实现，而是通过具体的教学方法、教材开发、教师示范等共同来完成。同时，教师要善于主动挖掘课程中的思政元素，通过课程实现对学生的道德培养、价值观引导、思维能力培养，达到专业课程和教师师德践行、教育情怀培养的有机结合。因此，教师应积极拓展学习渠道，加强自身课程思政的意识和提高课程思政能力。首先，教师要利用教研室、教学团队、课程组等基层教学组织的教学交流平台，将专业课程的课程思政内容、形式、途径等作为教学交流和研讨的主题。通过教学交流和研讨，逐步形成专业课程的课程思政的体系。其次，教师要通过参与典型经验交流、现场教学观摩、课程思政示范课建设等活动以及课程思政的专题学术交流会议，学习和了解课程思政的内容以及教学实践经验，结合自身的教学实际探索和实践课程思政的途径和方法。最后，教师应充分利用现代信息技术手段，例如学校网络中心、教师教学发展中心等，开展线上的各类主题理论学习，促进自身的师德师风、教学能力以及课程思政意识的提高。

党的十九大报告明确指出，立德树人是教育工作的根本。“立德树人”既指教师作为教育工作者首先要具有高尚的道德品质，即“身正为范”，也是指教师要将自己所学知识，把自己懂得的人生道理、掌握的文化知识和技能传授给青少年一代，并最终教下一代人成为善人、行善（王正平，林雅静，2018），即“学高为师”。英语公共演讲的授课教师在课堂教学中既是“教师”身份也是“演讲者”身份，其发挥的示范效应体现在两个方面：一方面，教师在课堂上“身正为范”，为学生树立了“教师”的榜样，在课堂教学中“践行师德”“言传身教”，“潜移默化”地影响学生，增强师范院校学生的教师职业认同感和教育情怀。另一方面，教师在课堂上作为“演讲者”所表现出的人格、逻辑和情感，为学生示范了优秀的演讲者所应具备的道德素养、思维素养和同理心，为学生树立了“教师演讲者”的榜样。

5 结语

本文以英语公共演讲课程为例，探讨师范院校英语专业课程思政内涵以及实施路径，虽“管中窥豹”失于全面，但是为师范类院校英语专业课程思政在课程思政内涵界定、课程思政教学内容挖掘、课程思政教学实施，以及教师课程思政意识提升等方面的深入探讨提供了案例参考。师范院校英语专业的课程思政是一个系统工程，既要体现英语专业对所培养的英语人才核心素养的共性要求，又要体现课程思政自身在英语教育人才培养中所具有的特征。因此，英语专业课程要做到课程思政内涵在目标、内容、教学和评价中的融合，以及通过主题挖掘、情景创设、内容整合、教材建设等，将专业知识的教授、英语教育人才培养和课程思政有机结合。为了达成上述目标，既需要课程教师之间的相互沟通和交流合作，例如专业课教师与思政课程教师之间的交流合作、专业课与不同课程教师之间的沟通教研等，也需要加强顶层设计，保障师范类院校英语专业课程思政建设的系统性和持续性等。

参考文献：

郭英剑，2022. 外语专业与课程思政建设：问题、理论与路径［J］. 外语教学理论与实践（3）：27－35.

黄国文，肖琼，2021. 外语课程思政建设六要素［J］. 中国外语（2）：10－16.

教育部，2017. 普通高等学校师范类专业认证实施办法（暂行）［EB/OL］.（2017－10－26）. http://www.moe.gov.cn/srcsite/A10/s7011/201711/t20171106_318535.html.

教育部，2020. 教育部关于印发《高等学校课程思政建设指导纲要》的通知［EB/OL］.（2020－06－01）. http://www.moe.gov.cn/srcsite/A08/s7056/202006/t20200603_462437.html.
彭康洲，魏玉兰，2021. 我国高等学校英语专业思想政治教育的演变逻辑和新路径：基于大纲的审思［J］. 教育理论与实践（3）：54－57.
王欣，陈凡，石坚，2021. 价值引领下的英语专业课程群思政建设［J］. 中国外语（2）：65－70.
王正平，林雅静，2018. 立德树人：教育伦理的根本原则［J］. 道德与文明（4）：111－118.
徐锦芬，2021. 高校英语课程教学素材的思政内容建设研究［J］. 外语界（2）：18－24.
张晨宇，刘唯贤，2021. 课程思政的基本内核与生成逻辑［J］. 中国高等教育（12）：40－41.

《习近平谈治国理政》英文版本“三进”应用型本科高校英语课程的路径探究①

苗　萌　卢梦迪

成都工业学院外国语学院

摘　要：本文聚焦在应用型本科院校中开展《习近平谈治国理政》英文版本“三进”的教学路径。通过调研学习和文献研读来自“三进”试点高校的经验，结合立德树人的根本任务，应用型本科院校的办学定位、人才培养目标和高校英语课程的特点，文章提出在英语课程中以课程建设为中心，从机制、教师、教材和教法等多方面着力，从“进校园”“进教材”“进课堂”三个维度，按照“思想先行，组织有力”“特色教材，校本讲义”“贯通教学，融合内外”的总体框架，构建融合理念、教材、教学策略、教师发展和实践教学的有效路径，使“三进”在英语类课程中得到科学、细致的落地，进而实现在应用型本科院校英语类课程中全面贯彻党的教育方针，用习近平新时代中国特色社会主义思想指导和实现“铸魂育人”。

关键词：“三进”；应用型本科高校；英语课程；路径

---

① 本文系四川外国语言文学研究中心项目“《习近平谈治国理政》英文版本‘三进’应用型本科高校大学英语课程的路径研究”（项目编号：SCWYH23－16，上海外语教育出版社资助）、成都工业学院2023年校级课程思政专项重点课题项目“应用型本科高校《习近平谈治国理政》英文版本‘三进’英语类课程路径研究”（项目号：KCSZ202303）、成都工业学院2023年校级课程思政专项课题“新文科背景下‘大学英语’教师课程思政建设能力提升研究”（项目编号：KCSZ202317）成果。

1 引言

党的十八大以来，习近平总书记就“培养什么人，是教育的首要问题”（田心铭，2018）做出了一系列重要论断，在不同场合多次强调发展教育的重要意义，为教育强国的建设指明了方向。在全国高校思想政治工作会议上，习近平总书记更加明确提出，要把思想政治工作贯穿教育教学全过程，使各类课程与思想政治理论课同向同行，形成协同效应。

《习近平谈治国理政》第一至第四卷收录了习近平总书记在2012年11月15日至2022年5月10日期间的报告、讲话、谈话、演讲、指示、批示、贺信等重要著作，其中第一到第三卷共计54个专题270篇；第四卷集中展示了以习近平同志为核心的中央领导集体的治国理念和执政方略，集中展现了马克思主义中国化时代化的最新成果，共109篇，21个专题。这一重要著作蕴含许多富有创见、意蕴深邃的思想政治教育新思想、新观点、新论断、新要求（张智，2015），是学习掌握习近平新时代中国特色社会主义思想的权威读本。

《习近平谈治国理政》多语种版本由国务院新闻办公室、中央文献研究室和外文局汇集优秀翻译专家组成的翻译组翻译，质量上乘。该书以中、英、法、俄、阿、西、葡、德、日等21个语种版本发行642万册（2017年数据），遍布全球160多个国家和地区①。《习近平谈治国理政》多语种版本在深度、难度和广度上皆可称为思想宝库（胡业爽，徐曼琳，2022）。在多语种版本中，英译本 *Xi Jinping: The Governance of China* 影响力最大，代表了当下我国外宣翻译的最高水准，为“讲好中国故事，传播好中国声音”储备了大量英文语料。

2 “三进”工作

2019年年底，中宣部组织的《习近平谈治国理政》多语种版本进

① 环球网.《习近平谈治国理政》畅销海外多国［EB/OL］.（2017－09－18）. https://baijiahao.baidu.com/s?id=1578847718502420936&wfr=spider&for=pc.

校园、进教材、进课堂（以下简称“三进”）（胡业爽，徐曼琳，2022）试点工作在北京外国语大学、上海外国语大学和四川外国语大学启动。“三进”工作是坚定师生理想信念和提高人才培养质量的重要契机（冀文亚，张颖天，2021），是习近平新时代中国特色社会主义思想指导外语类课程的重要实践，对高校外语教育来说意义重大。

目前，基于《习近平谈治国理政》多语种版本，特别是英语版本的“三进”相关研究仍然有限，CNKI 显示仅有 13 篇，分别论述了《习近平谈治国理政》“三进”课程中的思政一体化（王田，童亚星，2021）、高校大学生对《习近平谈治国理政》研读现状（刘东锋，2019）、研读该著作的重要性（吕健，原甜甜，2021）以及“三进”课程思政建设的重要性（冯千，黄芳，2022）。对于《习近平谈治国理政》“三进”在英语类课程中的相关研究目前较为有限。

2019 年《习近平谈治国理政》“三进”工作选定了三所外语院校作为高校试点。2021 年 6 月，中宣部召开会议对试点工作进行阶段总结并就扩大试点工作范围进行专题部署，在全国选定了 25 所试点高校。试点高校将其作为连接“课程”和“思政”的桥梁，开展《习近平谈治国理政》进校园、进教材、进课堂的教学实践（吴昊，2022），取得了很好的成效。但是试点学校中应用型本科院校较少，对应用型本科院校开展《习近平谈治国理政》“三进”的相关研究相对缺乏。

结合应用型本科院校“培养服务国家、地方经济社会发展需要的应用型和创新型人才为主”的特点，我们认为开展《习近平谈治国理政》多语种版本，特别是英文版本的“三进”教学改革实践，既符合高校立德树人的根本任务要求，又能够有效提升学生的中国传统文化素养和民族自信，助力此类高校更好地实现为国家培养出“会语言”“精领域”“通实践”的应用型人才。

3 应用型本科院校“三进”路径探索

聚焦在应用型本科院校中开展《习近平谈治国理政》英文版本“三进”的课程思政教学实践，笔者所在高校的课程思政教学团队通过调研、学习外语类专业院校中“三进”试点高校的经验，与思政专职教师深入研读著作、领会“三进”工作要求等前期准备工作，提出将基于

《习近平谈治国理政》英文版本“进校园”“进教材”“进课堂”的基本实践路径，构建出课程思政教学实践的基本框架。

3.1 进校园：思想先行、组织有力

《习近平谈治国理政》英文版进入应用型本科院校的实践路径重点表现在三个方面：领导高度重视、组织有力；教师深入学习、入脑入心；英语教师与思政教师协同配合，积极联动。

《习近平谈治国理政》英文版进入英语专业课课堂，由学校上级部门发起号召，通过学院集体改革项目，有效组织，凝聚团队教学力量，打造出能够用《习近平谈治国理政》英文版本进行教学和研究的教学团队。可以首先从英语专业核心基础课程“综合英语”和“英语阅读”开始开展路径探索。此类课程教材结合深入，教辅材料丰富，授课课时较多，有利于最先开展“三进”课程思政教学实践。

教师团队应“率先研读”，提高自身政治站位和政治理论素养。教师们深入学习习近平新时代中国特色社会主义思想，研读《习近平谈治国理政》中英文版本，钻研《习近平用典》等著作，以求更好地把握习近平总书记经典引文的精神原旨，并联系当代中国的具体语境仔细揣摩如何将其更好地融入英语读写类课程。通过组织专项培训、集体研修《习近平谈治国理政》等方式，助力教师素质提升和教师团队建设。

教师同时还应当深入精准学习课程思政理论，进行跨学科联动，特别是与马克思主义学院“保持联动、协力推进思政课程和课程思政相结合”（冀文亚，张颖天，2021）。理论基础扎实的马克思主义学院发挥学科优势对英语教师进行理论指导，英语教师发挥外语特长，实现对《习近平谈治国理政》英文版的理解后的精准讲授。

3.2 进教材：特色教材，校本讲义

教材是课程的重要载体，可以确保教学活动的系统性、科学性，教材反映国家认知，落实党的教育方针，体现国家意志，弘扬社会主义核心价值观，传承中华优秀传统文化。《习近平谈治国理政》英语版本思想深刻、内容丰富，但是在实际教学中，教师们大多将其作为语言素材，而非思政之教材。因此，我们特别提出在“综合英语”和“英语阅读”授课过程中，选用基于《习近平谈治国理政》编写的教材，如“理

解当代中国”系列教材、“中国概况”系列电子教材等。这类教材业已将习近平新时代中国特色社会主义思想系统融入英语类各门核心课程，有效地“实施思想与语言融合的英语教学理念，帮助学生在使用英语进行知识探究的过程中不断提高英语能力，不断加深对习近平新时代中国特色社会主义思想的理解”（郝楠，2023：85）。通过专业教材的选用，“思政”与“外语”有机融合，有助于学生提高语言学习效能，了解中国特色话语体系，用中国理论解读中国实践，提高向国际社会讲好中国故事的能力，从而落实立德树人根本任务。

在“三进”试点工作推行过程中，还需要结合应用型本科院校自身特色，从《习近平谈治国理政》中汲取思想智慧。如理工类院校可以思考大国制造、工匠精神、工业文化等特色模块；文管类院校可以思考文化传承、地域特点等模块；师范类、航空类院校可以聚焦职业精神等。

在选用适当教材的同时，教学团队根据学情和课堂教学需要，编写讲义（含教案、教学大纲）和教辅资料，构建《习近平谈治国理政》英文版校本教育资源库，为今后打造特色慕课积累素材。特色资源库的建设既加强了课程思政和教改研究，有助于推出高水平教改成果，又形成了有效的课程思政教学资源储备，有利于课程的系统化建设。

3.3 进课堂：贯通教学，融合内外

《习近平谈治国理政》英文版进入英语课程课堂过程中，不应当仅仅是“试运行”或“浅尝辄止”，或是仅将其作为“汉译英”或者“英译汉”的课堂练习范本，还应当重视和强调该著作的全面充分融入。为实现这一根本目的，首先，开展英语类课程教学大纲的修订，提高课程中《习近平谈治国理政》英文版本的教学内容比例，在教学计划中凸显其重要性。其次，完善教学设计，组织集体备课，通过教学方案、教学案例、电子板书设计（PPT）、电子课本、课外阅读、课后作业、考试命题等各个方面，形成《习近平谈治国理政》内容在试点课程中的全线贯通。如紧扣《习近平谈治国理政》中的政治、经济、文化、生态、军事、外交等方面内容，以专题的方式将其嵌入教学过程。再次，突出课堂内课时的有效使用和课外延展与补充。课堂内采用项目式、产出导向式等多种教学方法，运用线上线下混合式教学手段。课后积极进行学习时空的拓展，如帮助学生学习和巩固习近平总书记各类讲话中“金句”

的相应英汉表达；设计课后“扩展阅读”“中国智慧”等延伸板块；融入英汉对照版的中华古诗词佳句等，以培养学生对中国传统文化文学素材的翻译能力，同时提升鉴赏能力等。

值得关注的是“三进”实践过程中对于“课堂”这一概念的界定。传统课堂的容量有限，在“三进”过程中应努力打破课程专业教学和实践教学的壁垒，主动建设课程思政第二阵地，拓展育人渠道。通过实践教学进一步深化学生对习近平新时代中国特色社会主义思想的理解。在第二课堂充分使用《习近平谈治国理政》英文版里的素材和演讲技能，依托各类竞赛活动，以赛促学、以赛促练，建立起“校-省-国”赛的连续体和培养机制。开展以《习近平谈治国理政》为核心的第二课堂，通过“学以致用，以用促学”更好地真正达成价值引领和价值认同的目标。同时，将“三进”教学评价延伸到课外，构建起“网络课堂”，让“三进”工作在时空中有效延展，并长期获得学生的反馈，实现课程思政教学效果的量化评价，形成贯穿教学全过程的系统化评价体系。

在两到三门英语课程“三进”教学实践的基础上，可通过将《习近平谈治国理政》英文版“三进”纳入英语类课程教学的知识目标、能力目标和素质目标中，全面推进打造建立读写、听说、写作、演讲、口译、笔译等全链条英语类课程集群，形成课程特色。

4 结语

本文提出在应用型本科高校英语类课程中开展《习近平谈治国理政》英文版的“三进”实践，从“进校园”“进教材”“进课堂”三个方面进行了教学路径设计。该设计强调将课程思政落实于课程教学、课程育人过程中，根植于培养能够“讲中国故事”的应用型人才。提高《习近平谈治国理政》在教学大纲、教学设计中的比重，选用特色教材和建立《习近平谈治国理政》特色课程资源库，组织集体备课，在教学方案、教学案例、板书设计、课外阅读、课后作业、考试命题等课堂的各个方面实现《习近平谈治国理政》英文版本进入课堂，形成全面贯通和全程融入。在具体的教学实践中，还应注意跨学科联动，特别是英语教师与思政教师的联合教研和对学生的联合指导，逐步构建以《习近平谈治国理政》英文版本“三进”为基础的英语类课程集群。

在“三进”实践过程中通过英语教师团队的融合、课堂内外的融合、特色教材与校本特色资源的融合等多重融合，实现语言能力提升与思想文化的交融，进而帮助英语课程的学生厚植中国情怀，激发文化自豪感，有效增强其课程学习效果，把价值引领落到实处。

参考文献：

冯千，黄芳，2022.《习近平谈治国理政》“三进”课程思政建设实证研究——以日语翻译鉴赏课程的“三进”导入为例［J］. 外国语文（3）：16－23.

郝楠，2023. 理解当代中国视域下英语阅读课程思政示范设计和研究［J］. 英语广场（12）：82－85.

胡业爽，徐曼琳，2022.“三进”课程的课堂教学设计路径逆向探析——以《习近平谈治国理政》俄文版翻译鉴赏课程为例［J］. 外国语文（3）：25－32.

冀文亚，张颖天，2021. 新时代国际传播人才培养的有益探索——“三进”试点工作专题报道在外语类高校引发热烈反响［EB/OL］.（2021－06－16）［2024－1－30］. https://news.gmw.cn/2021－06/16/content_34924487.htm.

刘东锋，2019. 高校大学生对《习近平谈治国理政》研读现状及其对策——以燕山大学为例［J］. 法制博览（2）：76－77.

吕健，原甜甜，2021.《习近平谈治国理政》第三卷“三进”工作研究［J］. 宿州教育学院学报（4）：5－9.

田心铭，2018. 教育的“首要问题”和我国教育的“根本任务”［J］. 红旗文稿（19）：4－7.

王田，童亚星，2021.《习近平谈治国理政》“三进”课程中的思政一体化研究［J］. 外国语文（5）：27－31.

吴昊，2022. 生态翻译学视域下《习近平谈治国理政》典籍名言阿译研究［J］. 外国语文（3）：10－15.

张智，2015.《习近平谈治国理政》蕴含的思想政治教育理论［J］. 北京教育（德育）（10）：20－23.

课程思政视角下“语言学导论”的课程教学①

李国宏

西华大学外国语学院

摘　要：本文从微观层面讨论“语言学导论”课程思政建设，从“利他主义与利己主义”“整体主义与个体主义”“家国主义与邦国主义”三个对比维度揭示汉英两种语言所体现出的不同“民族性”，并结合相关社会现象指出汉语所蕴含的优秀价值观。

关键词：课程建设；课程思政；“语言学导论”

1　引言

“语言学导论”是外语专业的一门核心课程，在新时期课程思政思想指引下，如何将专业课教学与思政有效结合成为学界的热门话题，特别是外语专业的“语言学导论”以英语为主要研究对象，而课程思政教育问题一直未能很好地得到解决（文旭，2021）。教育部《高等学校课程思政建设指导纲要》（2020 年 5 月 28 日印发）要求全面推进高校课程思政建设，充分发掘各类课程中所蕴含的思政资源，深度提炼专业知识体系中的思想价值和精神内涵，解决好专业教育和思政教育“两张皮”问题。②

---

①　本文系国家社科基金项目“类型学视野下的汉语主观化‘左移’现象研究”（17XYY019）的阶段性成果。

②　教育部．教育部关于印发《高等学校课程思政建设指导纲要》的通知［EB/OL］.（2020－05－28）. https://www.gov.cn/zhengce/zhengceku/2020－06/06/content _ 5517606.htm.

本文拟以汉英两种语言为对象，从“利他主义和利己主义”“整体主义与个体主义”“家国主义与邦国主义”三个维度揭示汉英两种语言所体现出的不同“民族性”，从微观层面挖掘“语言学导论”课程的思政元素，在该课程思政建设的开展上做出一些尝试。

2 利他主义与利己主义

“利他主义”和“利己主义”本质上是对“为了谁、依靠谁、我是谁”① 这一问题截然相反的响应。孔子说“泛爱众、以亲仁”“己所不欲，勿施于人”，恺撒则说“I came，I saw，I conquered”。两种声音分别诠释了中西方“利他主义”和“利己主义”的思维模式。

这种思维模式的差异导致在语言表达中对“自我”的提及并不相同。从大的语法范畴看，英语有“时”和“体”两个显性句法体现，“时”表达说话人以自己的说话时刻为参照，对事件发生的时间进行定位，“体”表达说话人观察事件内部的状态。一个英语句子必须有“时体”才能成句，体现的是说话人从自身立场对事件进行描述，兰盖克（Langacker，2007）称其为“入场”（grounding）。汉语没有显性的“时”“体”范畴，对事件的表达有时并不以说话人的“自我”为参照，而更多关注事件本身的客观样态。例如：

（1）a. I wrote a letter last night，（ * but I didn't finish it.）
　　b. 我昨晚写了一封信，（可是没写完）。

（1）a 中动词 wrote 以说话时刻为参照，描述过去的“写信”事件，该事件在说话时刻的“现在”已经结束，因而不能后接“I didn't finish it.”。相反，（1）b 中汉语所述“写信”事件并不受制于说话人的“现在”时刻，只是客观表达一个过去的事件，该事件到“现在”为止可以“没写完”，二者共现毫无违和感。

---

① 人民网. 习近平谈干部成长：任何时候都不能忘记为了谁、依靠谁、我是谁[EB/OL].（2019－03－02）. http://cpc. people. com. cn/xuexi/n1/2019/0302/c385474－30953417. html.

刘丹青（2010）通过大量例子指出，汉语是一种动词型语言，英语是一种名词型语言。这一论断的深层原因在于汉语的动词入句无须通过时体形态与发话人的“自我”进行认知关联，而英语则要以具体的形态表现说话人对事件的介入，这就使得英语在很多场合“化繁为简”，通过名词表达事件，从而省去对动词进行形态改变的复杂手续。但这并不是说英语名词就不体现“自我”。英语名词有“类”和“例”的概念区别，“类”是抽象的语法概念，“例”是具体的语用实现。一个“类”概念只有与说话人建立联系，才能成为具有所指的“例”，从而为听话人识别。英语实现从“类”到“例”的转变是一套“入场元素”（Langacker，2007），其中以“a/the”最为典型。这两个冠词表现的是说话人对事物的认知可及性，单从“a/the”本身无法理解其所指称的是什么，必须依赖于实际的交际情景。如：

（2）a. Say something good for you? No，I shall do nothing of the kind.

b. They are the students of the college. （cf. They are students of the college.）

（2）a 中“the”是说话人将听话人引入自己认知场景的指别词，表示说话人自己知道该所指并引导听话人也对此加以关注，单说“kind”无法实现该指别功能。（2）b 中“the student”是对“the college”的“整体”指涉，表示“全体学生”，如果单说“students”，无法实现整体指涉，只是对“They”作为“students”的性状描述。汉语的名词无须作这样的功能区分，其语法即是其语用，具有“体用不二”的特征（沈家煊，2017）。如“大象”既是语法上的名词，也可以是语用上的具体指称。

因此，汉语对“自我”的关注没有英语那样强烈，更多是从“他者”视角进行事件表达，这使得中国学生在回答英语的否定反问时总是习惯性地出错。如：

（3）问：It isn't hot today，is it?

答：* Yes，it isn't. / * No，it is. （正确回答：“Yes，

it is.”或“No，it isn't.”)

答句中肯定和否定前后不一致的原因在于中国学生将自己的“利他主义”原则应用于英语：我们总是先站在问话人（他人）的立场上切入问题，然后才说出自己的观点，即“是的（您说的对），今天不热（自己观点）”或“不是的（您说的不对），今天很热（自己观点）”。而英语民族始终从“自我”立场回答问题，保持“自我认定”的一致性，从而保证了答句在“肯定”和“否定”上的前后统一。

英语的“there be”句型对中国学生也是个难点（黄冰，何安平，2007），同样在于该句型以说话人为导向，表达说话人认定的“出现有某物”。例如，“there be”句式可以使用“I”进行解释：

(4) a. There is no doubt that you'll be able to provide a satisfactory alibi for last evening.

b. I've no doubt you'll be able to provide a satisfactory alibi for last evening.

此外，“there be”可以与“to V”结构共现，如例（5）所示。不定式“to V”表达生命性主语的“希冀”（wanting）或“意图”（intention）（Wierzbicka，1988）。孤立地看“there”，它显然并不符合这一特征，但由于“there be”体现的是说话人的“自我”意志，从而赋予其生命，使得“there be”与“to V”共现和谐。

(5) a. If there is to come another storm，we can batten down and ride it out.

b. There appears to be trouble with your network connection.

以上语言事实表明，汉语表达更注重“他人”，体现的是中华民族对“他人”的责任意识，强调“责任”先于“个人”（陈来，2014），真正从语言表达上践行“君子自任以天下为重”的思想。

3 整体主义与个体主义

通常认为，西方文化强调个体，东亚文化突显整体，而中国被认为是典型的具有整体主义观念的国家（陈玲丽，2013；Hofstede，1980）。例如，在医学领域，中医采用整体观，西医注重元子论；在舞蹈方面，中国民族舞多群舞，强调整体协调，西方舞蹈多独舞，展现人物独特的内心世界；影视方面，中国电影多塑造民族英雄，而西方电影多表现个人英雄；等等。

语言表达同样如此。下例体现的是“属体－属性”这样的“大－小”概念布局在两种语言中的不同。

（6）汉：我们应该去哪里？

英：Where should we go?

（7）汉：早上好！工作进行得怎样？

英：Good morning! How is your work?

“我们”“早上”“工作”是属体，“去哪里”“好”“怎样”为“属性”，“属性”是“属体”的概念组成部分，汉英在表达上互为镜像，分别以“整体”和“个体”为概念切入点，体现的是两个民族对“整体”和“个体”概念切入的不同。

时空是典型的认知范畴，汉语和英语在时空大小概念的线性排列上同样互为镜像。汉语从大到小，先进行大范围定位，而英语从小到大，先确定目标位置①。如：

（8）他去年在实验室用计算机努力工作了 6 个月。

He worked/ hard/ with the computer/ in the lab /for six months last year.

① 英语信封左上部写寄信人，右下部写收信人，与汉语正好相反，这也是“利己”和“利他”的表现。

从语言类型学上看，上例汉英状语分布的不同体现的是不同成分的内涵和外延与动词核心的语义紧密度的不同（金立鑫，1990），但其思维方式则反映了汉英民族对事物所采取的整体观和个体观的不同：汉民族习惯于从“大”的概念着眼，英民族则善于从“小”的概念入手。

这一差异进一步表现在空间处所主语句的使用上。空间是认知的背景，是事物或事件产生和存在的场所。汉语空间方位词比较发达，构成庞大的处所主语句，可表达的句式语义类型远远大于英语（齐春平，2000）。如：

（9）a. 地上蹲着几个孩子。

b. * The floor squatted with several kids.

c. There are several kids on the floor.

d. On the floor squatted several kids.

（9）a 为“存在场所－存在方式－存在物”构式（陆俭明，2004），“存在物”是“存在场所”的一个构成成分。这样的表达不能对等翻译成（9）b，而要以“there be”或倒装结构出现，如（9）c 和（9）d。

从更大的句法信息流看，“整体”往往是大家共知的背景信息，“个体”为未知的新信息，这样的新旧布局在两种语言的偏正复句中也体现出“整体”和“个体”前后表达的差异。英语偏正复句以主句前置于从句为常规，而汉语则以从句前置于主句为常规，从句往往提供主句所需要的整体背景，而主句则是说话人的表意重点，具有个体性（叶爱，金立鑫，2020）。此外，在人物引荐上，汉语往往从整体性的背景信息入手，引出焦点人物，英语则首先提及焦点人物，然后才介绍人物的背景。如：

（10）a. 中共中央总书记、国家主席、中央军委主席习近平近日对职业教育工作做出重要指示，强调……

b. Xi Jinping, who is also general secretary of the Communist Party of China Central Committee and chairman of the Central Military Commission, underlined the promising future and greater potential of vocational education ...

4 家国主义和邦国主义

辜正坤（2013）指出，中华价值强调“自我”与“他者”、“个体”与“整体”之间的和谐共处，这样的价值认知使得中华民族在跨概念整合上具有天然优势，并造就了汉语大量的复合词，如“国家、道路、党政、群众、友谊、圣人、领导、道德、道理”等。这些复合词的构成成分之间或为并列关系，或为反义关系，或为偏正关系（刘月华，潘文娱，故韡，2004）。根据 Xing（2006）的统计，汉语词汇中 80%为复合词，在《现代汉语词典（汉英双语）》所收录的新创词中有 90%为复合词，而英语的构词法以派生为主，即使是随着科技进步而诞生的新词以复合词为多，但也只占约 40%（Pyles & Algeo，2009）。因此，吕叔湘（1979）就指出，汉语的构词以复合为主，西语构词以派生为主。

对词汇构成方式的研究可以管窥一个民族的认知思维方式。汉语复合词的多产性本质上体现的是中华民族“甲乙包含”的范畴观，即将两个概念元素进行整合，取其中一个为整合后的主要概念，另一个为次要概念，二者构成“包含”关系。这样的范畴观是中华民族传统“天人合一”思想的体现。所谓“天人合一”，并不是说“天是天，人是人，二者合二为一”，而是说“人是天的一部分”，二者构成“包含”关系（沈家煊，2017）。英语则体现的是“甲乙分立”的范畴观，是“天”就不是“人”，是“人”就不可能成为“天”。因此，英语严格区分了“god/saint”和“man”的概念划分，而汉语则有复合词“圣人”一说，是“圣”也是人，“人”通过道德的修炼也可以为“圣”；“事物”一词中，“事”也是“物”，“物”的运动就是“事”，因为“物犹事也”。

同样，汉语的“国家”一词由“国”和“家”复合而成，是“国”也是“家”，“家”可以组成“国”，正所谓“家是最小国，国是千万家”，体现了中华民族“家国天下、天下一家”的理念。因此，“国”和“家”在中华民族的历史长河中通常被视为一体，很多有关“国”的概念表述都是通过“家”或家人的概念隐喻建构的，如“祖国、母国、我国”“保家卫国、国破家亡、国仇家恨”“国父/母、臣子、子民、同胞”“一屋不扫，何以扫天下”“我们的祖国是花园”“国家的栋梁、国之根基、国之柱石、国门”“国庆阅兵晒‘家底’”“2018‘国家账本’出炉”，等等。

然而，英语在“国家”的表达上却有“country” “state” “sovereign state” “nation” “nation-state” 等词语，这些词在主权、人口、文化、宪法、政府等维度相互独立，无一能体现汉语“家国一体”的理念，因此，雅克（Jacques，2009）指出，中国应该被称为“文明国家”（civilization-state），与西方的“nation-state”并不完全一致，是靠“家庭”“纽带”“习俗”等文化因素凝结起来并延续至今的一个文明形式，正是这种向心力使得中华文明历经王朝更迭而绵延不断。

西方社会形成了城邦文化，小城邦组成大城邦，城邦之间各自为政，大城邦有国家之名，无国家之实。这种邦国政体本质上是若干帮派或利益集团相互抗衡和妥协，并最终形成一套维系个人利益的法则（辜正坤，2013）。当法则出现漏洞，国家治理便成为一个集团欺凌另一集团的借口。而中国倡导的法治与德治相结合的理念不仅是“家国一体”思想的体现，更是中华民族“甲乙包含”的范畴观和“天人合一”哲学思想的升华，体现的是个人和群体之间“一体两面”的关系。中华先贤很早就表达过这样的思想，孟子说“穷则独善其身，达则兼善天下”，是指一个人不得志的时候就要自己管好自己，如果显达了，有能力了，就要兼善天下。这是对中华民族“家国一体”的“包含”思想的诠释。正是基于这种家国理念，中华民族总会在紧要关头谱写一曲曲“一方有难、八方支援”的赞歌，中国所倡导的“多边主义”国际关系更是这一理念的升华。

5 结语

“语言学导论”是一门实践性很强的课程，融合了语言、思维和文化等与语言密切相关的内容。这些内容彼此影响、相互融合，而文化无疑是一个重要的语言基因。辜正坤（2013）指出，所有的文化都是合理的，但有先进落后之别，而“看重对他人义务”的文化要先进于“重自由轻义务”的文化，“利人”的文化要先进于“利己”的文化。中华文化的先进性体现在“先天下之忧而忧，后天下之乐而乐”的民族担当，这更是对中华民族“家国天下”和“天人合一”思想的继承与升华。语言是认知思维的反映，语言学习要注重对语言背后文化因素和思维机制的挖掘，唯其如此，才能深刻领悟自身文化的优势，实现语言学课程与思政教育的有效结合。

参考文献：

陈来，2014. 中华传统文化与核心价值观［N］. 光明日报，08－11（16）.

陈玲丽，2013. 个体主义—集体主义的结构及跨文化研究［M］. 北京：中国社会科学出版社.

辜正坤，2013. 21世纪人类普世价值观："家—国—天下主义"［J］. 人民论坛（7）：74－77.

黄冰，何安平，2007. 中国大学生There be句型习得初探［J］. 现代外语（1）：57－64.

金立鑫，1990. 汉英时地状语语序的一致性［J］. 语言教学与研究（2）：148－153.

李国宏，2019. There的"三域"及其主观化：以there be结构为例［J］. 外国语（4）：72－80.

刘丹青，2010. 汉语是一种动词型语言——试说动词型语言和名词型语言的类型差异［J］. 世界汉语教学（1）：3－17.

刘月华，潘文娱，故韡，2004. 实用现代汉语语法（增订本）［M］. 北京：商务印书馆.

陆俭明，2004. "句式语法"理论与汉语研究［J］. 中国语文（5）：412－416＋479.

吕叔湘，1979. 汉语语法分析问题［M］. 北京：商务印书馆.

齐春平，2020. 汉英处所主语句的句法语义对比研究［J］. 外语与外语教学（1）：20－30＋146－147.

沈家煊，2017. 从语言看中西方的范畴观［J］. 中国社会科学（7）：131－143＋207.

文旭，2021. 语言学课程如何落实课程思政［J］. 中国外语（2）：71－77.

叶爱，金立鑫，2020. 英汉主从句语序分布对比研究［J］. 外国语（4）：53－64.

HOFSTEDE G，1980. Culture's consequences：international differences in work-related values［M］. Beverly Hills，CA：Sage.

JACQUES M，2009. When China rules the world：the end of the Western world and the birth of a new global order［M］. London：Penguin Books.

LANGACKER R W，2007. Cognitive grammar：a basic introduction［M］. Oxford：Oxford University Press.

PYLES T，ALGEO J，2009. The origins and development of the English language［M］. Boston：Wadsworth Publishing.

WIERZBICKA A，1988. The semantics of grammar. Studies in language companion [M]. Amsterdam：John Benjamins Publishing Company.

XING J Z，2006. Teaching and learning Chinese as a foreign language：a pedagogical grammar [M]. Hong Kong：Hong Kong University Press.

文化自信导向的英语师范生社会情感教育能力培养研究①

李　娜　石佳鹭

四川师范大学外国语学院

摘　要：立德树人视域下，英语师范生的社会情感教育能力培养是实现英语教师教育高质量发展的重要环节。结合英语学科的人文特点，以文化自信为导向的英语师范生社会情感教育能力的内涵是什么？难点与实践路径是什么？本文通过实证研究，对这些问题进行了梳理与思考。

关键词：文化自信；英语师范生；社会情感能力；社会情感教育能力

教师是立教之本、兴教之源，是推动教育高质量发展的核心。教师具有良好的社会情感教育能力，不仅有助于教师作为个体人和社会人的协调发展，更有助于提升学生的自我认知与自我发展能力和积极与他人、社会保持和谐共处的能力，从而为社会的发展营造良好氛围。在全面倡导教育立德树人、德育为先的中国特色社会主义新时代，如何以文化自信为导向，培养英语师范生的社会情感教育能力，不仅是未来英语教育的关键所在，更关乎能否培育出坚守中华优秀传统文化根基、积极促进人类社会和谐发展的国际化人才。

---

①　本文系四川师范大学人才培养质量和教学改革项目“文化自信导向的英语师范生专业素养培育研究”（20230021XJG）、巴蜀文化国际传播研究中心项目“巴蜀文化融入四川中小学英语教育路径研究”（2024YB14）、四川省哲学社会科学规划项目“数字化转型背景下高校外语课程思政的优化进路研究”（SC24WY022）和乐山市多语认知发展和教育科普基地项目“数智技术深度融入高校外语课程思政的优化路径研究”（2024DYB01）的阶段性成果。

1　文化自信导向的英语师范生社会情感教育能力的内涵

社会情感教育能力是教育者应具备的专业素养，目的是为学生做出良好示范并且培养学生个体的社会情感能力。为此，在详细阐释“英语师范生的社会情感教育能力”的内涵之前，首先要明晰什么是“社会情感能力”。

1.1　“社会情感教育能力”的概念界定

社会情感能力是指个体在成功解决诸如学习、人际交往、适应成长与发展的需求等人生任务的过程中所获得与必需的社交能力和理解、管理、表达情绪的能力。在人工智能快速发展的今天，“众多国际组织及发达国家认识到社会与情感能力是未来人才的必备技能之一，将其置于教育的关键优先级，并纳入到教育政策中”（姚媛媛，王娟，黄忠敬，等，2023）。学术、社会和情感学习合作组织（CASEL）将社会情感能力划分为“自我意识”“自我管理”“社会意识”“人际交往技能”“负责任地决策”五个维度（张静静，2021）。其中，“自我意识”是指个体对自我有正确的判断和较全面的认知，能够保持自信；“自我管理”一方面强调个体有合理设定自我发展目标、及时调节自身情绪的能力，另一方面强调个体能够适度表达自己的感受及情绪；“社会意识”指能够理解他人，发现并利用社会资源；“人际交往技能”强调个体能与他人密切合作，具有恰当处理人际关系及冲突的能力；“负责任地决策”指遵守社会规则、人际交往规则并能为社会以及人际关系的健康发展做出贡献（毛亚庆，2019）。此后，英国 SEAL 项目、世界经合组织的“大五”人格模型、国内外学者如石义堂（2012）、胡伶等（2012）、斯蒂芬妮·琼斯（Stephanie，2012）、奥舍（Osher，2016）、德纳姆（Denham，2016）等纷纷对社会情感能力的维度进行了不同的划分，之后学界对社会情感能力的概念界定达成了如下共识：其一，社会情感能力既表现为自我认知、自我调节能力，也体现为与他人交往、适应并融入社会的能力（杜媛，毛亚庆，2018）。其二，培养人的社会情感能力是为了同步提升其作为个体存在与社会存在的意识、能力与价值。

对于英语师范生而言，社会情感能力既是他们作为普通公民幸福生活、持续发展的必要能力，也是他们在未来英语教育职业生涯中卓有成效工作的基石。正如国内外诸多学者，如詹宁斯（Jennings，2009）、琼斯（Jones，2014）、尤达（Yoder，2014）、阿斯佩林（Aspelin，2019）、马月成等（2019）、毛亚庆（2020，2021，2022，2023）、王卓等（2020）、张幽桐（2022），等等，通过研究证实教师能否有效迁移与应用社会情感能力决定了教师能否为学生树立良好榜样（李明蔚，毛亚庆，顾欣，2021）、建立和谐的师生关系、营造良好的教学氛围（马月成，杨斐，韦仕英，等，2019），在认知、心理、社交、身体四个维度促进学生积极发展。为此，本研究基于英语师范生的未来特定社会角色和社会责任，将焦点集中在师范生的社会情感教育能力培养上，支持、关怀学生，激发学生的社会情感能力发展，推动英语师范生在未来教学实践中积极展示并运用自己的社会情感能力，使其成为具有社会责任感和情感智慧的未来公民。

1.2 英语师范生社会情感教育能力的表现形式

结合英语学科的人文特性以及英语教师的专业素养，本研究将从职业认知、文化意识和教学实践三个维度阐释文化自信导向的英语师范生社会情感教育能力的表现形式。

首先，从教师职业认知维度来看，英语师范生的社会情感教育能力体现为他们对英语教师职业的认知水平、职业信念和职业意愿。追溯中国传统文化关于师德规范的思想学说，不难发现我国优秀传统文化中蕴含了大量关于教师伦理道德、职业道德的思想。《周书·列传》言："经师易求，人师难得。"这里的"人师"强调的是，教师不仅要擅长"传授知识"和"解答疑惑"，更要以"传承道德"为自己的责任和崇高使命。又如"师者，人之模范也""善之本在教，教之本在师""道之所存，师之所存"等优秀师道思想为新时代师范生职业道德培养留下了深深的文化烙印。因此，深入探究、全面理解并大力弘扬中华优秀传统文化中师德为先的文化精髓，将为新时代师范生社会情感教育能力培养提供丰富且深厚的文化资源。

其次，从文化意识维度来看，英语师范生的社会情感教育能力主要体现为两个方面：一方面，作为英语学习者，师范生在中英语言的对比、理解和交替应用中有意识地探究语言所蕴含的文化内涵，深入了解不同文化群体在判断问题、做出决策时所依托的精神支柱和价值观念。另一方面，作为面向未来的教育工作者，英语师范生应具备通过语言沟通激发受教育者主动探索中英文化内涵的能力。这两方面正是 CASEL 组织对“社会情感能力”的“社会意识”及“人际交往技能”两个维度描述的具体体现。

最后，从教学实践维度来看，英语师范生的社会情感教育能力主要表现为他们能够准确评估自己的知识水平与能力，并据此设定合理的发展目标；在教学实习过程中，能够与他人合作，适时调节自己的情绪并能恰当地表达自己的感受及需求，合情合法地获取促进自身教学能力发展的社会资源；在职业规划中，能结合自身的实际情况与社会需求，制定既有社会价值又切实可行的计划。

2 文化自信导向的英语师范生社会情感教育能力培养的难点

当下的英语教育界普遍认同应融合中华优秀传统文化，以强化学习者的文化自信。随着英语课程思政的不断深化，这一努力已初见成效。然而，面对以文化自信为引领的英语师范生社会情感教育能力培育的现实挑战，我们仍需聚焦实践层面，寻找突破的路径。

2.1 英语师范生社会情感教育能力培养的现实考察

研究者选取了四川省一所师范院校大二至大四的英语专业学生共 37 人，从 2023 年 3 月至 11 月进行了一对一的深度访谈。受访学生具体情况如表 1 所示。

表 1 受访学生具体情况

年级	性别	人数	民族
大二	男	4	彝族 1 人，汉族 3 人
	女	6	汉族 6 人
大三	男	5	藏族 1 人，彝族 2 人，汉族 2 人
	女	10	藏族 1 人，汉族 9 人

续表

年级	性别	人数	民族
大四	男	4	汉族4人
	女	8	汉族8人

访谈的核心问题如下：

(1) 学生是否了解“英语师范生的社会情感教育能力”？

(2) 学生认为大学期间自己这方面的能力是否有变化？变化或没有变化的主要原因是什么（例如，自己的某段经历、学院开设的某门课程、某位教师的指导）？

(3) 学生希望通过哪些方式提升自己的社会情感教育能力？

围绕英语师范生社会情感教育能力的具体表现，结合受访学生的回答内容，笔者追问了一系列相关问题，在正文中省略。

调查发现：

第一，大多数受访学生对“师范生的社会情感教育能力”这一术语很陌生，但会主动将其与教师职业道德和伦理道德相联系，并分享自己的见解。值得注意的是，高年级学生由于在教育类课程上积累了更为丰富的知识，并通过教育见习或实习等实践活动对英语教师职业有了更为深入的认识，从而展现出了较强的从事英语教育工作的热情和意愿。

第二，大部分受访学生在被问及基础教育阶段学生的身心发展规律时，表现出一定的知识盲区。因此，他们更多地聚焦于自己作为英语专业学生的经历，分享了自己在大学期间社会情感能力的转变以及相应的发展需求。换言之，大部分受访学生还不具备成人基本的通用社会情感能力，更谈不上拥有良好的社会情感教育能力。

第三，学生们因日益增加的学业和就业压力，普遍呈现出高度紧张的学习状态。尤其是大二学生正面临英语专业四级考试，大四学生正面临考研、论文撰写、找工作等多重压力，在自我判断、表达内心感受和需求以及做出成熟决策等方面表现出压抑、自我怀疑、犹豫不决等负面情绪。

2.2 英语师范生社会情感教育能力培养的难点分析

2.2.1 传统教育观念的束缚

社会情感教育能力培养的关键在于师范生在受教育阶段能深刻体验并吸收社会情感教育的精髓，从而生成社会情感教育能力。然而，传统教育观往往偏向学生的认知能力提升，而忽视了人格的全面发展。目前，教师与学生的注意力仍聚焦于英语知识的掌握与教学技能的培养。作为学习者，许多英语师范生并没有在课堂教学中体验到教师课堂话语以及课堂管理能力的独特育人魅力。这意味着他们在受教育的过程中缺乏对社会情感教育的理解，导致他们在未来的教学中难以有效地运用情感教育策略，甚至难以与学生、同事、家长进行有效的沟通，因而无法引导学生健康地发展情感和社会技能。

2.2.2 缺乏系统的培训和课程支持

当前，英语师范生教育已构建起了一个较为全面的课程体系，但与"社会情感教育能力"直接相关的课程相对稀缺。尽管在具体的人才培养方案和课程教学中渗透着育人能力的培养，但这些内容往往停留在"该不该"的理论层面讨论，与现实教学情境脱节，还无法充分回答"该如何"的问题。此外，关于教师社会情感能力的研究尚处于起步阶段，老师们缺乏将社会情感教育能力整合到现实教学中的理论指导和实践经验。

2.2.3 缺乏完善的协同育人机制

英语师范生的社会情感教育能力培养并非单一的心理教育课程或教育理论课程可以承担，而需要多方育人主体协同合作。协同育人机制不仅要注重英语师范生的语言知识和教学技能的培养，还需注重其思想道德素质、文化素质、身心素质等的全面发展，从而培养出具有全球视野和家国情怀的高素质英语教师。中国特色社会主义新时代的师范英语教育亟须将人文与自然科学知识、数字技术与英语学习，以及中外文化的优秀元素融入师范英语课程的思政教育中。然而，当前英语师范教育与课程思政的融合仍存在一些不足，如"形式与内容脱节"和"简单贴标签"等问题，师范英语教育各育人主体之间尚未形成实质性、常态化的有效协同合作。

3 文化自信导向的英语师范生社会情感教育能力培养的实践路径

“文化自信，是一个国家、一个民族、一个政党对自身文化价值的充分肯定，对自身文化生命力的坚定信念。”（云杉，2010）文化自信源于文化主体在实践活动中的深度参与，是通过亲身体验、深入理解、广泛认同和持续创新，自然而然形成的一种对自身文化的自觉认知和坚定信念。故以文化自信为导向，深度挖掘中华优秀传统文化元素，将其融入英语师范教育，有助于培育和提升英语师范生的社会情感教育能力。

3.1 加强中华优秀传统文化的课程建设

高校应加强中华优秀传统文化的课程建设，将博大精深的中华文化有机地融入英语师范生的课程体系中。尤其应深入挖掘中华优秀传统文化中蕴含的德育思想元素，让英语师范生在学习英语语言和文化的同时，对比体验中华优秀传统文化对“德”的恒久追求，以及新时代中华儿女“明大德”“守公德”“严私德”的时代意义。

英语师范教育应利用学科优势，引导学生在理性地剖析人类社会的各种道德现象的本质时，坚定社会主义核心价值观，提升道德判断能力；引导学生认识到个人发展与国家、社会、集体的命运紧密相连，自觉培养并提升自己的社会公德、职业道德、家庭美德和个人品德，并在学习生活实践中将这些伦理道德和价值判断外化为个人正确的道德行为。只有充分激发学生的道德情感，才能培育正确的道德观和责任感，提高道德实践能力，特别是自觉践行高尚道德的能力。如此，不仅为英语师范教育加强社会情感教育能力培育提供了坚实的思想基础，也为学生未来的成长和发展修筑了坚实的道德基石。

3.2 开展中华优秀传统文化的实践活动

教学实践是培养英语师范生社会情感教育能力的重要途径。教学实践中，英语师范生有机会与学生互动，学习如何观察学生的情感变化，学会倾听与理解，进而培养同理心。这种同理心是教师在教育过程中必备的品质。教学实践还能锻炼师范生的情感表达能力，促进他们学习用恰当的语言和方式表达关心、鼓励和支持。换言之，教学实践是一个双向的过程，师范生在其中不仅可以学习如何培养学生的社会情感，还将学会如何与学生建立深厚的情感联系。这种联系是教育的基石，它能够使教育过程更加人性化、更加温暖，为学生的健康成长提供有力的保障。故高校应加强与中小学的合作，建立实践教学基地，为学生提供更多的实践机会。

高校还可以组织开展一系列英语师范生课外拓展活动，如志愿服务、中华文化周、文化沙龙等。通过这些活动，学生不仅可以锻炼自己的沟通能力和团队协作能力，增强社会责任感和人文素养，还可以通过亲身参与和体验，深入感受中华文化的博大精深与独特魅力。

3.3　提高教师职业素养

教师是培养学生社会情感能力的关键因素。一个专业素养高、教育教学能力强的教师，能够更好地理解学生的需求，更精准地把握教学的方向，在日常教学中潜移默化地影响和引导学生的社会情感能力形成。故高校应加强对教师的培训，提高教师职业素养。

高校应开设专门针对培养学生社会情感能力的教师培训课程。这些课程不仅要包括心理学、教育学、社会学等相关领域的知识，还要结合实际案例，让教师了解如何将这些跨学科知识融入实际教学中。高校还应组织教师参与教学观摩、教学研讨等活动，让教师观察、学习其他优秀教师的教学方法和技巧，也要鼓励教师开展实践教学研究，探索适合本校学生的社会情感能力培养模式。

此外，高校需构建多元化的培训体系，以满足不同教师的培训需求。邀请校内外专家、学者或行业精英作为教师培训的师资力量，提供更加丰富、前沿的培训内容和视角。同时，建立相应的激励机制，鼓励教师积极参与社会情感能力培训。

3.4　完善协同育人机制

协同育人机制是一种新的教育理念，强调学校、家庭、社会等多方面的共同参与，以实现全方位、全过程、全员育人的教育目标。这种机制有利于培养学生的综合素质，提高其社会情感教育能力。

第一，建立多方参与的合作机制。政府应加大对高校协同育人工作的支持力度，制定相关政策法规，鼓励高校与政府、企业、社会组织等多方合作，为英语师范生的社会情感教育能力培养提供更多的实践机会和资源。高校应加强与社会机构或社区的合作，积极开展社会实践活动或社区教育文化活动，引导学生深入了解社会、了解国情，增强其社会责任感和使命感。

第二，建立健全评价体系。建立有效的评价反馈机制，对培养过程进行监控和评估，及时发现问题并加以改进。同时，对师范生的社会情感教育能力进行定期评价。评价应注重学生的综合素质和实践能力，还应引入第三方评价机构，保证评价的客观性和公正性。

第三，对成功的协同育人案例进行总结和推广。高校应对已经取得成功的协同育人案例进行深入总结，提炼出其中的有效做法和宝贵经验，以便其他学校和机构借鉴和学习。同时，高校还应积极推广这些成功案例，让更多人了解到协同育人的重要性和可行性。

4 结语

在当今全球化浪潮下，英语作为世界通用语言，其教育的重要性不言而喻。对于有志于从事英语教育事业的师范生而言，除了语言技能的培养，社会情感教育能力的培养同样关键。文化自信是个体对自己文化根源的认同和自豪。对于英语师范生来说，文化自信是他们开展教育工作的坚实基础。然而，以文化自信为导向，培养英语师范生的社会情感教育能力并不能一蹴而就，而是一项长期且需要持续投入的任务。未来研究可以进一步探讨如何制定更有效的培养方案和评价体系，以推动英语师范教育的高质量发展。

参考文献：

杜媛，毛亚庆，2018. 基于关系视角的学生社会情感能力构建及发展研究［J］. 教育研究，39（8）：43－50.

李明蔚，毛亚庆，顾欣，2021. 教师社会情感能力对学生社会情感能力的影响：多重中介效应分析［J］. 教师教育研究，33（6）：24－31.

马月成，杨斐，韦仕英，等，2019. 职前教师社会情感学习的意义与实施策略

[J]. 大理大学学报，4（9）：77－84.
毛亚庆，2019. 社会情感学习培训手册［M］. 北京：北京师范大学出版社.
姚媛媛，王娟，黄忠敬，等，2023. 教师在课堂中支持学生的社会与情感能力发展的个案研究［J］. 中国电化教育，37（6）：90－97.
云杉，2010. 文化自觉　文化自信　文化自强——对繁荣发展中国特色社会主义文化的思考（中）［J］. 红旗文稿，47（16）：4－8.
张静静，2021. 教师社会情感能力框架及发展策略——基于国外文献的分析［J］. 全球教育展望，50（8）：103－115.

外语专业课程建设与教学

外语专业特色课程新形态教材的开发①

何晶晶[1]　邱　枫[2]　沈光临[3]

1 成都外国语学院科研处　2 成都外国语学院西欧语言学院

3 成都外国语学院副校长

摘　要：外语专业特色课程融合了其他领域的行业知识，是培养“外语+”复合型人才的核心。数字化背景下，基于行业真实素材的新形态教材使课程更具时代性、职业性、复合性和实用性。本文从外语专业特色课程新形态教材的概念内涵、框架建构、形态特征等方面进行探索，开发与行业知识相对接的新形态教材，提升复合型、应用型外语人才培养质量，为外语专业新形态教材的建设研究与实践提供参考。

关键词：外语专业；特色课程；新形态教材；人才培养

2018年，教育部提出新工科、新医科、新农科和新文科的建设。“四新”的提出实际上就是为了解决高校各学科各专业所面临的毕业生不适应社会发展需要的问题，“四新”建设的核心是跨学科：“学科交叉融合”和“专业结构调整”（蔡基刚，2023）。如何满足社会需求，在新形势下根据院校实际合理建构服务区域经济发展的人才培养体系，又从学生家长角度考虑，培养受市场欢迎的外语人才，是外语专业建设面临的重大课题。教材是课程的重要载体，课程是人才培养的核心。本文结合“四新”以及数字教育大背景，从外语专业特色课程教材入手，坚持能力导向，融入岗位技能，探索知识更新的及时性、学习内容的真实

① 本文系中国民办教育协会2022年度规划课题（学校发展类）“线上线下融合的高校外语类教材新形态及创新应用研究”（项目编号：CANFZG22117）的研究成果。

性、学习环境的交互性，提出新形态外语教材的开发路径和创新应用方案。

1 外语专业特色课程新形态教材的概念内涵

《普通高等学校本科专业类教学质量国家标准》规定，外国语言文学类专业培养方向课程可包括外国文学、外国语言学、翻译学、外语教育、国别与区域研究、比较文学与跨文化研究、专门用途外语以及相关培养方向等类别。各高校外语类专业可根据自己的培养目标和培养规格自主设置培养方向课程（教育部高等学校教学指导委员会，2018）。本文将培养方向课程中的一部分课程，即为服务国家经济建设发展而新开的课程定义为外语专业特色课程，如工程技术法语、对日信息技术、经贸阿拉伯语等。外语专业特色课程具有个性特色浓厚、精准指向我国与目标语国家合作的产业、服务地方经济、采用真实素材等特点（沈光临，2020），课程教材也应符合以下几点要求：第一，使用目的语学习行业知识，提高学生语言能力，适应工作语境；第二，采用真实素材，保证教学内容与工作实践内容高度一致；第三，精准指向我国与目标语国家合作的产业，对准某个人才细分市场的需求。现有研究多从跨学科视角探索课程体系建设（戴鹏，2023；侯铁军，2020），与特色课程配套的教材研究亟待开展。

信息化时代外语教材正逐渐向新形态转变。有学者将新形态教材定义为一种开放动态的连续体，一端是被简单地数字化并放到网络上的物理形态的教材，另一端是集授课视频、教材文本、学习资源、考试评价于一体的开放课程（黄明东，蔺全丽，李晓峰，2022）。它是一种协作的、动态的数字工作环境，教师和学生共同参与讨论和反馈、测试知识和监控结果。新形态教材具有物理形态丰富性、教材内容智能开放性、学习环境智能交互性、课程目标导向性的本质属性（杨莉芳，2024）。国内学者多聚焦英语类新形态一体化教材编写及使用（张敬源，王娜，曹红晖，2017；杨港，彭楠，2021），教材编写大多基于学科专家和教师视角，鲜有学生参与的调查研究。但是，教材只有在成为相互作用过程中的积极因素时，只有在满足特定学习情景的问题、需要和兴趣时，才具有课程的意义（张华，2000）。外语专业特色课程新形态教材需要涵盖多语种，且注重学生认知心理过程和意义建构过程，实施以学习者为中心的语言教学，使学生在真实的工作情景中自如地运用语言。

本文提出的外语专业特色课程新形态教材采用数字活页形式，充分体现学习过程的动态性和互动性特点。活页式教材包含两层含义，即“活页”和“教材”。“活页”是教材的体现形式，“教材”是根本属性（佘阳梓，余凡，2021）。活页教材可以实时更新，体现行业新进展，对接市场新需求，活页还能成为学生的任务单和工具书。“活页”体现装订形式的灵活，无论是教学者还是学习者，能够对教材内容进行灵活选择，组合成个性化、具有实用性的特色教材。数字活页能弥补传统纸质媒介的缺陷，增强教学方式方法的灵活性，满足学生的多元化学习需求。鉴于此，本文突破课程专家编写者的单一视角，将建构主义学习理论运用到数字活页式教材的开发，形成以学习者为中心的外语专业特色课程新形态教材。

2　外语专业特色课程新形态教材的框架建构

本文研究的新形态教材基于建构主义（constructivism）学习理论进行设计。该理论强调知识是学习者在一定的情境中，借助他人的帮助，利用相应的学习资料，通过意义建构的方式获得（杨港，2020）。学生是学习的主体，教师是意义建构的帮助者与促进者。教材要创设真实的学习场景，使学生的学习与真实的或类似于真实的情境相联系，师生之间、生生之间的沟通要贯穿教材开发过程的始终。教师要为学习者提供各种资源，鼓励学习者主动探索并完成意义建构。

数字活页式新形态教材由师生、生生相互协作建构而成。教师首先创设教师数字活页，为学生提供自主学习的基础，发挥脚手架作用。学生在教师的引导下，借助网络资源，自主建构知识体系，形成学生数字活页。师生活页与纸质教材共同组成与学生个体因素相匹配的新形态教材。新形态教材以纸质教材为核心、以数字活页为补充、以信息技术为手段，将纸质教材和数字资源充分融合，共同组合成个性化、具有实用性的特色课程教材（见图1）。

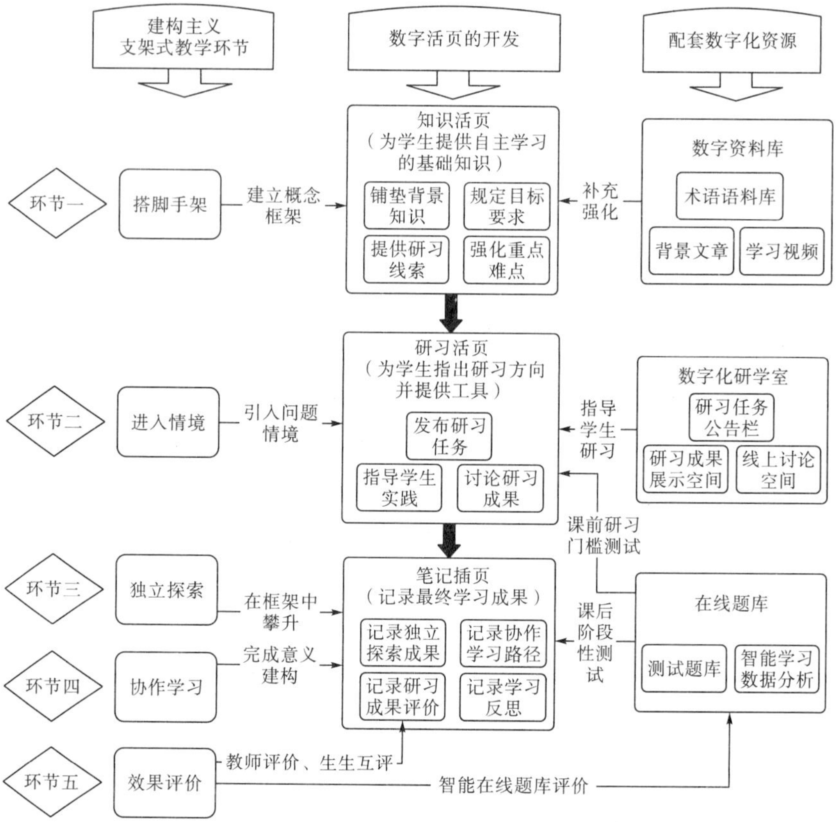

图1 外语专业特色课程新形态教材框架

3 外语专业特色课程新形态教材的开发

汤姆林森和增原仁美（2007）从材料、任务、方法等方面对教材开发原则提出要求，使学习者接触大量真实使用的语言，为学习者提供真实使用外语的机会，促使他们在认知和情感上得到发展。因此，外语专业特色课程新形态教材的开发首先应遵循“真实性”原则，采用真实语料，包括真实素材与真实任务。从真实素材的搜索使用到真实性任务的产出，是一个材料静态编写与动态使用的过程。特色课程教材将行业一线的目的语真实材料作为跨学科知识的来源，使教材应教知识在工作岗位中的复现率不低于60%。下面将重点论述“真实性”原则指导下的新形态教材的开发。

3.1 数字活页的开发

外语专业特色课程新形态教材开发需要自主开发新的网络教学资源，不断对教学素材进行更新和优化，实现对既有教材灵活的、创造性的、个性化的运用的目标。从这个意义上讲，数字活页的开发又可称为对教材的二次开发，使教材一直处于动态更新的状态。教师数字活页和学生数字活页相互支撑协同，又具有独立的功能。

首先，教师建构数字化知识活页与功能插页。知识活页可用于承载背景知识、目标要求、研习线索、重点难点，为学生自主学习提供基础知识，搭建单元学习的脚手架。功能插页发布研习任务，指导学生实践，讨论研习成果。研习任务采用真实情境下的任务，将学生引入真实的工作场景。学生完成真实场景任务时会面临现实问题及具体困难，教师要及时提出解决意见和建议，指导学生完成探索实践，最后发起讨论。因此，功能插页的建构要注意以下三点：一是根据教材主线设计分支真实任务，为学生分组或独立研习提出详细的要求和目标；二是根据学生搜索的数字化材料在数字化研学室中发起师生、生生讨论，引导学生深入思考；三是从学生练习中发现问题，有针对性地制作成分析活页，帮助学生分析问题，解决问题。教师数字活页的建构使教师由课程实施者转变为课程开发者，从实际工作场景和学生需求出发，动态更新教学内容，拓展课程的深度和广度。

其次，学生完成活页笔记，形成学生数字活页。学生在教师活页概念框架的引导下，通过网络进行搜索、研判、甄选材料，独立探索完成架构中的学习任务，并在班级展示学习成果。通过数字化研学室，学生开展协作学习，进一步丰富学习成果，在讨论与协作沟通中完成知识的意义建构。师生就自主学习能力、小组任务完成度、讨论发言积极程度等进行打分，作为形成性评价。师生之间、生生之间的沟通贯穿整个过程。至此，学生基于纸质教材，在教师数字活页的引导下，将教材内容转化为个人知识结构的组成部分。学生以知识活页为基础，以功能插页为路径，依托在线数字化研学室，进行线上线下融合式自主学习，在协作交流中完成知识的建构，动态生成新形态教材的活页笔记。活页笔记的建构回应了学生认知、情感、个性等方面的诉求，开展开放、灵活、即时、泛在的个体化学习。

3.2 数字资源库的建设

新形态教材不仅体现了教学内容的数字化，还能为教学过程的智能化赋能。纸质教材用于引导和铺垫，师生依托立体化的线上交流互动，最终形成完整的教材。因此，外语专业特色课程新形态教材应配套建设数字资源，包括数字资料库、数字化研学室、在线题库，以达到理想的教学效果。

数字资料库包括“外语+行业知识”的相关专业术语语料库、背景文章、学习视频三类资料，为学生自主学习提供基础材料，起到补充和强化教材活页的作用。语料库储存真实素材，即在工作场景中真实使用的外语和中文语言材料。背景文章收集相关行业知识背景，加以分类整理，方便师生在教材各单元教学时取用。学习视频可将跨专业知识变得更加形象化，将图形与文字结合，提高“外语+行业知识”的学习效率。

数字化研学室具备研习任务公告栏、研习成果展示空间、线上讨论空间三大功能，为教材数字插页提供实现途径。研习任务公告栏用于向学生发布各单元的分支任务，提出基于现实情景设计的问题，提供可供参考的资源，引导学生以不同途径达成目标。研习成果展示空间发布学生制成的PPT、项目报告、视频文件等成果。线上讨论空间则针对研习成果开展师生、生生讨论，补充研习成果，使其能够用于线下翻转课堂。

在线题库包括测试题库和智能学习数据分析两大板块。测试题库在每个教学单元设置两个线上测试，自动批阅即时显示成绩分数。课前研习后的门槛测试，可供教师更新修订教学方案或内容。线下翻转课堂结束后的阶段性测试，亦可作为形成性评价。智能数据分析能够追踪学生的练习完成进度、正确率、修改次数等，为个性化教学提供数据支持。

4 外语专业特色课程新形态教材的应用

本文以四川某高校法语专业三年级“工程技术法语”课程教材为例，阐释数字活页的建构及创新性应用。该课程2021级有198名学生修读，每周4个课时，2021年被评为四川省一流本科课程。课程教学目标为培养较强的语言应用能力、跨文化交际能力、工程岗位实操能力。学生通过学习，能够掌握工程技术领域的通用专业术语、通用格式、基本流程以及常见工程技术原理，成为“懂法语的工程管理人员”。

《简明工程技术法语》教材主要介绍了在法语国家承担一个工程技术项目，从招投标到工程验收、财务结算等整个流程中所使用的法语。本文选取教材“投标人须知”“一般行政条款”“投标”三节课内容进行案例阐释。上述三课同属纸质教材第七单元“工程招投标”，具体包括建设方招标、企业投标等一系列的相关知识和常见文件，具有不可分割的整体性。该内容对于法语专业学生而言属于跨学科知识，在使用传统教材教学时较为枯燥深奥。新形态教材多模态呈现教学内容，在师生共建数字活页的过程中引导学生自主探究，逐步将知识内化，解决教师难教、学生难学的问题。

4.1 知识活页的开发

慕课是知识活页的重要组成部分。教师课前要求学生观看中国高校外语慕课平台“工程技术法语”第二课“招投标”视频，完成相关词语及注释的学习，阅读教辅《工程技术法语翻译实务》中的相关章节。为了更好地引导学生理解消化课前学习内容，形成一条完成的知识脉络，教师在慕课平台上设置了一个指引性的问题：“海外当地政府为何要通过招标的形式采购产品或服务?”问题后附带与工程技术法语相关的网络搜索链接，帮助学生有效获取信息。学生依照指引问题与相关链接搜索背景知识，学习成果形成活页笔记的一部分。

4.2 功能插页的开发

“功能插页”是由教师补充的数字化资源，其功能是使学生接触真实工作场景中的材料与任务。本文以“一般行政条款”为例，阐释功能插页的开发过程。首先，教师在数字化公告栏发布研习任务，即“本课中各条款内容是否存在对投标人的不利之处”。由于学生在慕课学习阶段获得了一定的背景知识，在面对课文内容时可自行完成一部分内容的学习。但考虑到学习材料是具有跨学科特征的法语原文，以及知识建构共同体的交流需求，教师在数字化研习室设置了线上讨论，不定时地回答学生遇到的问题，动态完善其知识体系。线上问题与回答均公开可见，以避免提问内容的重复。学生在完成研习任务后，对课文知识内容有了一定的了解，大致能够掌握原文主旨大意。教师在线下翻转课堂教学中对研习任务进行评价，梳理线上提问要点，总结课程重难点知识，与知识活页即慕课资源、功能插页一起形成教师数字活页。

4.3 活页笔记的开发

“活页笔记”是学生个性化学习路径的记录，通过主动建构、体验、发现式的学习方式，使学生成为教材使用的主体。笔记内容包括学生在“知识活页”探索指引性问题的路径、在“功能插页”研习各条款内容的试译、在线上讨论空间与教师的对话或是教师对他人问题的回答，还包括学生测试中错题的相关解答以及学生收获的教师、同学评价。此部分还包括学生在完成本单元学习任务后撰写的研习报告。至此，学生在主动探索中完成知识的意义建构，获得一部完全私人定制的数字活页式《工程技术法语》教材。

课程结束后，学生们表示教材的真实案例使他们直观地了解并掌握了招标、投标、合同管理等环节的法语术语和文件范例，增强了实际应用能力。此外，学生们特别提到了新形态教材采用的线上与线下结合的教学方法，认为其提升了课堂讨论和交流的效果。数字活页融合线上资源、研习讨论与教师评价，有效促进了课后的自主探究和复习巩固，但是非常考验学习自觉性。活页建构任务需要学生有较强的学习自主性，同时具备一定的信息素养。总体而言，学生们认为新形态教材内容丰富、结构合理，教学方法新颖有效，既帮助他们掌握了行业相关知识，也提升了外语语言水平，是不可多得的跨学科学习资源。

综上，本文探讨了“四新”建设背景下的外语专业特色课程新形态教材开发，并以“工程技术法语”为例，从知识活页、功能插页、活页笔记阐释教材的创新应用。外语专业特色课程新形态教材采用真实素材，设计真实的教学任务，倡导主动、建构、体验、发现式的学习方式，搭建了一个链接纸质教材、数字资源、翻转课堂的开放性平台，推动数字学习资源开发与应用，提升师生数字素养。外语专业特色课程新形态教材使学生充分接触到真实环境中的岗位所需知识，紧密对接“外语+”人才培养模式，满足社会经济发展对复合型、应用型外语人才的需求，以数字技术赋能外语学科人才培养，助力其有效实现。

参考文献：

蔡基刚，2023. 危机中的英语专业出路：“外语+”复合型还是专门用途英语？[J]. 上海理工大学学报（社会科学版），45（3）：227－232.

戴鹏，2023. 基于面向东盟金融开放门户构建外语类高校金融专业特色课程体系[J]. 环渤海经济瞭望（6）：118－120.

侯铁军，2020. 地方行业院校英语专业特色课程体系的构建[J]. 百科知识（15）：19－20.

黄明东，蔺全丽，李晓峰，2022. 高校新形态教材的特征、发展态势与建设路径[J]. 出版科学，30（2）：32－39.

教育部高等学校教学指导委员会，2018. 普通高等学校本科专业类教学质量国家标准（上）[M]. 北京：高等教育出版社.

佘阳梓，余凡，2021. 高等职业教育活页式教材的开发流程研究[J]. 职教论坛，37（11）：75－80.

沈光临，2020. 外语专业特色课程应教知识的界定[J]. 外语教育与应用（9）：2－7.

汤姆林森，增原仁美，2007. 语言教材的开发、利用与评价[M]. 北京：人民教育出版社.

杨港，2020. 大学英语立体化教材研究：理论与实践[M]. 北京：中国社会科学出版社.

杨港，彭楠，2021. 数字时代高校外语教材研究的自传式叙事范式[J]. 当代外语研究（2）：96－105.

杨莉芳，2024. 大学英语新形态教材：内涵、开发原则与核心特征[J]. 外语界（1）：57－64.

张华，2000. 课程与教学论[M]. 上海：上海教育出版社.

张敬源，王娜，曹红晖，2017. 大学英语新形态一体化教材建设探索与实践——兼析《通用学术英语》的编写理念与特色[J]. 中国外语，14（2）：81－85.

“思政+思辨”模式下民族院校外语类专业课程与教材建设探索①

邓　忠

西南民族大学外国语言文学学院

摘　要：“新基建”（吴岩，2021）理念在专业、课程、教材、技术这四个层面指出了外语类专业人才培养的新思路。在此指引下，本文聚焦民族院校外语类专业，提出“思政+思辨”模式，主要内容包括：（1）构建“各族青年用外语讲述中国、对话世界”的课程，（2）开发彰显中华民族共同体意识的外语话语的教材。这一模式紧扣民族院校铸牢中华民族共同体意识的主线工作，体现“思政+思辨”的系统性思维，可为提升民族院校外语类专业人才培养质量提供参考。

关键词：思政+思辨；民族院校；外语类专业；课程；教材

1　引言

2021年3月，教育部高等教育司原司长吴岩在第五届全国高等学校外语教育改革与发展高端论坛上提出了“新基建”概念，主要包括：抓专业这一人才培养的基本单元、抓课程这一人才培养的核心要素、抓教材这一人才培养的主要剧本、抓技术这一革命的关键突破（吴岩，2021）。“新基建”理念为包括民族院校在内的全国高校的外语教育提出

①　本文系国家民委高等教育教学改革研究项目“铸牢中华民族共同体意识与外语专业‘三进’工作融合路径研究”（23018）的阶段性成果。

了新思路和新要求。然而，就民族院校外语教育而言，有关专业、课程、教材、技术方面的研究和实践还不多，且相对零散。那么，民族院校外语类专业应该如何回应“新基建”的要求？应该针对“新基建”有怎样的新谋划？本文试图聚焦“新基建”中课程和教材这两个一直被关注的层面，借助外语界已讨论较为成熟的“思政”和“思辨”概念，整合二者合力，并依托西南民族大学外国语言文学学院的教学改革实践予以回答。

2 “思政+思辨”模式的提出

“思政+思辨”模式旨在整合“思政”与“思辨”，其理论基础主要有两个层面：第一，《大学》中“格物—致知—诚意—正心—修身—齐家—治国—平天下”的理念。在这一连续统中，“格致”离不开缜密的思辨过程，“修齐治平”是儒家崇尚的道德品格，两部分以“诚正”为纽带，可以统一于“君子”一生的修养和追求之中（王啸，黄上芳，2019）；第二，程朱理学关于“天理”的观念。在程朱那里，“天理”是道德规范的最高形式，而“格物致知”的目的正是要揭示“天理”所要求的德之善（杨立华，2015），因此，这实际上是一种道德与思维的统一。综合来看，尽管这些中国古代哲学思想没有（也不可能）提出当代意义上的“思政”和“思辨”，但其所涉及的关于道德修养、家国情怀、思维方式、求知态度的观点在本质上与今天的思政和思辨具有一定的共通性。

从实践层面看，提出“思政+思辨”模式主要有两个方面的考虑。

第一，“思政”和“思辨”长期以来被分别研究的现象比较突出，这带来“两张皮”的问题，导致学界一定程度忽视二者的内在联系。然而在实践中，外语类专业教学无法将二者割裂开来，权威的教学指导性文件也注重二者的统一。以英语专业为例，《普通高等学校本科外国语言文学类专业教学指南》（2020，下文简称《指南》）明确提出了素质要求、知识要求和能力要求这三个培养要求。从性质来看，“思政”与素质要求中的“正确的世界观、人生观和价值观，良好的道德品质，中国情怀与国际视野”等要素关系密切；“思辨”与能力要求中的“思辨能力、终身学习能力”等要素直接关联；而这两者都离不开相关的知识储备。可见，“思政+思辨”整合了上述要求，符合《指南》精神。

第二，“思政+思辨”可以贯穿“新基建”的四个方面。这是因为，尽管在已有研究中“思政”更多与课程相关、“思辨”更多与教材教法相关，但二者的结合可以统摄“新基建”的四个方面，即，无论是专业、课程、教材、技术哪个领域，都需要由思政来把握正确的方向，由思辨来提炼有效的思路和方法，二者缺一不可。

基于此，在民族院校外语类专业中，“思政+思辨”模式有良好的应用空间。这可以从两个方面解释：其一，民族院校“政治立校”的办学定位（国家民委，2021）。这决定了民族院校必须以铸牢中华民族共同体意识为主线，重视各族师生的思想政治工作。因此，其外语类专业的思政教育具有难以复制的元素和功能。而思辨教育的加入，有助于在思政教育的实施中加强对中华民族共同体意识是什么、为什么、有什么重要意义、如何与专业学习对接等问题的阐释，从而帮助思政教育真正产生实效。其二，民族院校外语类专业的特色打造。从当前的情况来看，民族院校外语类专业在其特色打造上存在着简单“找元素”和机械“做加法”的误区。例如，认为在培养方案中增加几门跟少数民族相关的课程就是特色；在教学内容、考试环节、毕业设计中增加一些跟少数民族相关的元素就是特色（这在一些民族院校外语类专业的培养方案中可以找到痕迹）。要走出这两个误区，应认识到“思政”的价值在于对中华民族共同体意识内涵的理解和挖掘，也就是说，“找元素”本身没错，但找的应该是与中华民族共同体意识教育相关的元素；“做加法”本身也没错，但需要去论证所加进来的元素与已有教学体系的内在逻辑。由此，“思辨”的价值就在于帮助民族院校外语类专业找到上述合适的元素，体现民族院校外语类专业“人无我有”的优势和特色。这是一个需要不断提出问题、分析问题、解决问题的过程。同时，“思辨”的价值还在于帮助民族院校外语类专业找准这些元素与外语教育的逻辑结合点，使中华民族共同体意识教育推动外语教育，同时使外语教育推动中华民族共同体意识教育。

基于以上认识，下文将聚焦“新基建”中课程与教材建设两个层面，详述这两个层面上民族院校外语类专业构建“思政+思辨”模式的理论与实践探索。

3 课程建设：各族青年用外语讲述中国，对话世界

3.1 理论探索

在第一批、第二批国家级一流本科课程建设名单中，民族院校入选课程总数不多，其中外国语言文学类课程仅10门左右。这样的数字表明，民族院校外语类专业在课程建设上还有很大的提升空间。根据吴岩（2021）的“新基建”精神，“抓课程”有“加强价值引领”“持续打造‘金课’”“强化示范带动”三个具体要求，那么，民族院校外语类专业课程应当如何有所作为呢？

本文认为，在“思政+思辨”建设模式下，民族院校外语类专业课程应该抓住“各族青年用外语讲述中国、对话世界”这一要旨，着力构造高质量课程体系，理由如下：

第一，政策层面的合理性。课程思政是所有课程深化改革、提升质量的必由之路，而“各族青年用外语讲述中国、对话世界”这一理念既符合课程思政的总体要求，又体现民族高校办学特色，提供了民族院校外语类专业课程思政可以探索的方向。具体而言，课程思政是要“梳理各门专业课程所蕴含的思想政治教育元素和所承载的思想政治教育功能，融入课堂教学各环节，实现思想政治教育与知识体系教育的有机统一”（教育部，2017）。此外，课程思政内容“要紧紧围绕坚定学生理想信念，以爱党、爱国、爱社会主义、爱人民、爱集体为主线，围绕政治认同、家国情怀、文化素养、宪法法治意识、道德修养等重点优化课程思政内容供给”（教育部，2020）。基于这样的政策导向，外语界已有研究初步地回答了外语专业类课程思政为什么、是什么、怎么做等问题，得到的广泛共识包括但不限于：（1）外语课程思政要服务于国家战略；（2）外语课程思政要注意吸收和继承优秀的文化传统；（3）外语课程思政要着眼于讲好中国故事、彰显中国智慧；（4）外语课程思政要培养学生的国际视野和家国情怀等（肖琼，黄国文，2020）。再看民族院校外语类专业的课程思政领域，相关研究主要从中华民族共同体意识教育（陈明华，2019）、爱国主义教育（司慧颖，2016）、民族文化价值（赵晓明，2019）等层面展开，这些研究符合民族院校在我国高等教育序列

中的自身定位，同时也反映了思政与外语教育在民族院校产生联系的必要性和重要性。可以看出，在从政策到研究的转化过程中，课程思政元素被一步一步具象化和细致化，到了民族院校外语类专业课程这一环节，主要表现在中华民族共同体意识等方面。这一过程导向明确、思路清晰，当前民族院校外语类专业课程建设应当遵循。

第二，实施层面的可行性。任何一门课程本质上都是关于师生参与者的实践活动，其理念是否可以有效实施，还需要从谁去做、做什么、如何做等维度进一步探讨。“各族青年用外语讲述中国、对话世界”体现了这一思路下的优势。按照课程设计，“各族青年”是课程的主体，表明了“谁在做”，这既是民族院校思政教育全员化的必然要求，也是课堂教学“以学生为中心”理念的直接体现。“讲述中国”“对话世界”是课程建设的内容和方式，共同体现了“做什么”与“如何做”。具体来讲，在“思政+思辨”模式下，“做什么”由“中国”和“世界”两个名词界定：所讲述的“中国”故事被赋予了铸牢中华民族共同体意识教育的元素，包括但不限于：（1）少数民族的故事；（2）各民族交往交流交融的故事；（3）民族团结进步的故事；（4）民族地区经济社会发展的故事；（5）各民族共同创造中华民族历史文化的故事。所对话的“世界”被赋予了外语专业类教育的开放心态与世界眼光，课程内容包括但不限于：（1）国外优秀的、有借鉴性的与外国语言文学学科相关的理论与实践；（2）与理解“世界百年未有之大变局”有关的人文社会科学知识和素养；（3）与构建人类命运共同体相关的知识和素养；（4）与其他文化进行客观、审慎、理性对话和互鉴的能力和素养。“如何做”由“讲述”和“对话”两个动词界定：“讲述”指明了外语作为表达载体的重要性，即要通过课程建设夯实和提高学生的外语综合运用能力；“对话”指明了作为交流载体的重要性，要通过课程建设夯实和提高学生用外语与不同文化、不同社会背景、不同思维方式进行交流和沟通的能力。“讲述”和“对话”必须以铸牢中华民族共同体意识教育为基石，方可保证讲述与对话的正确政治方向，同时也必须以思辨教育为依托，才可以帮助学生了解中外在政治、社会、文化上的差异，直面在国家交流与合作中的各种问题（特别是涉及少数民族和民族地区的问题），针对差异和问题做出有理有据、有礼有节的回应、澄清和反驳，展示民族院校外语类专业人才敏锐的思维能力、优良的跨文化交流能力和扎实的实际问题解决能力。

3.2 实践探索

依据上述理念，西南民族大学外国语言文学学院以国家级一流课程“英语演讲与辩论”课程为试点，进行了6年的探索，成果主要包括以下内容。

3.2.1 课程定位

知识学习：掌握英语演讲与辩论的基本原则和方法，了解与演讲辩论话题有关的政治、经济、文化、社会等方面的基础知识，尤其是与民族团结进步、中外文明交流互鉴相关的知识，以此解决学生关于常见演讲辩论话题的背景知识欠缺的问题。

能力培养：具有较好的英语运用能力，尤其在听力和口语方面达到或超过《中国英语能力等级量表》六级要求；具有良好的“讲述”和“对话”能力，聚焦“讲述”和“对话”中思辨能力的培养，凸显问题意识、探究意识和扎实的分析能力，以此解决学生在模拟真实演讲和辩论场景中讲述中国、对话世界的能力尚有欠缺的问题。

价值引领：坚持立德树人，培养社会责任感，培养学生讲好中国故事、凸显中国智慧（尤其是与铸牢中华民族共同体意识相关的话题）的责任感和使命感，响应民族院校外语类人才培养须厚植家国情怀、构建国际视野，铸牢中华民族共同体意识的需要。

3.2.2 课程内容

演讲部分：(1) 搜集和整理演讲文本和视频（音频）82条，按话题、难度、演讲类型等进行标注和梳理，侧重于那些语言质量高并体现“讲好中国故事、传播中国声音”的素材，特别是外国人客观、公允地讲述其在中国所见所闻的素材；(2) 结合教材和已有资源，形成具有课堂操作性和适合教学与实践活动的教案，主要运用“问题（questioning）—分析（analyzing）—回答（answering）—提升（enhancing）”的方式来组织这些教学资料，以学生为中心，全面覆盖语音语调、讲稿撰写、思辨提升、演讲实践要素等教学要点；(3) 搜集和整理校内外学生的演讲文稿、视频（音频）等资料128条，按其完成度、完成质量、主要不足进行归类，作为教学研究和教学实践的参考素材。

辩论部分：（1）搜集和整理“外研社杯”英语辩论赛等国内重要赛事近十年的比赛视频46条，以“语言质量好、思辨能力强”为标准选择语料作为课堂教学资源，聚焦立论、驳论、结论等重要步骤，覆盖政策辩论和价值辩论两个领域；（2）搜集和整理与“世界眼光”“中国立场”“中华民族共同体意识”相关的辩题和背景知识资料共400余条，充实学生的知识储备，主要覆盖经济发展、文化传承、生态保护、中西方对比、民族团结进步等议题；（3）按照“我知（knowing）—我做（doing）—反思（reflecting）—凝练（refining）”的逻辑编写教学活动实施方案，提升课程的“两性一度”，力求让学生自然融入每个教学环节，在线上和线下的学习中忙起来、动起来、表达起来、交互起来、反思起来。

模拟实践：依托课程建设，指导学生参加“外研社·国才杯”英语演讲、辩论赛、“21世纪杯”英语演讲赛等重要赛事，近五年获得国家级一等奖、三等奖，区域级一等奖、二等奖等近20项。

以上内容如图1所示：

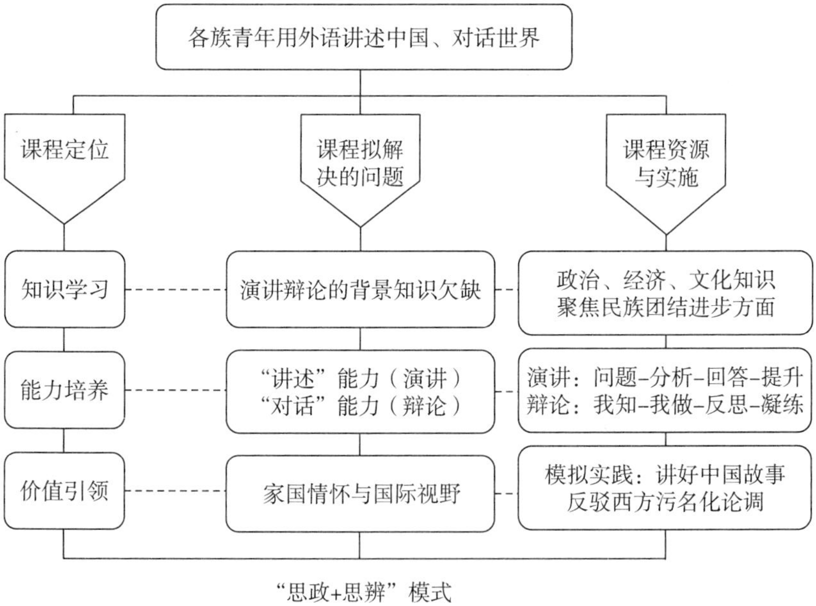

图1　“各族青年用外语讲述中国、对话世界”思路下的课程建设

（以“英语演讲与辩论”为例）

4 教材建设：彰显中华民族共同体意识的外语话语

4.1 理论探索

在“新基建”视野下，外语类专业教材建设着重强调两个方面：严把政治关“培根铸魂”，严把学术关“启智增慧”（吴岩，2021）。不难看出，在这两个要求中，前者指向思政教育，后者关涉具体学术内容。在此精神下，国内外语界已经有了新的相关教材面世，课题组调研了2020年以来的8部（套）教材①，发现全部教材在“前言”或“编写说明”部分都写明该教材对课程思政的关注和实践，5部（套）教材写明其对学生思辨能力提升的关注和实践，2部（套）写明了认知语言学、生态语言学等理论视角对教材编写的指导意义。这一事实说明，当前的外语类专业教材充分理解并贯彻了“严把政治关”的总体要求，并且以思辨教育等为抓手，结合语言研究领域有价值的成果，做出了在“启智增慧”上的有益的探索。除此之外，张雪梅（2019）、黄国文（2020）、罗良功（2021）等著名学者还从不同的角度深入阐发了外语教材如何把握课程思政与外语类专业课堂教学内容的关系、如何做好二者的衔接和互融、如何服务“金课”建设等问题，对当前外语类专业的教材建设大有裨益。

然而，需要指出的是，在这一教材改革创新的重要节点，民族院校外语类专业的声音尚不凸显。在现有文献中，相关著述已略显陈旧，且直接着墨教材建设的成果不多，如林德懋（1983）对民族院校外语教材编写的初步设想，马腾（2008）在北方民族大学（原西北第二民族学院）英语专业的相关研究，王谋清（2009）在西北民族大学英语专业的研究；较新的成果包括郭英剑（2014）在中央民族大学对学生英语应用能力的研究，邓林（2018）对英语专业建设的内省式思考等。以上研究体现了民族院校外语类教材建设的有益探索，在不同的民族院校的教材编写和使用中也产生了良好的指导效果，但在一定程度上落后于国内外

① 课题组主要调研了上海外语教育出版社、外语教学与研究出版社、高等教育出版社2020年以来的外语类教材（包括大学英语教材）。

语学界对教材建设研究的前沿，折射出民族院校外语类专业在教材建设领域的不足。针对这一不足，在教学“新基建”视野下，本文认为，可以通过“思政+思辨”模式提升民族院校外语类专业教材体系建设水平，要旨是通过教材构建彰显中华民族共同体意识的外语话语。

第一，铸牢中华民族共同体意识是民族院校一切工作的主线，是民族院校思政工作的核心所在。然而，这方面的外语材料目前主要见诸外宣领域（主要是中文文本的翻译），民族学、社会学、历史学的专门文献，报纸杂志的有关文章等之中，这实际上造成了一种悖论：一方面，这类资料的传播范围相对不大，受关注度相对不高；而另一方面，广大民族院校外语专业类师生在课堂教学环节中缺乏这类专业、权威的资料。站在“思政+思辨”视角，如果将关于中华民族共同体意识的内容作为民族院校外语类专业的特色教材的基础性内容，以教材为载体构建彰显中华民族共同体意识的外语话语，至少有如下优势：（1）可以发挥教材的育人功能，使师生在教材的编写和使用中受到深刻的铸牢中华民族共同体意识教育；（2）可以打造教材的品牌效应，以教材的特色凸显民族院校外语类专业的定位和特色；（3）可以探索外语教材与国家政策导向的衔接与融合，助力反映中华民族共同体意识的外语话语的成型和发展。这样的教材将充分展现民族院校铸牢中华民族共同体意识教育的办学旨归，直接以外语的形式开展有关中华民族共同体意识的教育，相较于其他类型的教材，有明显的针对性和实用性。

第二，以中华民族共同体意识为主题的外语教材是提升学生思辨能力的重要阵地。这里的思辨主要体现在三个方面：（1）理解为什么要有这样的话语。这是指，如果由西方人来书写中华民族的过去和现状，极可能出现意识形态上的重大谬误，这将带来难以估量的严重后果；如果只是给学生提供官方资料的外译版本，学生将难以经历相关语言和知识的自我建构过程。因此，以教材的形式体现，既可以确保政治方向的正确，又能通过教材的使用实现思政教育“入脑入心”；（2）掌握如何构建这样的话语。这是指，教材将为学生提供细致的语言、知识、文化、素养等方面的学习和练习机会，学生可以在学习的过程中逐步构建用外语讲述中华民族历史现实的自觉意识和语言能力；（3）学会如何使用这样的话语。这是指，当这样的外语话语在学生认知能力中逐步内化以后，这将成为学生知识体系的一部分，从而有助于学生以这样的话语出发，去审视、判断、回应来自西方的误读、误解和恶意中伤，使之有能力参与相关的对话和辩论。

4.2 实践探索

在实践层面，西南民族大学外国语言文学学院以“中华民族共同体意识话语分析”为试点进行了探索，目录如下：

第一章（1 周） 绪论
第二章（2 周） 话语与意识形态：要素与构建
第三章（2 周） 中华民族共同体意识话语：历史和现实
第四章（2 周） 话语中的各民族交往交流交融
第五章（3 周） 民族文化的海外传播话语分析
第六章（3 周） 民族科技的海外传播话语分析
第七章（3 周） 民族文学的海外传播话语分析

该课程计划于英语专业三年级（第 5 学期）开设，开课时长为 16 周（具体时间安排如上所示）。该教材用英文撰写，其基本编写逻辑是：(1) 以什么是话语（discourse）及其与意识形态的关系为切入点，讲清楚构建特定话语的价值和意义，并介绍构建这样的话语常见的元素和方法（第二章）。(2) 将普遍意义上的话语细化为彰显中华民族共同体意识的话语，主要从历史和现实两个层面挖掘。历史层面，根据权威史料和其他官方素材凝练各民族共同创造中华文明的语料的话语建构方式和特征，落脚在“是什么素材、为什么是这样的素材、如何通过这些素材构建中华民族共同体意识话语”这三个问题上。现实层面，重点依据新中国成立以来关于民族政策理论、民族团结进步、各民族交流交往交融、中华民族共同体意识等话题的语料，凝练“同心共筑中国梦”的话语构建方式和特征，落脚在“新中国成立以来发生了什么、党对民族工作的领导有何必要性和重要性、中华民族共同体意识有何必要性和重要性”这三个问题上（第三章）。(3) 依循以上两个层面的构思，分别按照叙述性话语、说明性话语、论辩性话语来组织编排（第四章）。(4) 从民族科技、民族文化、民族文学（体现中华优秀传统文化的历史底蕴与各族人民同心共筑梦的现实实践）三个领域组织语料，分别形成本部教材的三个核心章节。选择这三个领域的原因是，不少少数民族都有自己传统的技术观念和创造（如藏医药等），这些技术方面的认识和实践是不同民族重要的智力成果，并且具有潜在的经济社会价值；民族文化相关话语直接关涉各民族在交往交流交融中所形成的各有特色又彼此相关的生产生活习惯，是理解中华民族多元一体格局的重要事实基础。这中间，不仅仅包括少数民族向汉族学习的内容，也包括汉族向少数民族学习的内容（例如，教材中涉及这样的内容：历史上中原地区的汉人曾习惯席地而坐，是由于与少数民族的交流交融才习惯于坐椅子或凳子）；民族文学是各族群众抒发情感、叙述事件、彰显审美情趣、表达价值立场的重要手段，对民族文学话语的分析是理解中华民族共同体意识的重要手段。这样，从智力成果，到生产生活，再到精神诉求，这三个领域构成了一个理解中华民族多元一体格局的具有连续统（continuum）意义的物质载体，从而成为该教材主要的创新点和核心内容（第五、六、七章）。

以上内容如图 2 所示：

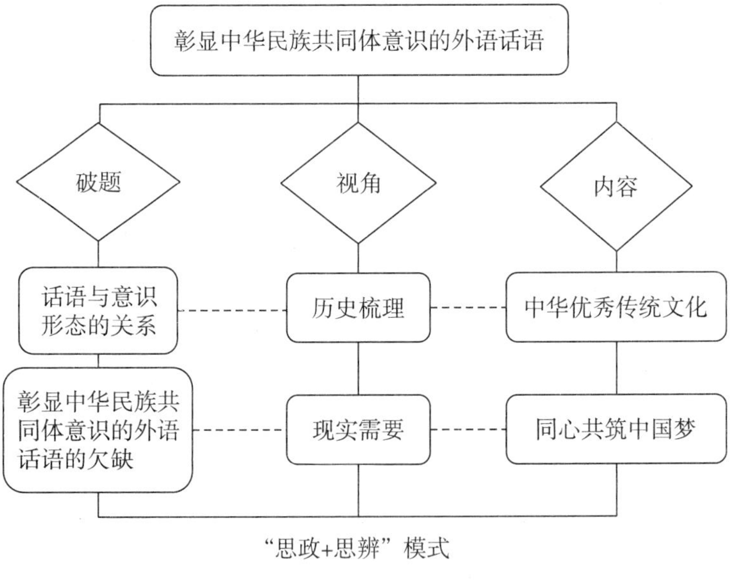

图 2　基于构建彰显中华民族共同体意识的外语话语思路的教材建设

（以“中华民族共同体意识话语分析”为例）

5 结语

在“新基建”要求下，民族院校外语类专业在课程建设、教材建设领域都迎来了新的发展契机和“弯道超车”的可能。本文将这两方面的建设统摄于“思政+思辨”建设模式之下，分别进行了理论探索和实践汇报。总的来讲，在课程建设方面，民族院校外语类专业应该着眼于“各族青年用外语讲述中国、对话世界”这一原则来打造“金课”、构建优质课程群；在教材建设方面，民族院校外语类专业可以聚焦“中华民族多元一体话语”这一理念来组织教材的编写和应用。基于这两个设想，本文梳理了西南民族大学等民族院校外语类专业在课程和教材建设上的初步探索，阐明了这些探索如何在“思政+思辨”模式下开展、取得怎样的初步成果等问题。这样的探索将继续进行下去，力争在“十四五”期间为民族院校外语类专业的课程建设、教材建设提供更有价值的探索范本，更好地满足教学“新基建”的要求。

参考文献：

陈明华，2019. 在民族院校进行中华民族共同体教育的几点思考［J］. 理论视野（4）：24－29.

邓林，2018. 对民族院校英语教育专业建设的思考及其改革策略［J］. 贵州民族研究（8）：244－248.

郭英剑，2014. 民族院校大学生英语应用能力培养研究课题概述——以中央民族大学为例［J］. 民族教育研究（4）：102－107.

国家民委. 国家民委直属高校工作座谈会在京召开［EB/OL］.（2021－11－24）［2023－12－12］. https://www.neac.gov.cn/seac/xwzx/202111/1155008.shtml.

黄国文，2020. 思政视角下的英语教材分析［J］. 中国外语（5）：21－29.

教育部. 教育部关于印发《高等学校课程思政建设指导纲要》的通知［EB/OL］.（2020－06－01）［2022－07－03］. http://www.moe.gov.cn/srcsite/A08/s7056/202006/t20200603_462437.html

教育部. 中共教育部党组关于印发《高校思想政治工作质量提升工程实施纲要》的通知［EB/OL］.（2017－12－05）［2022－07－03］. http://www.moe.gov.cn/srcsite/A12/s7060/201712/t20171206_320698.html.

教育部高等学校外国语言文学类专业教学指导委员会英语专业教学指导分委员会，2020. 普通高等学校本科外国语言文学类专业教学指南（上）——英语类专业教学指南［M］. 北京：外语教学与研究出版社.

林德懋，1983. 关于民族院校外语教学的几点看法［J］. 中央民族学院学报（3）：27－29.

罗良功，2021. 外语专业课程思政的本、质、量［J］. 中国外语（2）：60－64.

马腾，2008. 民族院校英语专业学生语用能力培养模式研究［J］. 西北第二民族学院学报（哲学社会科学版）（1）：106－110.

司慧颖，2016. 爱国主义与文化民族主义的时代抉择——民族院校思政教育中的民族国家认同观思辨［J］. 贵州民族研究（9）：208－211.

王谋清，2009. 试论民族院校的英语口译教材建设［J］. 外语电化教学（6）：47－50.

王啸，黄上芳，2019. 培养君子公民［J］. 教育学报（1）：26－31.

吴岩，2021. 抓好教学“新基建” 培养高质量外语人才［EB/OL］.（2021－03－24）［2022－07－09］. https://www.eol.cn/news/yaowen/202103/t20210324_2087908.shtml.

肖琼，黄国文，2020. 关于外语课程思政建设的思考［J］. 中国外语（5）：1＋10－14.

杨立华，2015. 宋明理学十五讲［M］. 北京：北京大学出版社.

张雪梅，2019. 新时代高校英语教材建设的思考［J］. 外语界（6）：88－93.

赵晓明，2019. 民族院校思政教育中民族文化价值发掘与拓展［J］. 贵州民族研究（2）：223－226.

人工智能赋能下高校外语教学课程改革探究

岳　斌

成都大学外国语学院

摘　要：人工智能技术融入语言产业，正在引发、催化语言服务模式与人才需求的深刻变化。高校外语学科积极应对调整，在课程改革中多维度、全流程、深层次融合“人工智能+语言”模式，培养新型人才，引领行业发展。本文旨在从目标、内容、组织与实施、评价等方面，探究在人工智能赋能背景下高校外语课程改革的机遇与挑战。

关键词：人工智能；外语学科；课程改革

1　引言

人工智能是一门新的技术科学，它研究、开发用于模拟、延伸和扩展人类智能的理论、方法、技术及应用系统。自1956年在美国达特茅斯学院由约翰·麦卡西（John McCathy）等科学家提出后，人工智能正在驱动新一轮科技革命和产业变革。2017年国务院《新一代人工智能发展规划》与2018教育部《高等学校人工智能创新行动计划》等文件的出台，引领我国教育事业正式进入人工智能时代。与此同时甚至更早，世界多国也纷纷布局二者的融合与创新。外语教学是人工智能技术应用于教育领域的重要学科场景，且已展现出巨大潜力。通过人工智能技术的应用，外语教学能够更加高效、个性化地展开，为学习者提供更加优质的学习体验。

目前人工智能应用于外语教学的前沿技术主要可分为七类，分别是自然语言处理，机器学习、深度学习与大语言模型，知识图谱，计算机视觉，自动语音识别，智能机器人，类脑智能、云计算与大数据技术（郑春萍，于淼，郭智妍，2024）。人工智能在教学领域的应用优势主要有学习风格与学习成绩的分析与预测、学习资源的个性化推荐、智能辅导与支持学生的自适应学习等。在支持语言教学的典型应用方面，人工智能主要作用有自动问答与机器人聊天、机器翻译、信息检索与语料库、信息推荐与智能导学等。高校外语教学被其赋能，同时也应进行与之相应、相符的课程改革。本文将从目标、内容、组织与实施、评价等维度，探究高校外语教学课程改革。

2 高校外语课程改革探究

高校外语课程体系，我们称之为“大外语”课程体系，包括大学外语课程、外语选修课程、专门用途英语课程、区域国别课程、外国语言文学与文化类通识课程，其中，外语专业的“外语+”与非外语专业的“+外语”将进一步深度融合。

2.1 课程目标改革

传统的外语教学中，教育者制定课程目标，通常是依据学习者的平均学习基础与学习能力，再综合时代与社会对学习者要求达到的知识水平与能力。人工智能利用大数据的计算，能协助教育者基于个体学习者精准优化教学设计，调整教学策略。同时也能科学而准确地分析并预测学习者的学习风格，使其更加了解自己的学科优势、知识缺陷与学习偏好等，在此基础上使得“一人一案，千人千案”的课程目标制定成为可能。这不仅可以提高学习者的学习效果和学习兴趣，还可以促进教育的公平和个性化发展。

其中，值得单独探讨的是外语翻译人才的培养标准与课程目标的改革。传统的翻译人才培养主要依赖于译者的语言知识和专业背景，但在人工智能技术的冲击下，翻译工作已经不再仅仅依赖译者的个人能力。如今，在大多数场景下，基于人工智能的翻译软件已经成为不可或缺的工具。这些翻译软件不仅提高了翻译的效率和准确性，还为译者提供了更加多样化的翻译选择。因此，在制定外语翻译专业的课程目标时，我们需要重新审视和调整教学内容，加入对这些翻译软件的操作与应用等方面的知识。学生不仅需要掌握基本的语言知识和翻译技巧，还需要了解和熟悉人工智能技术在翻译领域的应用和实践。

尽管人工智能技术为翻译工作带来了便利，但我们不能忽视其潜在的风险和问题。在培养学生的人工智能应用能力的同时，我们必须强调学术诚信和道德的重要性。学生需要明白，虽然人工智能可以提供参考和辅助，但最终的翻译成果仍需符合学术规范和道德标准。

2.2 课程内容改革

随着人工智能在外语教学中的广泛应用，学习内容的选择已经发生了深刻的变化。相比传统的外语教学模式，如今的学习内容呈现出指数级的增长趋势。人工智能技术使得全世界实时发生的事件、最新的观点与讨论都能以文字、音视频和图像的形式实时同步呈现给学习者，为他们提供丰富的学习资源。

然而，在信息爆炸的时代，如何运用人工智能技术从海量信息中辨别和提取真实而有效的信息，成为外语学习中的一项重要任务。学生需要学会批判性地筛选和思考信息，尽可能获取真实可靠的知识。因此，在人工智能时代，外语教学不仅要注重知识的传授，更要引导学生主动进行信息检索和筛选。语料库就是语言检索的重要工具，尤其在跨语言的平行语料库中，学生可以找到不同语言的对应文本，进行对比和分析。目前，国内外已经建立了一些规模较大的语料库，如 British National Corpus、iWeb、Wikipedia Corpus、北京大学 CCL 语料库、清华大学中英平行语料库等。这些语料库为学生提供了真实的、一手的语言数据，使学习者在没有教师指导的情况下也能学习词语搭配和语法规则。语料库能够更好地帮助学生开展全面、深度的自主学习，促使其成为一名具有全球视野的终身学习者。

2.3 课程组织与实施改革

人工智能对现代外语教学的课程组织与实施模式带来的影响深远，不仅在软件方面，硬件方面也带来了巨大的提升。智慧教室为高校外语教学的组织和实施提供了改革的物质基础。在智慧教室中，高科技的硬件设备与软件应用相得益彰，共同营造了一个多感官、高效的学习环境。

计算机视觉技术是其中一项令人瞩目的进展。这种技术可以深入分析学习者的各种行为和情绪状态，如面部表情、动作意图以及情感状态等。在口语教学中，教师可以通过这项技术实时记录和分析学生的口语表现，包括语言的发音、语速、音量、流畅度等，这些数据经过分析可以为教师提供精准的教学反馈。这项技术有望在未来与虚拟现实技术结合，创造出一个完全沉浸式的学习环境。学生不再受制于时间和空间的限制，可以在任何时间、任何地点进行学习，这将极大地提高学习效率和体验。

人工智能的另一个重要应用是自动问答与聊天机器人。这些机器人可以模拟真实的对话环境，帮助学生进行口语练习。在传统的外语教学中，“师—生”“生—生”的互动是主要的交流方式，但在人工智能的助力下，这种互动模式正在逐渐转变为“人—机”交互的模式。交际是一种复合的能力，除语言外，我们不能忽略情绪的感知、价值观的传递、身体语言的表达等其他重要因素。尽管技术带来了便利，但教师的作用仍然不可替代。他们仍然是知识的传递者、引导者和解惑者。在利用机器进行学习的同时，教师还需要引导学生避免过度依赖机器，以免丧失与真实世界交流的能力和对社交的敏感度。

2.4 课程评价改革

人工智能与教育测量的融合，是外语教学领域内的一大突破。这种融合不仅改变了传统的教学评价方式，还使得评价更为全面、多维，为高校外语教学带来了革命性的变革。

智能测评云平台作为这一融合的产物，为外语教学提供了强有力的在线测评资源与服务。它将日常教学、自主学习与测试评估紧密地结合在一起，形成了一个高效、连贯的学习闭环。通过这个平台，教师可以实时了解学生的学习进度和掌握情况，学生也可以进行自我检测、调整学习策略。高质量的云题库和个性化题库管理系统是这一平台的两大核心。传统的题库往往内容陈旧、更新缓慢，而智能测评云平台则通过大数据和人工智能技术，实现了题库的快速更新和个性化定制。这为学生提供了更加丰富、多样化的练习资源，同时也为教师提供了更加精准、多维的评价依据。

这种实时性、动态性和自动化的评价方式与传统评价手段相比，有着巨大的优势。传统的评价手段往往是静态的、单一的，无法实时跟踪学生的学习情况，也无法提供个性化的反馈和建议。而智能测评云平台则可以实时收集和分析学生的学习数据，为教师和学生提供及时、准确的反馈，帮助学生更好地了解自己的学习状况，调整学习策略，改善学习效果。目前，这一技术主要应用于口语和写作方面。在美国，Speech Rater 和 Edu Speak 等系统已经相对成熟，成为许多高校口语测评的首选。而在国内，科大讯飞的 Fif 口语训练系统和句酷批改网等，得到了广泛的应用和认可。在写作方面，国内的句酷批改网、外研社 iWrite 等在高校中应用比较广泛，国外此类系统有 Project Essay Grader（PEG）与 Intelligent Essay Assessor 等。

但需要注意的是，评价对教学具有重要的反拨作用。评价不仅是对学生学习成果的评估，更是对教师教学方法和策略的反馈。因此，我们不能简单地依赖人工智能技术，忽视了评价的真正目的和价值。虽然人工智能在技术上取得了一定的突破，但我们不能忽视其存在的局限性和问题。首先，关于人工智能的信度，我们需要对其数据来源和算法准确性进行深入研究和验证，以确保评价结果的可靠性。其次，效度问题也需要我们关注，人工智能的评价是否能真实反映学生的学习水平和能力，还需要进一步探讨和验证。最后，关于真实性，我们必须承认人工智能所依赖的大数据和算法并不能完全吸纳每一个学生的独特性和差异性，因此其评价结果可能存在一定的偏差。

除了学习内容本身外，教学评价还应该关注学生的非认知方面的发展，如学习兴趣、动力、策略、风格等。这些因素对于学生的学习成果和未来发展同样重要，甚至可能比单纯的学业成绩更能预测学生的成功与否。因此，在评价过程中，我们应该采用多种方法和手段，全面、客观地评估学生的学习表现和潜能。

3 总结与展望

在人工智能的浪潮下，高校外语教学的课程改革既充满了前所未有的机遇，也面临着不小的挑战。这种改革不仅是对技术的适应和应用，更是对传统教育理念的重新审视和创新。

首先，人工智能技术的引入极大地激发了教师和学生的积极性与创造力。传统的外语教学方式往往比较单一，缺乏个性和差异，而人工智能技术的应用使得教师可以更加精准地了解每个学生的学习状况和需求，帮助其制定更加个性化的教学方案。人工智能赋能的教学硬件与软件同时驱动，深刻改变了教与学的组织与实施模式。同时，学生也可以通过智能平台进行自主学习和自我评估，提高了学习的主动性和效率。

然而，机遇与挑战并存。虽然人工智能技术为外语教学带来了很多便利，但我们也不能忽视其存在的问题和缺陷。首先，人工智能技术本身并不完善，也存在着一些技术上的限制。因此，如何合理地应用人工智能技术，避免过度依赖技术而忽略了师生的沟通，避免在与机器的互动中丧失对真实生活的兴趣与能力，这是教育者需要认真思考的问题。其次，如何帮助学习者正确处理人与机器的关系，培养学习者在处理海量信息中的思辨能力也是一大挑战。在人机交互的过程中，学习者需要具备批判性思维和独立思考的能力，不被机器所束缚或取代。此外，保护学习者的个人信息和隐私也是不容忽视的问题。在利用人工智能进行学习的过程中，学习者需要提供大量的个人信息和数据，如何保证这些信息的安全和隐私，使其不被泄露或滥用，是需要教育者和政策制定者共同解决的问题。

高校外语教学中的人文情怀和批判性思维的培养是比语言技能更加重要的目标。这些目标需要教育者通过更加深入的教学和引导来实现，而不能简单地依赖技术手段。

参考文献：

李斌，张艺璇，冯敏萱，2024. 从全文检索到语言计量和语言智能——语料库研究应用的三个层次及资源［J］. 外语研究（1）：20－27＋45.

王丹，2023. 人工智能赋能下外语学科实践课程体系研究［J］. 高教学刊（22）：21－26.

郑春萍，于淼，郭智妍，2024. 人工智能在语言教学中的应用研究：回顾与展望［J］. 外语教学（1）：59－68.

基于体裁教学法的通用学术英语写作课程教学模式设计

张　娇

成都理工大学外国语学院

摘　要：围绕大学英语“教什么”的问题，本文论述了在新一轮大学英语教学改革的背景下，学术英语尤其是通用学术英语在大学英语课程体系建设中的地位和价值。针对大学英语“怎么教”的问题，本文对体裁教学法及其三大教学模块进行了阐释，并结合“中国文化交流英语”的课程教学实践，依托体裁教学法来设计通用学术英语写作课程的教学模式，构建“教”与“学”的循环系统。

关键词：体裁教学法；通用学术英语；教学模式；“教”与“学”循环系统

1　大学英语教学改革背景下的通用学术英语课程

《国家中长期教育改革和发展规划纲要（2010—2020年）》提出，高校要“培养大批具有国际视野、通晓国际规则、能够参与国际事务和国际竞争的国际化人才”，这也意味着高校应该为学生提供优质的外语教育。高校开设大学英语课程，一方面是满足国家战略需求，为国家改革开放和经济社会发展服务，另一方面是满足学生专业学习、国际交流、继续深造、工作就业等方面的需要。从国家战略层面上来说，“通过学习和使用英语，可以直接了解国外前沿的科技进展、管理经验和思想理念，学习和了解世界优秀的文化和文明，同时也有助于增强国家的语言实力，传播中华文化，促进与各国人民的广泛交往，提升国家软实力”（王守仁，2016）。围绕大学英语“教什么”的问题，以胡开宝和谢丽欣（2014）为代表的学者认为大学英语教育未来发展方向应是通用英语和通识英语，以蔡基刚（2014，2015）为代表的学者呼吁大学英语教学的出路和发展方向是专门用途英语（ESP），而在推进专门用途英语教学的过程中，重点应该放在学术英语（这里主要指通用学术英语）上，当然还有以文秋芳（2014）为代表的学者认为通用英语与学术英语是可以并存互补的。

新颁布的《大学英语教学指南》明确了大学英语课程的结构与内容，即通用英语课程、专门用途英语课程和跨文化交际课程。与以往的教学大纲或课程要求不同的是，在与国际教育接轨以及国家语言战略的大背景下，专门用途英语课程和跨文化交际课程被正式列入指导大学英语教学改革的纲领性文件里。大学英语的课程设置呈现出科学性、多样性、针对性和时代性的特征。《大学英语教学指南》对专门用途英语课程的设置做了专门的说明，专门用途英语课程以英语使用领域为指向，以增强学生运用英语进行专业和学术交流、从事工作的能力，提升学生学术和职业素养为目的，具体包括学术英语（通用学术英语、专门学术英语）和职业英语两类课程（余渭深，2016）。通用学术英语课程以个人、社会和国家的需要来驱动学习，能够尽可能地减少大学英语教学过程中“费时低效”的问题，提高学生的专业英语水平和直接使用英语从事科研的能力。《大学英语教学指南》设置学术英语课程也为教师发展提供了一个契机，促使教师调整自身的知识结构，打破故步自封的思维模式，走出“以教师为中心”的教学过程。教师以学术英语写作为载体，在课程设置原则和教学实践中将思政维度的设计贯穿其中，既传授了学术写作的国际规范，提高了学生学术阅读和写作的能力，又提炼了课程相关育人元素，实现了将价值塑造、知识传授和能力培养三者融为一体的目标（于江，徐翠芹，2024）。

2 体裁教学法的教学模式

体裁教学法是20世纪80年代以来出现的一种基于体裁的教学方法(Genre-based pedagogy)，解读语言教学中“怎么教”的问题。这里的

“体裁”并非文学和修辞学术语，而是被引入语言学研究领域并广泛应用于第一语言和第二语言教学活动的教学概念。体裁教学法的倡导者主要分为三个学派，即ESP（English for Specific Purposes），NR（North American New Rhetoric Studies）和SF（Australian Systemic Functional Linguistics）学派。ESP学派的研究者认为在语言教学语境下体裁是交际事件（communicative events）的一种分类，有特定的交际目的（communicative purposes）以及各种与之对应的结构、风格、内容和特定的交际对象（intended audiences）。ESP学派较为重视语言的社会语境和形式，关注语篇结构分析和图式结构的构建，具有强烈的社会建构主义的色彩。与ESP学派不同的是，NR学派的学者更加关注体裁所处的情景语境而非体裁的形式，更加强调语言的社会目的或社会行为而非课堂的教学行为。SF学派在Halliday的Systemic Functional Grammar的理论框架基础上吸收和保留了上述两派的一些理论传统，承认各种体裁文本的基本特征及语篇构式在语言学习中作用，同时也强调社会语境中field，tenor和mode这三要素对语言形式即体裁的制约作用（李奇，折鸿雁，2003）。J. R. Martin认为，体裁是“一种作为我们文化成员的说话者的有步骤的、有一定既定目标的、有目的的行为”(转引自方琰，1998)。

尽管体裁教学法的三大流派对“体裁”的定义和描述不尽相同，体裁的一些基本特征还是可以为我们的教学设计提供可靠的理论支撑。体裁的特征有：（1）交际性。体裁教学法要求语言学习者通过习得“体裁”文本的基本特征，在交际活动中获得运用各种体裁文本功能达到交际目的的能力，这也体现了语言学习交互性的特征（秦秀白，2000）。（2）制约性。体裁的分类受制于社会语境，新的体裁一旦被承认就会被赋予约定俗成的基本特征。语言学习者对体裁文本特征的掌握程度直接决定了他们对语篇分析和图式结构进行构建时的广度和深度，这也体现了语言学习模块化的特征。（3）过程性。体裁教学法强调语言学习是有一定的步骤（move）和既定目标的社会行为，说明语言习得并不是一个以结果为导向的教学行为，而是基于过程和目标的以“学习者需要”为中心的学习过程，这也为语言学习过程中的形成性评价提供了理论依据。（4）能动性。尽管体裁教学法强调图式结构的创建，但仍然鼓励学习者在体裁规定的框架内传递个人的意图和目的，希望提升学习者个性化学习和自主学习的能力，培养学习者的批判性思维和综合素养。（5）社会性。体裁作为一种社会行为或社会语境下的语言行为，一旦被承认并且固定下来就已经是某一语言群体的集体行为，单个的“文化成员的说话者”是不具备划定某种“体裁”的资格的。由此可见，协作学习并不是一种流于表面的学习形式，而是符合语言认知规律的一种有效的语言习得方法。

在语言教学中引入体裁分析，针对文本特征设计特定的图式结构，利用语言学习模块化的认知特征，将教与学的主体过程设计为示范解构（Modelling）、共同建构（Joint Construction）和独立建构（Independent Construction）三大教学模块，构建由“旧知”引出“新知”，在“旧知”基础上巩固“新知”，再由新的“旧知”带出新的“新知”的“教”与“学”的循环系统（Teaching and Learning Cycle）（见图 1）。

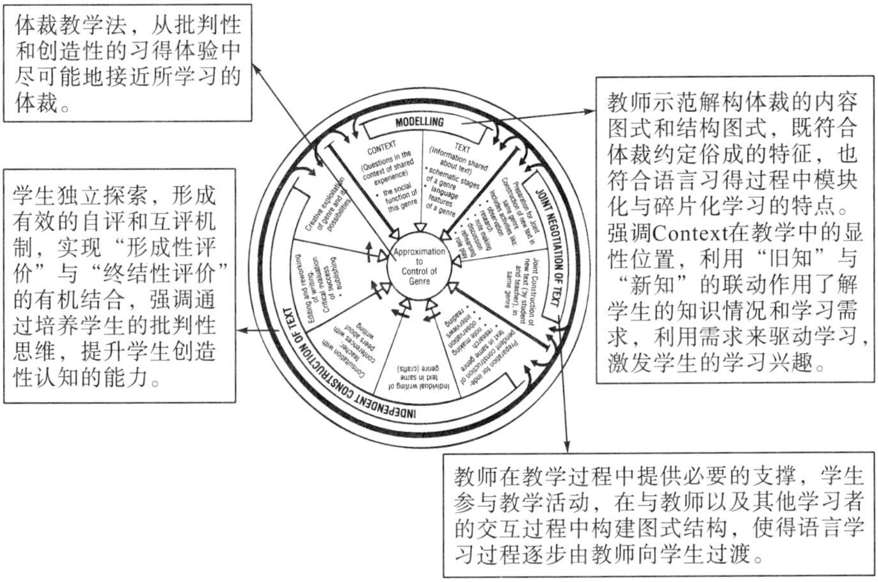

图 1　Rothery's Teaching and Learning Cycle

3　“中国文化交流英语”中的教学模式设计及应用

作为目前全球使用最广泛的语言，英语是英美文化的重要组成部分和载体，是国际交往和科技文化交流的重要工具。我国从 1978 年改革开放初期逐渐向世界开放，到 21 世纪参与共建世界秩序，从世界边缘走向世界舞台中央。当年学习外语，主要是为了学习国外先进的科学技术。今天学习外语，除了当初的目的，还要使用外语传播中国思想、学术和文化，开拓世界市场（王守仁，2016）。大学英语教学应该培养学生用英语介绍中国文化的能力。要做到这一点，首先需要学生了解中国文化，掌握用英语表达和传播中国文化的能力。在大学英语教材和课堂教学中，应该加大介绍和讨论中华文化内容的比例，增加中国文化与外国文化对比的内容，对接国家发展战略，培养国际化人才（束定芳，2013)。“中国文化交流英语”课程是成都理工大学与高等教育出版社签约共建的数字网络课程，是一门兼具人文性（中国文化）与工具性（通用学术英语写作技能）的大学英语课程。大学英语的教学目标是培养学生的英语应用能力，增强跨文化交际意识和交际能力，同时发展自主学习能力，提高综合文化素养，使他们在学习、生活、社会交往和未来工作中能够有效地使用英语，满足国家、社会、学校和个人发展的需要（王守仁，2016)。Eggins（1994）将语类与文化语境相提并论，认为语言总是置于一定的情景语境当中，情景语境与语域同义都是由语场、语旨、语式三个变量构成的，情景语境又置于一定的文化语境中，文化语境与语类处于同一层面，文化语境是语言的文化符号系统（转引自方琰，1998)。语言的文化属性决定了大学英语课程工具性和人文性兼具的特性，工具性是指外语教育可以培养学生的语言交际能力，包括日常生活交际、学术交际、商务交际和外事交流等方面的能力。人文性的核心是以人为本，弘扬人的价值，凸显对人的尊重。“中国文化交流英语”在偏重“人文性”的通用英语课程中融入“工具性”的学术英语和跨文化交际的元素。鉴于以前国内在语言文化教学研究中偏重目的语文化传播，忽视母语文化教学和母语文化对外传播能力培养，“中国文化交流英语”课程拟通过在线课程的方式，围绕中国文化输出，讲授通用学术英语的写作技巧，培养大学英语学生用英语讲好中华文化的能力和通用学术英语的写作能力，以期改变大学英语教学中中国文化“失语”的现状，通过中国文化知识的输入习得通用学术英语的语言技能，拓宽大学英语后续课程的建设范围，培养学生的跨文化交流能力。“中国文化交流英语”课程的具体结构和内容如表1所示。

表 1　“中国文化交流英语”课程结构与内容

序号	主题	写作技巧
1	中国书法（Chinese Calligraphy）	记笔记（Note-taking）
2	中国园林（Chinese Gardens）	复述（Paraphrase）
3	中国戏曲（Chinese Operas）	概要（Summary）
4	儒家思想（Chinese Confucianism）	文献综述（Literature Review）
5	中国节日（Chinese Festival）	引言（Introduction）
6	中国画（Chinese Painting）	正文（主题句） （Body-topic Sentences）
7	中国菜（Chinese Cuisine）	结论（Conclusion）
8	中医（Chinese Medicine）	口头陈述提纲 （Outline of Oral Presentation）

现在就课程中的其中一个单元“儒家思想”来具体展示和说明基于体裁教学法的教学模式设计。“儒家思想”是“中国文化交流英语”课程中的第四单元，其教学模式的图式结构如图 2 所示：

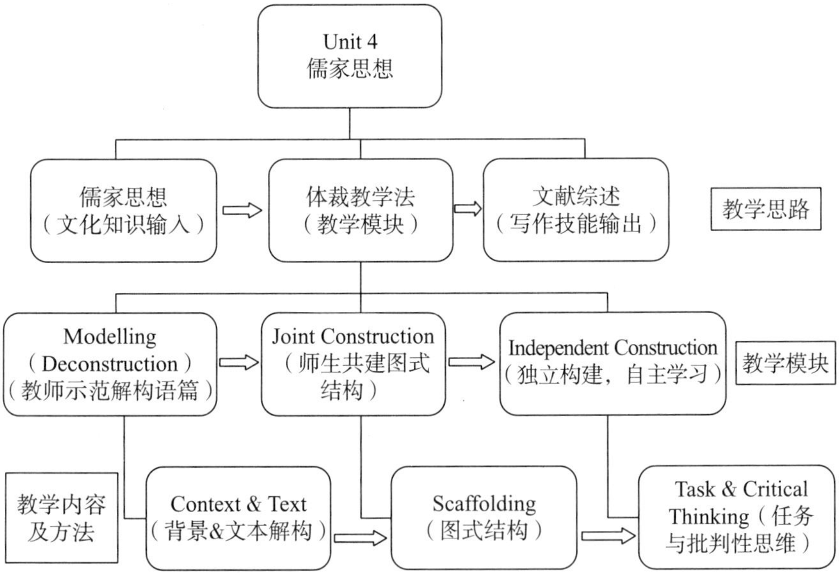

图 2　基于体裁教学法的教学模式设计

3.1 教学思路

围绕“儒家思想”这一主题，本单元总共由7篇文章组成（其中阅读文章6篇，听力文章1篇）。依照体裁教学法设定的教学步骤，教师教授学生写作文献综述的技巧。通过文化知识的输入，帮助学生习得“听”和“读”的语言技能。通过写作技巧的传授，帮助学生习得撰写文献综述的技能。

3.2 教学模块

教学过程分为三个模块，即教师示范讲解、师生共同构建和学生独立建构，逐步由“教师教”过渡到“学生学”，实现“以教师为主导，学生为主体”的转变。在本课程的教学模式设计中可以看出，在“以学生为中心”的教学思想指导下，作为“教”与“学”的两个主体，教师在教学活动中并没有被边缘化，而是发挥“引路者”与“辅助者”的主导作用，制定教学计划和监控教学过程，在显性课程（教学计划内容）和隐性课程（教学计划外内容）间寻求平衡，以期达到教学效果最大化。

3.3 教学内容及方法

（1）教学内容：文化知识（儒家思想主题的系列文本）+写作技巧（撰写文献综述的技巧）。

（2）教学方法：KWL + Teaching & Learning Cycle。

①KWL：背景知识前景化，运用KWL［K－Know（知道）、W－Want to know（想知道）、L－Learned（学到了）］的教学方法唤醒学生的“旧知”，为引出“新知”做铺垫和知识积累。KWL模式的问题设置在示范解构、共同建构和独立建构这三个教学模块的开头。示例如下：

What do you Know about Confucianism?
What do you Want to know about Confucianism?
What do you Learn about Confucianism?

②Teaching and Learning Cycle：在示范解构模块中，学生在 KWL 教学方法的引导下通过向教师提供已有的“旧知”主动参与授课过程，教师需要根据学生已有知识和学习的需求对计划授课内容进行必要的调整，有效地开展示范教学。在共同建构模块中，师生共同参与教学活动，教师提供必要的支撑，学生在教师的辅助下完成学习任务，增强参与度与主观能动性，为之后独立完成学习任务做准备。在独立建构模块中，学生独立完成学习任务，习得文化知识和语言技能。教师负责布置任务和测评学生的学习效果，对学生的学习过程进行监控，寻求显性课程与隐性课程之间的平衡，培养学生的批判性思维，为下一个“教”与“学”的循环做好准备。构建直观的可操作性的图式结构是实现“教”与“学”循环的关键。本课程的图式结构主要有两个：文化知识的语篇鱼骨图式结构和写作体裁的图式结构。

· **文化知识的语篇鱼骨图式结构**：主要展示文化知识的构架和主要信息，目的在于培养学习者在阅读文献的过程中记笔记的能力，并以鱼骨形式的图式结构给予学习者直观的框架性概念，示范解构模块中的鱼骨结构示例如下（见图 3）：

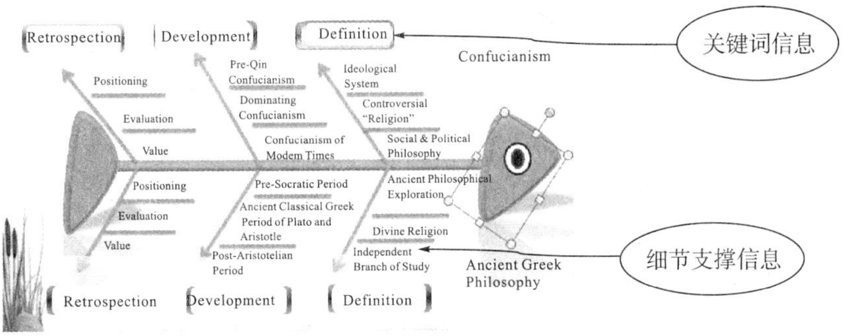

图 3　**解构文化知识的鱼骨图式结构**

在共同建构模块中教师剔除鱼骨结构中的细节支撑信息，只保留关键词信息，学生可以根据关键词的提示完成对语篇信息的梳理。在独立建构模块中教师只给出空白的鱼骨图式结构，由学生独立完成对语篇结构的分析，教师给出样本（Sample）用以评测学生对文化知识的掌握程度。

· **写作体裁图式结构**：解构体裁（文献综述）的基本特征，构建相应的写作图式结构，并在此基础上进行仿写训练，最后习得目标体裁。

撰写文献综述的图式结构如下（见表 2）：

表 2　文献综述的写作图式结构

<table>
<tr><td colspan="4">Literature Review（文献综述）</td></tr>
<tr><td>Genre</td><td colspan="3">Expositions</td></tr>
<tr><td>Definition</td><td colspan="3">A survey of previous studies that have been published on a topic by scholars and researchers</td></tr>
<tr><td>Types</td><td colspan="2">Self-contained literature review</td><td>Literature review as a part of an essay</td></tr>
<tr><td rowspan="8">Writing Schema（写作图式结构）</td><td>Structure</td><td>Characteristics</td><td>Content（Key words +Description）</td></tr>
<tr><td>Introduction</td><td>Topic，criteria，organizing pattern</td><td></td></tr>
<tr><td rowspan="3">Body Part</td><td>Group previous studies</td><td></td></tr>
<tr><td>Summarize and synthesize individual studies</td><td></td></tr>
<tr><td>Organize discuss of previous researches</td><td></td></tr>
<tr><td rowspan="2">Conclusion</td><td>What has been done?</td><td></td></tr>
<tr><td>What are still needed to be done?</td><td></td></tr>
</table>

根据表 2 的写作图式结构，教师在示范解构部分会根据图式结构的要求示范撰写文献综述。在共同建构部分，教师会剔除文献综述中的一些关键词或是描述信息，由学生来完成缺失信息的填充，在此基础上由教师和学生共同来完成文献综述的撰写。最后在独立建构部分，教师给学生布置任务，由学生独立完成一篇文献综述的撰写。

4　结语

大学英语教学经历了几次教学改革的洗礼，取得了辉煌的成绩，也饱受诟病，学生学习懈怠，大学英语学分一再压缩，甚至要求取消大学英语课程的说法也不绝于耳。大学英语学科面临着前所未有的挑战，唯有改革才能让大学英语重获新生，才能为大学英语教师指出自身发展的新出路。围绕大学英语“教什么”的问题，本文首先论述了在大学英语教学改革的大背景下，学术英语尤其是通用学术英语课程在大学英语课程体系中的地位和价值。针对大学英语“怎么教”的问题，本文对体裁教学法及主体的三大教学模块进行了阐释，结合“中国文化交流英语”的课程教学实践，基于体裁教学法设计大学英语教学模式，使得整个“教”与“学”的过程成为知识传递、技能培养、态度与价值观转变的两个主体双边互动的活动。

参考文献：

蔡基刚，2014. 一个具有颠覆性的外语教学理念和方法——学术英语与大学英语差异研究［J］. 外语教学理论与研究（2）：1－7＋45＋94.

蔡基刚，2015. 再论我国大学英语教学发展方向：通用英语和学术英语［J］. 浙江大学学报（人文社会科学版）（4）：83－93.

方琰，1998. 浅谈语类［J］. 外国语（1）：17－22.

胡开宝，谢丽欣，2014. 我国大学英语教学的未来发展方向研究［J］. 外语界（3）：12－16.

李奇，折鸿雁，2003. 体裁教学法的理论依据与实践［J］. 外语教学（3）：70－72.

秦秀白，2000. 体裁教学法述评［J］. 外语教学与研究（1）：42－46.

束定芳，2013. 对接国家发展战略　培养国际化人才——新形势下大学英语教学改革与重新定位思考［J］. 外语学刊（6）：90－96.

王守仁，2016.《大学英语教学指南》要点解读［J］. 外语界（3）：2－10.

文秋芳，2014. 大学英语教学中通用英语与专用英语之争：问题与对策［J］. 外语与外语教学（1）：1－8.

于江，徐翠芹，2024. 课程思政语境下学术英语写作教学新模态探索［J］. 高教学刊（3）：167－170＋174.

余渭深，2016. 教学大纲的发展对大学英语应用能力培养目标的再认识［J］. 大学外语教学研究（0）：23－35＋180－181.

英语专业本科记叙－描写类写作教学活动

——以四川大学外国语学院英文系为例

邱惠林

四川大学外国语学院

摘　要：在英语专业本科教学中，英语写作教学至关重要。而在英语写作各大文体类型中，记叙和描写类是基础，二者密不可分，必须从一开始就把好关。在讲授记叙－描写基本写作理论和技巧的同时，教师设计出一些循序渐进、行之有效的教学活动，以期提高教学效果。以学生课堂接龙故事为引入，循序采用写小故事、创意写作童话故事和续写经典短篇故事的方式，可有效提高学生的写作兴趣和记叙－描写类写作能力。

关键词：英语专业本科；记叙；描写；写作；教学活动

众所周知，英语写作教学在英语专业本科教学计划中有着举足轻重的地位。根据四川大学外国语学院英文系的最新本科培养方案，作为必修课的英语写作课分为五个阶段，即第二学期的英语写作 1－基础英语写作、第三学期的英语写作 2－英语应用写作、第四学期的英语写作 3－英语长文写作、第五学期的英语写作 4－英语批判性写作和第六学期的英语毕业论文写作。作为选修课的英文创意写作则于第七学期开设。英语专业本科英语写作课程贯穿六个学期的设置，充分体现了学院遵循最新的《普通高等学校本科英语专业教学指南（2020）》，对英语专业的培养目标和能力要求中写作方面的重视。在英语长文写作中，各大文体类型种类繁多，包括记叙（Narration）、描写（Description）、示例（Illustration）、对比反差（Comparison and Contrast）、过程分析

(Process Analysis)、分开和类别（Division and Classification)、因果(Cause and Effect)、议论（Argument）等。而记叙-描写类写作则包含在第四学期的英语写作 3—英语长文写作中。

记叙就是讲故事（telling a story)。如何紧紧抓住读者的注意力，使其有兴趣读下去，是记叙文的关键。记叙可以采取按时间先后顺序(chronological order）或者倒叙（flashback）方式。记叙文的写作需要设定一个叙事角度，如第一人称（1st person narrator）叙事角度或者第三人称（3rd person narrator）叙事角度。要像新闻记者（news reporter）那样问 6 个问题：What happened? Who took part? When? Where? Why did this event (or these events) take place? How did it happen? 这些问题可以用“the 5 Ws and the H”来概括（Kennedy & Kennedy，1985）。记叙的五要素包含 A（Activity 事件）、B (Background 背景)、C（Climax 高潮）、D（Development 发展）和 E (Ending 结局)。若以时间先后顺序排列，五要素则为 BADCE。而描写则是用感觉来书写（writing with your senses)，需要用细节来呈现，达到生动形象的效果。在写作实践中，记叙和描写常常同时使用，相伴而生，二者密不可分。因此，记叙和描写类写作可以合并，作为一个写作教学的主题单元。在讲授记叙-描写基本写作理论和技巧的同时，教师可以设计出一些循序渐进、行之有效的教学活动，提高教学效果。以学生课堂接龙故事为引入，循序采用写小故事、创意写作童话故事和续写经典短篇故事的方式，提高学生的写作兴趣和记叙-描写类写作能力。

1 学生课堂接龙故事

学生课堂接龙故事（round robin story）是记叙-描写类写作简单有效的引入（lead-in）和热身（warming-up)。在学生已经了解记叙-描写类写作的基本理论和技巧后，在课堂上按座位顺序，组织学生进行一人一句的口头故事接龙，有多个益处：一是人人参与，可以充分调动学生课堂参与的积极性，避免人在课堂心在外的“摸鱼”现象；二是每个人必须关注别的同学此前已经给出的句子，每一句都至关重要，关系着故事的下一步走向，因而高度的专注是必要前提；三是培养学生的短期记忆能力、逻辑思维和团队合作能力，前后不能自相矛盾，后续一定是前面故事的自然发展和延续，同时也保留学生发挥创意的空间，但要求其能自圆其说；四是锻炼学生的口语表达能力，这也是对学生在实际场景中句法、词汇、语法等知识的综合测试和演练。

在学生课堂接龙过程中，也有一些小贴士：（1）学生语速不可过快，自己接龙的句子，说过了要及时记下来，每个学生给出的句子都要标明顺序，方便后来回溯。（2）接龙中涉及的人名和地名要保持一致，新出场人物与之前出场人物之间的关系也要清晰，并保持一致。可以在教室讲台白板上根据故事进程，动态调整人物关系图谱。（3）要重视伏笔与呼应的使用，增强故事的逻辑性。（4）不可忽视细节的把握和呈现。（5）故事结尾可以采用封闭式或开放式的结尾。（6）故事接龙结束后可引入批判性讨论，让学生从自己的角度争取用一句话来点评整个故事。

2 写小故事

写小故事（mini-story）旨在锻炼学生构思故事的能力、对故事五要素的把握、言简意赅的表达和准确的语法句法的运用。故事的标题就是题眼，能体现故事的梗概，又能吸引读者的注意力。教师布置作业时可以让学生选择感兴趣的话题进行书写。笔者曾给学生布置一个写小故事的作业，要求采用欧·亨利（O Henry）式的结尾，以 2010 级的一篇习作为例。

The Mystery of the Disappearing Mice

It being a rainy day, I did not go out and helped my grandmother with some cleaning instead. Dark and damp, the basement was the most difficult part of the cleaning and the last place I would like to visit at home. At that time, something amazing happened. In the corner of the basement were five little mice, lying side by side. They were pink and thumb-sized, which was tremendously different from what I had thought. I was so excited that I went to call my sister immediately. We went back to the spot as quickly as possible, only to find that those little mice had disappeared. Where had they gone? Had they been saved by their parents? Had they run away themselves? The sudden disappearance of the mice created a surge of curiosity in me. However, when I looked at the door, I suddenly found out the truth. There lay a brown cat, stretching itself with its bulgy abdomen.

此篇习作的标题是老鼠消失之谜，读者的好奇心会被自然而然地引发。印象中的老鼠是很狡猾的，怎么会凭空消失呢？一开头，作者就给出一个背景：雨天，家里的地下室，发现五只初生的小老鼠。故事的主线和过程就是这些小老鼠从视线中消失了，让人百思不得其解，有两种可能：被妈妈带走了，或者自己跑掉了。故事的结局和高潮紧密相连，同时与作者之前的猜测大相径庭，令人意外：小老鼠凭空消失，然后一只褐色的肥猫慵懒地躺在地上，伸展四肢，凸显出隆起的肚子，小老鼠们已然葬身猫腹。文中划线的细节描写部分——lying side by side, pink and thumb-sized, a surge of curiosity 和 a brown cat, stretching itself with its bulgy abdomen——极具画面感，增强了故事的生动性。

3 创意写作童话故事

创意写作童话故事是对记叙-描写类写作技巧的综合演练。一开始教师可以运用一篇经典的童话故事作为样本（sample），让学生通过阅读、理解、讨论和内化，掌握童话故事的特点和写作方法，并讨论其寓意。然后再让学生创作一个童话故事，表达自己的思想。以 2010 级的一篇习作为例。

The Little Tree Had His Big Day

Spring came on little cat feet, every corner was filled with vitality. The trees put on their green coats, the birds were singing happy songs and the flowers were giving off pleasant fragrance. The clear blue sky was dotted with fluttering butterflies, dancing with the beautiful flowers. Everything was new.

There stood a Little Tree. He used to take great pleasure in bathing himself in the sunshine, but recently, gloom set her seal upon his face.

"Why are you so unhappy?" asked a Green Leaf, hanging on the tree.

"Why? What happened?" said a Stone, firm as usual.

"Why?" mumbled an Ant, with a wave of his antennae.

"I admire the butterfly. So free and beautiful is she that she goes where she pleases and she pleases where she goes." The Little Tree gave a deep sigh and looked sad.

"I cannot go where I please, but I'm very contented," said the Stone.

"Why?" The Little Tree wondered, trying his best to bend his head to see the Stone more clearly.

The Stone smiled and replied, "Because I'm grateful for what I'm having now. We have different lives. Look! The fish are swimming freely in the river. The birds are flying and singing in the sky. But I, neither in the river nor in the sky, am lying in the embrace of the earth. Every day, I can hear the birds singing and see the fish swimming, and meanwhile, I have my own unique life."

The Little Tree's face lit up. But in a while, a cloud of sorrow came into his face again.

"But I'm of little use. I'm not a feast for the eyes like the red roses, nor am I a balm for the heart like the singing birds," muttered the Little Tree.

"When winter draws near, the red roses are bound to dry up like the raisin in the sun. When the birds fly away, there are no trails of the wings in the sky. And the butterflies disappear after beautiful hover," said the Green Leaf.

"But I will be naked during winter, which makes me ugly and

useless," complained the Little Tree.

"In summer, your wide-spreading branches and luxuriant foliage will provide people with a pleasant shade. In autumn, the fruit you bear will be enjoyed by people. And the first green leaf on your naked body is regarded as a symbol of spring," said the Ant.

The Little Tree danced in the wind with ecstasy. He had a new understanding of himself. He regained his happiness. He knew that even though he was only a little tree, he would have his big day.

Moral: Everyone is unique and has his/her own value and purpose for his/her existence.

该习作的主角是一棵小树，自怨自艾，找不到自己存在的意义。三位朋友绿叶、石头和蚂蚁现身说法，帮助小树找到了存在感和主体意识。作者运用了拟人、比喻、排比等丰富的修辞手法，语言简单，用词准确，富有韵律感，描写栩栩如生，极具画面感，最后成功传达了作者想要表达的寓意。

4　续写经典短篇故事

教师先布置一个任务，让学生阅读有开放式结尾的短篇故事，要求学生找出故事的五要素；然后模仿原作者的写作风格，尽量使用修辞手法，并与原作的细节互相呼应；最后以原作的最后一句话作为第一句话来续写经典短篇故事。这个任务挑战性强，是对记叙-描写类写作的最大考验。为了尽量避免狗尾续貂的情况，学生必须付出多倍的努力。

凯瑟琳·曼斯菲尔德（Katherine Mansfileld）的短篇故事作品，是用于续写的理想阅读材料。曼斯菲尔德的作品具有细节精妙繁复、心理刻画细腻、场景表达传神、语言轻松活泼的特点。曼斯菲尔德的《布里尔小姐》（"Miss Brill"）于1920年首次发表在文学杂志《雅典娜》上，该短篇故事运用想象力，思考每个人在生活中扮演的角色等主题来探索人性。布里尔小姐是一位孤独的英国中年未婚妇女，在一个法国城市旅居，她讲述了初秋一个周日午后去公共花园郊游的经历。那是一个秋高气爽的美丽周日（... it was so brilliantly fine—the blue sky powdered with gold and great spots of light like white wine splashed over the Jardins Publiques ...）（王家湘，刘新民，等，1987），布里尔小姐坐在平常坐的长凳上。出门前她拿出她珍爱的狐狸皮围脖，小心翼翼地为自己每周去公共花园的郊游做准备。在梳理了毛皮、擦亮了小动物的玻璃眼睛、修复了压扁的鼻子之后，布里尔小姐觉得这个狐狸皮围脖并不仅仅是一件毛皮围脖，更是一个同伴。当布里尔小姐坐在公园里，她注意到周围环境的每一个细节：空气中的寒意、乐队指挥的新外套和他“就像一只即将打鸣的公鸡”（He scraped with his foot and flapped his arms like a rooster about to crow）（王家湘，刘新民，等，1987）的自豪的指挥方式。她和以前见过的一对老夫妇共用一条长凳，对他们不说话感到失望，因为她喜欢倾听别人的生活，而周日在公园里偷听别人的谈话是她最喜欢的事之一，她将此想象为“在别人的生活中坐一分钟”（... sitting in other people's lives just for a minute while they talked round her）（王家湘，刘新民，等，1987）。这个周日，布里尔小姐继续观察公园里的人们，她描述了所有的路人：小孩子们跑来跑去，被妈妈追赶；大一点的孩子玩耍、跑步并大笑；年轻情侣相约散步；两个农妇牵着驴子穿过公园。每个星期天公园里的人几乎总是一样的，而且几乎所有人都有一些“有趣的东西”（there was something funny about nearly all of them）（王家湘，刘新民，等，1987）。布里尔小姐突然意识到这恰似一场戏剧，他们全都是人生舞台上的演员（They were all on the stage. They weren't only the audience, not only looking on; they were acting. Even she had a part and came every Sunday ...）（王家湘，刘新民，等，1987）。她把自己想象成戏剧中重要的女演员，是他人生活中不可或缺的一部分（No doubt somebody would have noticed if she hadn't been there; she was part of the performance after all）。她想象着自己已经当演员很长时间了。关于自己的身份和定位，她实现了顿悟（epiphany）。这时，一对年轻情侣坐在她身边，二人对身边的布里尔小姐不以为然，并嘲笑她的过时和不合时宜：男生称她为“愚蠢的老东西”（stupid old thing）（王家湘，刘新民，等，1987），女孩嘲笑布里尔小姐的毛皮围脖看起来像“炸鳕鱼”（like a fried whiting）（王家湘，刘新民，等，1987）。布里尔小姐猛然从戏剧梦中惊醒，颓然回到现实。她径直回家，没有在面包店停下来买她每周都会犒劳自己的蜂蜜蛋糕。她在她的床上，在她的“小黑屋——她的房间就像一个柜子”（... the little dark room—her room like a cupboard）（王家湘，刘新民，等，1987）里坐了很长时间。然后，她轻轻地把毛皮围脖收起来，听到有哭泣声。《布里尔小姐》里的最后一句话是：But when she put the lid on she thought she heard something crying. （王家湘，刘新民，等，1987）

笔者给学习小组布置续写短篇故事的要求如下："Miss Brill" has an open ending. Please go on writing with the last sentence as the beginning of the continuation of the story. You can give it either a closed ending or another open ending. You can add some new characters. Every member of the group should contribute to the writing task and indicate the author of the paragraphs at the end of the last paragraph that he or she has written in brackets. Try to imitate the style of the original story, echo with details from the story, and apply the technique of STREAM OF CONSCIOUSNESS and figures of speech as many as possible.

以下为2021级学生续写《布里尔小姐》的习作。

But when she put the lid on she thought she heard something crying.（原作最后一句）

Shocked and curious, she thought to herself, "Who is crying?" Listening carefully, she eventually set her eyes on the fur box. Then driven by her curiosity, she tentatively opened the box, only to see a crying fox.

Who is it? Where has her fur gone? And why is the fox crying? A torrent of questions crowded into her mind. She stared at the fox, finding it just looked like her fur. Soon, a bold assumption came to her mind: perhaps the fox is her fur.

To test her assumption, she couldn't wait to touch its fur which turned out to be as soft as her fur. Now she could affirm that it was her fur. Tears rolling down its face, the fox looked at her pitiably. She could not help hugging the fox in her arms, patting its head. "Why are you crying, my little thing?" Sobbed her, "are you crying for me and for loneliness?"

"Dear Miss Brill," the fox actually spoke! "You should have discovered the truth that the world in which you live is just a drama, and you are just a small, unimportant, dispensable part in this play." It said to her while sobbing. "You are right, dear. What should I do? I lost hope in life. My life was meaningless from beginning to end. What should I do?" Miss Brill cried. "Don't be despair, don't be sad, I'm for you, Miss Brill. Trust me that I can save you. I am a genie, and I can connect your theatrical world with the real world beyond this. As long as you can make up your mind to step out, I can take you out of here and into the real world. There, you don't have to sing for the sake of singing, you can do everything completely out of your own mind." Miss Brill was moved, but at the same time a feeling of fear lingered in her heart.

Miss Brill touched her little fox softly with hesitation to some extent. "You mean ... be myself totally?" The little fox leaped upwards and surrounded her neck to make her feel some warmth. "Of course! Be yourself totally! You feel desperate, lonely, meaningless, just because you are a small, unimportant, dispensable character in this play ... Miss Brill, you can instantly escape from these pitiful situations at the moment you leave this drama and transfer to the real world." The kind little fox counseled her eagerly, trying to save her from a miserable, hopeless, lonely life. Miss Brill could feel real care from the little fox. But strangely a feeling of fear hit her more fiercely. "My miserable life comes from my identity—a small character ... really?" Miss Brill murmured.

"To be honest, I don't want to be a small character anymore

and I really want to be myself. But if I do go to the so-called real world, what would life be like there? Can I live in peace? What about you? Will you come with me?" Miss Brill worried about her future in the real world.

"Sure! I'll be there with you," the fox said sincerely, without any hesitation. "I promise you that when you enter the real world, you will be a totally new one, no one knows you except me. You will be what you want to be. You will never feel lonely there, because you will be the main character in the real world. You will have more friends and they will talk to you more, there's no need for you to be just a listener, you will be the speaker. And now, without further concerns, let's go!"

As the conflicting emotions and worries churned within Miss Brill, a transformation began in her heart. She started to realize what in the real world she had yearned for, she could find her true self, free from the facade of the theatrical drama. This decision meant leaving behind a life of comfort but lacking in fulfillment and embracing the challenges of the unknown.

Without hesitation, Miss Brill chose to follow the clever fox, departing from the fabricated world in which she had long lived in search of a genuine reality. She felt a sense of liberation, as if she were being set free, ready to embrace new adventures.

Hand in hand with the fox, Miss Brill crossed the boundary, entering the real world. There, she ceased to be an anonymous supporting character, but becoming the protagonist of her own story, shaping her life and pursuing her dreams. She had finally found the freedom and fulfillment she had yearned for.

这篇续写《布里尔小姐》的习作从哭声里幻化出一个拟人故事，狐狸皮围脖变成了小狐狸，而小狐狸则成为布里尔小姐的救赎者和精神导师。它帮助她走出虚幻的戏剧世界，拥抱真实的人生。从原作的纪实描写转换到一个童话故事，这个反差可以理解和接受，源于对 crying 一词的另类解读。此外，原作中认同莎翁所说的人人都是演员的说法，而布里尔小姐也概莫能外，这是一个伏笔。在续写中，布里尔小姐自身的定位从一个 listener，一个配角变成了一个 speaker，一个主角。这里与原作的伏笔形成了呼应。同时，关于人物在社会中身份定位的主题也得到了进一步的反转和升华，从悲观趋向乐观。

5 结语

鉴于英语写作教学在英语专业本科教学计划中的重要地位，必须加强英语写作各个层次、各个阶段的教学。处于中间阶段的英语长文写作各文体类型中，记叙-描写类是第一环。在讲授记叙-描写基本写作理论和技巧的同时，教师通过设计并实施学生课堂接龙故事、写小故事、创意写作童话故事和续写经典短篇故事的一系列教学活动，可以提高学生的写作兴趣，锻炼学生的批判性思维，发挥学生的创造性，从而最终实现提高其记叙-描写写作能力的目标。在整个过程中，必须继续坚持基本写作规范，还要鼓励学生多阅读，增加阅读语料的输入，提高语感。写作作业要经过多次修改，并加入教师修改的环节，最后形成定稿。同时要开展同学互评，促进共同进步。

参考文献：

王家湘，刘新民，等，1987. 大学英语教程　第五册 [M]. 北京：外语教学与研究出版社.

KENNEDY X J，KENNEDY D M，1985. The Bedford Reader [M]. 2nd ed. New York：Bedford St. Martins.

Chinese English Learners' Perceptions of Different English Accents[①]

Huang Yan

School of Foreign Languages,
Sichuan University of Science and Engineering

Abstract: This mixed-methods study investigated Chinese tertiary-level students' perceptions of different English accents. Also examined were their perception changes and factors that contributed to their perception changes. An electronic questionnaire survey was employed to investigate the general trend and the possible correlations and differences in the participants' perceptions of different English accents. Follow-up interviews and diary studies were conducted to examine the participants' perception changes and the contributing factors. The main findings show that the participants were inclined to accord privileged status to Inner Circle English accents, whereas their perceptions of Outer Circle and Expanding Circle English accents tended to remain unfavourable. Their perceptions were found to be under the substantial influence of the ongoing exonormative English education, English language assessment system, and employment requirements. It was also found that the explicit instruction of the development of English and the frequent cross-cultural communication were likely to engender changes in the participants'

① 本文系四川外国语言文学研究中心项目（项目编号：SCWYGJ23-22）成果。

language beliefs and perceptions of different English accent varieties.

Key words: English accent; perception; English language teaching; English language learning; cross-cultural communication

1 Introduction

The fact that English has ceased to be the exclusive asset of the Anglosphere and the emergence of different English varieties has stimulated great interest among scholarship across paradigms. The accent, in this process, has become a salient variable in perception investigation. An accent was defined as 'the carryover of native language phonology and intonation into a target language' (Lippi-Green, 1994: 165). However, the standard 'target' English accent models, i. e. Received Pronunciation (RP) and General American (GA) in particular, have become more and more irrelevant in the course of globalisation where the interlocutor's multilingual and multicultural competence has been foregrounded and interpreted in a new light. Nonetheless, changes are rarely felt by English language teaching (ELT) or learning in China, where English is predominantly being treated as a foreign language (EFL), with standard British English and standard American English norms as the default points of reference. For terminological clarity and accuracy, British English (BrE) and American English (AmE) will be adopted hereafter as the umbrella terms for RP/standard British English and GA/standard American English respectively. Besides, drawing on Kachru's Concentric Circles Model (Kachru, 1985), the term Inner Circle (IC) English accents is hereafter used to refer to the English accents of speakers from Inner Circle countries. Outer Circle (OC) and Expanding Circle (EC) English accents are adopted to refer to the English accents of speakers from Outer and Expanding Circle countries.

The conceptualisation of the status of English has always been a debating point in China. For example, He and Zhang (2010), and He (2020) advocated substituting the ongoing exonormative IC English-based teaching model for an endonormative China English model based on their empirical studies. Wen (2012) and Fang (2017) on the other hand underpinned the instrumental value of English and suggested that English should more appropriately be labelled as an international language (EIL), or a lingua franca (ELF) in China. Many of the research findings have recorded the trajectories of the different perspectives concerning the development of English and ELT in China. However, we still know very little about the perceptions of EFL learners in China, and the possible factors that influence their various perceptions. To fill the gap, the present study, by adopting a mixed-methods approach, attempts to investigate Chinese university students' perceptions of different English accents and the potential factors affecting their perception changes. We hope that the results from this study can contribute to the sophisticated understandings of Chinese EFL learners' accent perceptions and the various causes underneath their perception (no) changes, and eventually shed light on ELT/learning in China.

2 A Review of Accent Perception Research

The studies of language speakers' and learners' accent perceptions outside China are featured in their different locales, but also distinctive in their various intriguing findings. For example, by investigating language learners' attitudes towards their L1-accented English, Tokumoto and Shibata (2011: 402) found that learners from different 'pedagogical context', that is 'whether English is viewed as a foreign language or a second language in the society', had different acceptance of L1-accented English. But it is a question of interest to unravel factors other than the different 'pedagogical context'. Through an extensive questionnaire survey, Dewaele and McCloskey (2015: 236) discovered that the participants' 'personality traits, socio-biographical variables, linguistic profile, current linguistic practices, and exposure to interlocutors with FAs (foreign accents)' were found to impact their attitudes. In a recent mixed study, Kim (2021: 541) reported that the participants seem to be 'indifferent ... to(wards) others' English accents and varieties of World Englishes', and they tend to avoid associating 'their English accents with nationhood or cultural identity' (Kim, 2021: 536). A linguistic hierarchy as discovered by Kim still lingers in the World Englishes paradigm.

Research into the perceptions of different English accents in China has gained momentum in recent decades. Many research findings were in support of the previous literature, but they seemed to produce more context-specific results. Conducting questionnaires and interviews on students and professionals, Wang and Jenkins (2016: 38) found that the lack of ELF experiences consolidated the belief that nativeness ensured intelligibility, and that subjects with ELF experiences questioned the presumable 'connection between nativeness and intelligibility'. Against the ELF paradigm, Fang's (2016: 76) investigation underscored the enormous influence of 'native ideology' in framing language learners' attitudes towards different English accents. Elsewhere in Hong Kong, Tsang (2020) found that his participants were much more capable in recognising IC English accents and more positive in evaluating them against the tested dimensions than they did to OC and EC English accents. He also found that only if teachers' English accents were perceived to be close to IC English accents can they invite a longer attention span and favourable opinions from the learners.

The previous literature on language learners' and speakers' perceptions of different English accents, despite discrepancies in their results, has provided us with comprehensive and insightful understandings of the various perceptions that language learners and speakers held of a diversity of English accents. Nonetheless, little do we know about whether and how language learners' and speakers', especially EFL learners' accent perceptions are susceptible to changes. More importantly, there is a paucity of research addressing the potential factors contributing to their perception (no) changes in view of the accelerating speed of globalisation and the unprecedented spread and penetration of English worldwide. Therefore, this study attempts to address the following two research questions:

RQ1: What are Chinese university learners' perceptions of different English accents, including English accents of their own?

RQ2: Are their perceptions susceptible to changes? What are the major factors contributing to the changes or no changes in their accent perceptions?

3 Methods

3.1 The participants

The participants were chosen purposively from English major students in an inland university in China. 599 English majors were recruited to participate in the questionnaire survey, including freshmen ($N=167$, 27.9%), sophomores ($N=172$, 28.7%), juniors ($N=142$, 23.7%), and seniors ($N=118$, 19.7%). The majority of the participants were female ($N=504$, 84.1%) and more participants ($N=391$, 65.3%) were in the 16 to 20 years age group. All participants had English phonetic lessons prior to the study. 53 participants had short-term (one to two months) overseas experiences. Furthermore, 12 and 9 students were chosen respectively to participate in the subsequent qualitative research.

3.2 Research design

A pilot study was conducted to optimize the content and to improve the procedure of the study. The main study was preceded by an electronic questionnaire to elicit data on the participants' overall perceptions of different English accents. The questionnaire consisted of two components. The first part (7 items) was meant to elicit participants' biographical information. The second part (15 items) was designed to address the participants' perceptions of different English accents from eight dimensions. It was administered and retrieved within a one-month duration. Following this, 12 students were selected to participate in the first-round semi-structured interviews to probe profoundly the participants' awareness and perceptions of different English accents. After that, 9 students continued their participation in the diary study. They were requested to record diaries on a list of solicited topics for eight consecutive months. Following the diary study, the participants were all interviewed for the second time. All the qualitative research methods were conducted mainly in Mandarin Chinese and were audio-recorded with the participants' consent.

3.3 Data analysis

574 valid questionnaires, 21 semi-structured interviews (around 18 hours), 8-month diaries and email exchanges, and 4 diary meetings (more than 10 hours) were collected. The analysis of the quantitative and qualitative data was facilitated via SPSS 20.0 and Nvivo 11.0 respectively.

4 Findings and Discussions

4.1 Questionnaire

4.1.1 Strong IC English-based ideology in accent perceptions

First, Table 1 shows that a large proportion of the participants ($N=574$) opted for IC English accents, BrE and AmE accents in particular, as the most familiar and the most preferred accent models and also the accent models for their aspiration and pronunciation teaching. Their decisions were tested to be free from the influence of the independent variables (i. e. the participants' age, gender, grade, duration of English learning, and overseas experiences). Second, the strong IC English-based ideology is also displayed by the benchmark roles accorded to IC English accent models for accent evaluation (AcE) and accent acceptance (AcA)①. Table 2 captures a generally centralised tendency of the participants in negatively evaluating their own English accents ($M=2.72$) and accepting OC and other EC English accents ($M=2.80$). Their decisions were free from the impact of the independent variables, and no differences were found existing between or among different groups of the participants.

Table 1 Perceptions of different English accents

	Familiarity	Preference[4]	Aspiration	Teaching Models[5]
	Frequency (%)			
BrE&AmE	504 (87.8)	551 (96)	532 (92.7)	545 (94.9)
CNE[1]	50 (8.7)	8 (1.4)	21 (3.7)	50 (8.7)
OICE[2]	3 (0.5)	2 (0.3)	19 (3.3)	47 (8.2)
OCECE[3]	17 (3)	1 (0.2)	2 (0.3)	32 (5.6)

① The Cronbach's alpha (α) test result of the 7 question items, Questions 16 to 22, was .80, which indicated high inter-item reliability. They were thus merged as one construct, accent acceptance, or AcA, for subsequent analysis.

Notes: 1. CNE: Chinese English accent; 2. OICE: other Inner Circle English accents except BrE and AmE. 3. OCECE: Outer Circle and other Expanding Circle English accents except CNE. 4. 12 participants who chose 'No preference' were not included in the table for the uniformity of display. 5. Participants were allowed to choose more than one option in the dimension of 'Teaching Models'. Therefore the number of the ticked options ($N=674$) was larger than the total number of the participants ($N=574$). The percentage was calculated against the number of the participants other than the number of the ticked options.

Table 2 Descriptive data of accent evaluation (AcE) and accent acceptance (AcA)

Dimensions	Min.	Max.	*M*	*SD*	*N*
AcE	1	6	2.72	0.90	574
AcA			2.80	0.96	

With the assistance of Nvivo 11.0, we discovered that more than two-thirds of the participants tended to describe their English accents less favourably as 'not standard' and 'with Chinese English accent', or 'mixed' with a combination of BrE and AmE accents. In a few comments that some participants expressed clear satisfaction with their English accents, they would add that they referred to IC English accents, BrE and AmE accents in particular, as the default points of reference in their future endeavours.

Table 3 depicts the participants' acceptance level (AcA) of some typical OC and EC English accents. Consistent with our presumption, most of the items were negatively accepted by the participants as indicated in Table 2. Among them, Q19 received the lowest mean score and the lowest *SD* value. However, its way of pronunciation was found typical and widespread in English speakers in the enormous OC and EC countries. It was also tested by some studies (e.g. Deterding & Kirkpatrick, 2006; Gardiner & Deterding, 2017) of posing no significant hindrance in successful cross-cultural communication. On the contrary, comparable to Ao and Low's (2016) findings, the non-standard maintenance of a long vowel in Q17 received the highest mean score and a moderate *SD* value. It implies that a noticeable part of the participants downplayed the risk of conversation breakdowns through the wrongful maintenance of the long and short vowels (Jenkins, 2000).

Table 3 Descriptive data of AcA

Items	*M*	*SD*
Q16. "think" read as /ʃink/ or /sink/	2.67	1.46
Q17. "live" read as /liːv/	4.20	1.46
Q18. "nice" read as /laɪs/	2.66	1.62
Q19. "these" read as /diːz/	1.81	1.19
Q20. "vegetable" read as /ˈwedʒtəbəl/	2.92	1.56
Q21. "product" read as /ˈpɒdʌk/	2.60	1.50
Q22. "command" read as /kəˈmaːnde/	3.06	1.51

4.1.2 Latent resistance to IC English-dominant accent perceptions

From the questionnaire findings, it is also noteworthy that there is emerging resistance to IC English-dominant accent perceptions in all dimensions, especially in terms of intelligibility and prestige, or social status.

To begin with, the participants' perceptions of other English accents, including CNE, OICE, and OCECE, as shown in Table 1, were found to be comparatively negative. It is, however, worth mentioning that more than ten percent of the participants were aware of the existence of other English accent varieties besides BrE and AmE, and nearly a quarter of the options were given to accents other than BrE and AmE as teaching models. Secondly, many of the participants were accustomed to referring to IC English accent models as points of reference and evaluating their own English accents negatively. Interestingly, however, Table 4 shows that the participants with overseas experiences (Group A) appeared to evaluate their own English accents more favourably than those who had no overseas experiences

(Group B). This difference was tested to be significant, given t (572) = 4.65, $p < 0.001$, and Cohen's $d = 0.83$. It implies that some participants, especially participants with overseas experiences, rather than conforming strictly to IC English norms, started to embrace other alternative criteria, such as through the successful conduct of cross-cultural communication, to gauge the effectiveness of their own English accents.

Table 4 Different results of AcE

Dimension	Group	N	M (SD)	p	t (df)	Cohen's d
AcE	Group A Group B	37 537	3.38 (0.79) 2.68 (0.90)	<0.001	4.65 (572)*	0.83

* denote significant differences at $p<0.01$ (two-tailed tests).

The descriptive data from Table 5 show that although some English accents, here mainly referred to BrE and AmE, were approved of by more participants (55.2%) to be more intelligible than other English accents, it does not indicate that they were presumably at the top of the accent hierarchy in terms of social status (30.7%). Factors such as the issue of exposure, environment, self-esteem, and pragmaticality in communication were found recurrent in the participants' supplementary comments in accounting for their different choices.

Table 5 Descriptive data of prestige and intelligibility

Questions	Options		
	Yes	Uncertain N (%)	No
Whether some English accents are easier to understand?	317 (55.2)	167 (29.1)	90 (15.7)
Whether some English accents are more prestigious than others?	176 (30.7)	177 (30.8)	221 (38.5)

Generally, data generated by the questionnaires indicate complex and contradicting perceptions of the participants. On the one hand, their perceptions of OC and EC English accents, including English accents of their own, were under the obvious influence of IC English-based ideology. On the other hand, latent resistance to IC English-dominant accent perceptions started to emerge in a small but significant number of the participants.

4.2 Interviews and Diary Study

4.2.1 Changes and no changes in accent perceptions

The participants' perceptions of OC and other EC English accents were reported having undergone the most noticeable changes. Comparable to the low OC and EC English accents acceptance level (AcA) reported in the questionnaire findings, the participants tended to describe them as 'funny', 'strange', 'unacceptable', and even 'repulsive' in their first interviews. Once familiarity was established or being taken into account, most participants, especially participants having had ELF experiences, did not regard the intelligibility of OC and other EC English accents as a serious problem and voiced that they were rightful in their existence therefore acceptable. However, it should be noted that despite the aforementioned realisation and the favourable perception changes, a majority of the participants failed to see the pedagogical significance of OC and other EC English accents and were found to be overall unwilling or reluctant to refer to them as their targets of learning, let alone reference models.

In stark contrast, the participants' attitudes towards IC English accents and English accents of their own witnessed little changes. In alignment with the questionnaire findings, the participants had unanimously positive opinions on IC English accents. IC English varieties were frequently perceived to be almost identical to standard English (StE) varieties. Their preference for IC English varieties remained throughout the entire study, although a small number of the participants began to be aware of the gap between IC English accents and StE accents. Furthermore, the participants were also found to be eager to acquire IC English monolingual competence and to reject mother tongue influence (interference), such as their local Chinese accent. Similar to questionnaire findings, more participants were found to hold negative evaluations of their own English accents. IC English accents, BrE and AmE accents in particular, were constantly referred to as the benchmark for their accent evaluations. However, it is worth noting that a handful of the participants started to evaluate their own English accents against a set of other alternatives, as stated in the following.

> S13: My English accent is still not that standard. It's mixed with some Chinese, some British, and some American English accents. But I'm satisfied with my English accent because my communication with others is always very smooth and successful. (from S13's 2nd interview)
>
> S514: My accent is part of me. If I can make myself understood, it doesn't matter which English accent I took on. (from S514's 1st interview)
>
> S178: To be honest, I feel it's too difficult and almost impossible to thoroughly remove my Chinese accent because it's been with me for years. If I want to be as fluent and standard as those native speakers, I think I need to be in their environment. (from S178's 2nd interview)

The satisfaction obtained from S13's successful communication with 'others' (i. e. S13's international friends) dispelled her concern over her imperfect English accent and boosted her confidence in the process of using English. S514's self-identity provided him with legitimacy to be different from the norm, the standard, and the others. Additionally, the contextual factor, underscored by S178, is a hard reality we need to address in evaluating the appropriacy of accent models. Together, communication effectiveness, the sense of identity, and the contextual influence were drawn upon by a few participants as alternative standards for accent evaluations.

4.2.2 Factors contributing to perception (no) changes

Contrary to our presumption, fewer changes were observed in the participants' perceptions of different English accents. Their attitude consistency, under close examination, was the consequence of the direct influence of the exonormative English education, English language assessment system, and recruitment requirements, as recorded by their diaries and diary meetings.

> S37: I still remember our English teachers were very strict with our English pronunciation and intonation. They asked us to read exactly like the tape recordings from primary school onwards.... Later, I learned from the Internet that the American English accent is conducive to the job application. So I began to imitate it intentionally. (original from S37's diary)
>
> S219: Except for some high-stakes exams and some special professions, such as interpreters, I won't be so fastidious about my English accent as before, especially when I'm well aware of the existence of so many different kinds of English accents. (from S219's diary meeting)

The English accent models of 'the tape recordings' mentioned by S37 are either BrE or AmE because these two are the most popular accent models in variegated teaching and testing materials in China. The IC English benchmark roles and the subordinate learner identity were thus subconsciously established in the institution under the supervision of language teachers. Perceptions that are enduring are sometimes acquired early in the lifespan and unlikely to change much in later life. This could, to some extent, account for the participants' attitude consistency towards IC English accents and English accents of their own. Besides, IC English-based assessment system and recruitment requirements mentioned by S37 and S219 further elevated

IC English varieties as value-adding cultural capital in many 'high-stakes exams' and professions. This not only cemented the participants' previously-held perceptions but also reinforced their identity as subordinate and obedient language learners.

Obvious perception changes, especially with reference to OC and EC English accents, emerging questioning of IC English accent models, and alternative standards in evaluating their own English accents, were, to a great extent, attributed to the participants' ELF interactions, as exemplified by S368.

> S368: I have a Thai friend. To be honest, it's not easy to fully comprehend her Thai English .... When we had difficulty in understanding, we would slow down our speed, repeat what we said, or use some examples or pictures. At times, we would even use body gestures to get our meaning straight .... Actually, most of our problems can be solved. So I think communicating successfully with foreigners is not exclusive to those who with very good English or with a very pure English accent. My spoken English is far from being standard, especially in the aspects of liaison and weak forms, but it doesn't affect communication. On the contrary, I found my foreign friends understand me better if I articulate each word clearly. (original from S368's diary)

The contextual urgency of solving the problems in situ stimulated S368's agentive user identity. The manipulation of various communication modalities and accommodation strategies, such as clarification, repetition, paraphrasing, etc., was tested to be a more effective approach than a close approximation to IC English varieties through her ELF interactions. Some prescriptive standards, such as the use of 'liaison' and 'weak forms', were proved to be of little effect in successful cross-cultural communication. In this process, new perceptions of and beliefs in English were developed, which in a sense strengthened language learners' newly-formed identity as legitimate English users and speakers.

Generally, no obvious changes were identified in how the participants deferred to IC English accent models and how they extended consistently negative evaluations of their own English accents. This perception consistency appeared to be under the apparent influence of the current exonormative English education, English language assessment system, and employment requirements in China. Nonetheless, their awareness of the plurality of English through explicit instruction during diary meetings and more importantly their ELF experiences invalidated several stereotypical IC English-centered conceptions and unlocked substantial changes in the participants' perceptions.

5 Implications

Findings from this study offered insightful implications for English language teaching and learning. This study indicates an obvious causal link between language learners' accent perceptions and the ongoing exonormative English education, English assessment system, and recruitment requirements. In other words, any adjustment to and optimisation of these aspects, especially with reference to English education and assessment system, would predictably produce substantial changes in language learners' perceptions. With the increasing interconnectedness between China and other countries, particularly OC and other EC countries through the Belt and Road Initiative, near-native competence should no longer be the ultimate goal for ELT, especially in English pronunciation teaching, in China. Revisions of the current English education and assessment system have already been touched upon by some studies (e.g. Hansen Edwards et al., 2021; He, 2020). These revisions do not indicate a complete system reshuffle. On the contrary, they appeal to decision-makers and language practitioners to address language learners' diversified linguistic and cultural needs.

In the case of pronunciation teaching, to revise the current pronunciation pedagogy, as suggested by the study, does not mean to nullify all the existing IC English-based teaching models, given that a proportion of learners do have the appeal or need to acquire IC English monolingual competence. It means to expose language learners to a diversity of English accent models, including OC and other EC English accents, which are proved to be crucial for effective operation in today's communicative settings that are international and intercultural in nature. It means to incorporate the key phonological features, such as the attested lingua franca core (LFC) (Jenkins, 2000) and accommodation strategies, i.e. repetition, paraphrasing, back-channelling, etc., which are pivotal in cross-cultural communication into English language teaching and learning. English language assessment system, in light of this, is also strongly suggested to be revised. For example, communicative competence, such as the proper application of accommodation strategies to establish rapport in communication, should gain more weight in some high-stakes testing if possible. Well-codified OC and EC English accent varieties, in addition, should also be considered as necessary components. Only if a reconciliation between language learners' conflicting learner identity and user identity was eventually established can substantive perception changes be expected.

6 Conclusion

The global spread of English and the increasing influx of English speakers from OC and other EC countries in China did not produce profound changes in language learners' perceptions of different English accents as expected. Their accent perception (no) changes were found to be susceptible to a range of factors, such as the IC English-oriented exonormative English education, English language assessment system, recruitment requirements, the explicit instruction of the status quo of

English, and language learners' various ELF experiences. Future research is expected to address the following limitations. First, the choice of the research site. Although the selection of the current research site was meant to complement the previous findings, the choice of one university might to some extent confine generalisation. Second, the selection of the participants. The choice of English majors as subjects of this study is of theoretical and pedagogical significance. Nonetheless, the uneven distribution of the biographical features of the participants, especially in terms of gender and overseas experiences, indicates difficulty in generalising. It is therefore suggested that different settings at different geographic locations and participants with diversified backgrounds should be included in subsequent research. In sum, it is hoped by this study that the corresponding measures will be undertaken to respond to the diversified appeals of EFL learners by giving them more linguistic rights and alternatives in line with the pluricentric nature of English.

References:

AO R, LOW E L, 2016. A description of the Yunnan English accent [J]. World Englishes, 35 (1): 18—41.

DETERDING D, KIRKPATRICK A, 2006. Emerging south-east Asian Englishes and intelligibility [J]. World Englishes, 25 (3—4): 391—409.

DEWAELE J M, MCCLOSKEY J, 2015. Attitudes towards foreign accents among adult multilingual language users [J]. Journal of multilingual and multicultural development, 36 (3): 221—238.

FANG F G, 2016. Investigating attitudes towards English accents from an ELF framework [J]. The Asian journal of applied linguistics, 3 (1): 68—80.

FANG F G, 2017. World Englishes or English as a Lingua Franca: Where does English in China stand?: An ideological negotiation and attitudinal debate of the use and function of English in the Chinese context [J]. English today, 33 (1): 19—24.

GARDINER I A, DETERDING D, 2017. Pronunciation and miscommunication in

ELF interactions [M]. London: Routledge.

HANSEN E J, CHAN K L R, LAM T, et al., 2021. Social factors and the teaching of pronunciation: What the research tells us [J]. RELC journal, 52 (1): 35-47.

HE D, 2020. China English in World Englishes [M]. Singapore: Springer Singapore.

HE D, ZHANG Q, 2010. Native speaker norms and China English: from the perspective of learners and teachers in China [J]. TESOL quarterly, 44 (4): 769-789.

JENKINS J, 2000. The phonology of English as an international language [M]. Oxford: Oxford University Press.

KACHRU B B, QUIRK R, WIDDOWSON H G, 1985. Standards, codification and sociolinguistic realism [M] //BOLTON K, KACHRU B. World Englishes: critical concepts in linguistics. London: Routledge.

KIM S, 2021. English as a lingua franca in Japan: Multilingual postgraduate students' attitudes towards English accents [J]. Journal of multilingual and multicultural development: 536-550.

LIPPI-GREEN R, 1994. Accent, standard language ideology, and discriminatory pretext in the courts [J]. Language in society, 23 (2): 163-198.

TOKUMOTO M, SHIBATA M, 2011. Asian varieties of English: attitudes towards pronunciation [J]. World Englishes, 30 (3): 392-408.

TSANG A, 2020. Why English accents and pronunciation "till" matter for teachers nowadays: a mixed-methods study on learners' perceptions [J]. Journal of multilingual and multicultural development, 41 (2): 140-156.

WANG Y, JENKINS J, 2016. "Nativeness" and intelligibility: impacts of intercultural experience through English as a lingua franca on Chinese speakers' language attitudes [J]. Chinese journal of applied linguistics, 39 (1): 38-58.

WEN Q, 2012. English as a lingua franca: a pedagogical perspective [J]. Journal of English as a lingua franca, 1 (2): 371-376.

过程型激励理论指导下英语专业阅读类课程改进刍议①

陈首为

成都外国语学院英语语言文化与翻译学院

摘　要：相较于公立本科院校，尤其是重点公立本科院校，民办高校的学生学习动力不够强，学习主动性、积极性不够高，一部分原因是受到的激励不足。教师应该通过合理的课程设计让学生在学习过程中不断受到课堂内外的多种形式的激励，解决学生学习动力不足的问题，强化学习效果。过程型激励理论是心理学三大经典激励理论之一，广泛应用于商业领域，在企业激励员工的案例中发挥了很大的作用。该理论在教育领域还未见深入与广泛的应用。笔者希望在该理论指导下，分析民办高校英语专业阅读类课程在过程激励方面存在的缺陷，提出初步改进措施，从而达到进一步提高民办应用型高校英语阅读教学水平的目的。

关键词：民办高校；英语阅读；改革；过程型激励理论

1　研究缘由和理论概述

民办高等院校的大学生学习动力相对不足，受激励程度较低，学习方法效率不高。这些制约了其学业进步和职业发展。这种情况在当下应用性较弱的学科领域，如外语类专业，表现比较突出。美国心理语言专

① 本文为四川省民办教育协会项目“过程型激励理论指导下英语专业读写课程改革方案”（项目编号：MBXH2019YB51）研究成果。

家杰瑞特认为，动机、智力和才能三个因素影响了学生的语言学习，其中占比最大的是动机因素这个非智力因素（33%）（初明雪，2012）。通过激励手段充分调动学生的学习动机应当能有效地提高学习效果。本文希望在过程型激励理论框架指导下，对英语专业阅读课程提出改进措施，最终达到激发学生学习动机、提高学习成绩、增强英语应用能力的目的。

过程型激励理论（Process Theory）是心理学三大经典激励理论（内容型激励理论、过程型激励理论和改造性激励理论）之一，研究人的动机产生和采取行动的心理激励过程，最终影响行为过程和行为结果（高倩，2012）。过程型激励理论主要由弗鲁姆（Victor H. Vroom）的期望理论（Expectancy Theory）、洛克（Edwin Locke）的目标设置理论（Goal Setting Theory）、亚当斯（J. S. Adams）公平理论（Equity Theory）、斯金纳（Burrhus Frederic Skinner）的强化理论（Reinforcement Theory）组成。弗鲁姆在其出版于1964年的《工作与激发》一书中提出，如果活动参与者认为某项活动能够产生较高效用，并且预估自己极有可能获得这种效用或从中获益，那么领导者就应该使用这种活动和结果来激励活动参与者（苏振峰，2010）。洛克1968年提出目标设置理论，认为合理设置的目标，尤其是那种“踮一踮脚就能够着”的目标，能对活动参与者产生激励和引导作用，提高活动参与者的绩效。亚当斯提出的公平理论认为，回报的合理公平分配会对活动参与者产生巨大影响，活动参与者会通过主客观标准衡量自己所获利益是否是公平分配的，从而表现出不同的工作学习积极性。

2 民办应用型大学英语专业英语阅读类课程激励性缺陷

2.1 期望缺陷

根据弗鲁姆的期望理论，人们在工作中的努力程度是效价和期望值的乘积。因此，学习者越肯定自己有能力达到自己或教师设置的目标，就越容易实现这一目标，也就有更强的学习动力。学生应该从学习中获得他们真正需要的东西，这和他们的期望是紧密相关的。这对英语阅读课程教学的启发是，一是要正确认识英语阅读的期望价值，二是要重视英语阅读目标难度的设计。当前，高校英语阅读课程在期望效能方面的不足之处如下：

英语阅读的期望价值模糊不清。根据弗鲁姆的理论，期望值指根据个人经验判断能够达到目标的把握程度。以英语精读课程为例，教师应该思考，通过对精读课本上极其有限的文章做庖丁解牛式的肢解分析能否帮助学生读懂各类英语考试阅读文章，提高阅读理解综合能力，以及是否能通过扩大英语阅读量来开阔学生视野、提高学生人文素养和从事各类涉及英语阅读的实践活动的能力。例如，《现代大学英语精读》（第二版）供大学二年级使用的第三、四册的所有课文中，就体裁和内容而言，与英语专业四八级、雅思托福等考试阅读题较为接近的篇目大约为 10 篇，约占总课文数量的 36%，不足一半。因此，对学习目的为在各类型英语考试阅读类题目中取得理想的分数的同学而言，英语精读课堂积极性和效价可能就会因为期望价值的模糊不清而打折扣。

英语阅读课程目标难度设计不够合理。以英语泛读课程为例，其设计宗旨为通过对学生进行略读、审读等阅读技巧的训练，以及对各类话题文章（主要为说明文）做阅读理解（主要是选择题）训练，达到提高阅读能力的目的。为了弥补阅读量不足的问题，教师通常会安排学生阅读名著（或名著简写本）。但读本的选择往往依据惯例或教师个人喜好而定，导致这些名著（或名著简写本）的阅读难度和英语泛读乃至精读课程达到的难度在衔接性和互补性上有所脱节。例如，在语言基础以及人文素养不够深厚的大二学生中安排课外阅读《白鲸》（*Moby Dick*）（或其简写本）这样一部象征主义体系下的宗教内涵和精神世界异常丰富的作品，学生可能只能关注到其情节的惊险并学习语言知识，而难以体察作品更深层次的含义，尤其是宗教内涵。这样的课外辅助练习的难度设计就不够合理。

2.2 目标缺陷

洛克提出，激励大多是通过设置目标来实现的，目标具有极强的引导性。目标，尤其是相对困难但又可以实现的目标，一旦设定明确，能使学生产生更高的学习绩效。

目标一般可分为短期目标和中长期目标。短期目标的实现可使学生较早地看到自己的进步，了解自己的付出和学业进步的关系，从而产生不断进取以实现下一阶段目标的动力。如果实现目标所需时间太长，学生会觉得该目标很难达到，从而挫伤积极性。所以在为学生制订英语阅读学习目标时，应将短期和中长期目标相结合，并将中长期目标分解成阶段性目标。通过调整目标难度、提高目标的针对性，提升目标的达成率，提高学生学习的自信心（李爽，2012）。

而在当前高校英语阅读课程中，首先，课程目标设置缺少阶段性的分解。学生在长达几个月的学习过程中往往缺乏足够明确的目标来激励自己。日常教学中，教师可能会设立课外目标，如听写单词或者安排学生进行演讲，但这些目标和阅读的核心——文本——关联不大，导致学生对课文的学习变成了纯粹的语言学习，课文承载的人文社科意义被稀释掉了。因此，在学期开始至期末考核之间阶段性目标的缺失导致学习过程激励性不足，从而影响学生学习动力，造成考前突击等不良学习习惯。为了弥补这种阶段性目标的缺失，很多学习类 App 会通过日常打卡获取积分以及提供日常反馈之类的方式为学习设立阶段性目标，很多不爱参与课堂学习的学生反而热衷于参加这类打卡活动。游戏机制即时反馈的特点恰好满足了学生对阶段性目标达成的渴望，这值得课程改革借鉴。其次，阅读课程人文社科类文章占多数，为满足学生实践活动需要而开展的课外活动又严重不足，这就导致追求实用性，希望通过英语了解其他领域知识的学生所学的语言知识短期内无法应用于实际，难以收获正反馈。

2.3 强化缺陷

根据斯金纳的强化理论，如果学习行为的后果有利于学生，他们就会重复这种行为；否则，就会减弱或停止这种行为。即，正强化或负强化可影响行为后果。学生的学习动机通常受其想要实现个人前途的动力影响，包含通过特定考试、获得特定荣誉、出国深造以及实现良好就业等（李晶，孟艳丽，2013）。而学生的动力不足以维持学习过程的高效用，因此教师需要运用强化和惩罚手段施加足够的正强化或负强化来保持和强化学生的学习行为。

根据凯勒的激励设计（ARCS）模型制作的动机特征分析表，“使用赞扬的言语、实物或象征性的奖品和激励，或让学习者公开展示其学习成果”有助于对学习者的学习成功进行强化（Kormos，2013）。而根据沃尔德果斯（Wlodkowsk）的时间连续模型，激励策略的实施方法非常重要，教师应对学生的学习情况提供持续反馈，并用个性化评语来有效地激励学生。

据此，当前英语阅读类课程在强化方面存在的缺陷主要有以下几类：

缺乏个性化的辅助练习资料（文字和视频资料）和活动来持续性地强化学生学习行为。几乎所有学生都须完成几乎同样的课堂和课外练习，如以英语能力考试为导向的练习题，与课文话题相关的口头表达练习题和书面练习题，以及虽不是考试考察范围，但被广泛采用的练习方式（如背诵特定选段等）。这就导致某些不擅长某一练习模式的学生无法持续获得正强化，学习动机减弱。

缺乏分阶段设立的任务。例如英语泛读课堂在完成文章阅读和单项选择题后，似乎阅读任务就算完成。应对英语泛读设立分阶段的任务，从最基础的词句练习，到结合文章内容的词句理解，到段落理解和赏析，到文章内容的深入挖掘，到最后使学生写作能力和人文科技素养得到提高。这种正强化应当贯穿英语阅读始终而非浅尝辄止。

缺乏负强化。根据强化理论，应以正强化为主，负强化为辅，效果才能达到最好。但实际上，负强化的缺乏会滋生学生的学习惰性。特别是在学校期中期末考试出题难度偏低，题目科学性、严谨性不够，评分上“照顾”学生的背景下，在教学过程中适当增加负强化，能有效避免学生因为通过考试难度较低而滋生的学习惰性。

3 过程型激励理论指导下英语专业阅读类课程改革理念

3.1 “主题为先”使学习期望清晰化

根据PennyUr的观点，语言教学课堂活动应以主题（topic）为中心，避免为了学习语言本身而学语言。课堂内容越接近学生实际生活，越能提高学生的兴趣。教师应尽量从课文中挖掘出这样的主题，根据主题设计各类教学活动，布置各类学习任务，从而达到激发学生学习兴趣的目的，使他们能够感到学习就来自生活，学能有所用，且依靠自己目前的能力和知识积累是能够完成各类课堂内外任务的，从而使其学习期望更加清晰。

主题的挖掘和相关教学活动的开展要注意相关性（Relevance），即应开展那些学生熟悉的且与他们已有的知识结构相匹配的活动以减轻学习焦虑，让学生在熟悉的话题和语境中更有效地完成任务。

3.2 教学活动与学生已有知识结构进行匹配以弥补目标缺陷

例如，《现代大学英语精读》（第二版）第四册第九单元的文章"The Damned Human Race"是马克·吐温所著关于人类劣根性及其产生根源的一篇讽刺随笔，教师可以以"人性的丑陋"为主题，结合学生在中学阶段学习的中文课文《竞选州长》（作者同为马克·吐温），对这两篇文章的写作特色和思想内涵做更深入的分析。学生中学阶段已经深入分析过《竞选州长》的中文版课文，具备相应的知识框架，更容易领会"The Damned Human Race"蕴含的深意；反过来，这篇英文课文的学习，也能帮助学生加深对《竞选州长》的理解，达到知识结构互补的效果。这样的课堂活动基于学生已有的语境以及知识结构开展，阅读材料是学生感兴趣且适合其知识水平的，有助于提高学生的获得感，使得学生对自己的学习产生更高的期望值。

又例如，《现代大学英语》（第二版）精读第二册第十单元"Pompeii"这篇文章描写了庞贝火山爆发之后庞贝城的惨状以及灾难给人类带来的教训。教师可以让学生将这样的主题和中国历史上发生的巨大灾难进行联系，例如汶川地震或唐山大地震。由于学生对这样的历史背景是比较了解的，教师可以开展以下活动，如进行与汶川地震或者唐山大地震相关的拓展阅读训练，巩固练习"Pompeii"一文中的语言素材，同时能够使学生接受包含爱国主义教育在内的人文主义教育，使课堂内外得到有效衔接。

仅仅凭借课本上有限的课文阅读是远远达不到学生需要的阅读量的，合理且充实的课外阅读必不可少。外研社给这本《现代大学英语》精读课本配套的同步阅读教材当中的文章在语言难度上和精读教材有较大差异，内容相关度也比较低。根据期望理论，课外阅读教材应该在语言难度以及内容上和课堂所用教材尽量保持一致，这样学生在学完课堂内容之后，能够使用课堂学到的语言知识和人文社科知识更好地理解课外阅读文本，利用这样的“互文性”收获更多期望效价和正反馈。

3.3 分层次设计教学活动

根据斯金纳提出的“程序教学”理念，教师应将针对知识点开展的任务细分为多层次且循序渐进的任务，使得学生每次的学习量和任务量适中，学习活动能够持续开展，获得持续的正强化。为此，教师应该首先设计好学生应解决的终极任务，如根据阅读获得的信息写出课文概要，根据课文内容进行类似话题仿写，或使用课文所学语言素材进行翻译等输出活动。然后，教师再梳理出要完成这些任务，学生需要掌握哪些知识，以及掌握到何种程度，例如哪些课文单词应该作为主动词语详细讲解，哪些单词只需作为认知词语让学生自学，某种学生已经学过的语法现象会不会对完成终极任务构成障碍等，无须所有知识点面面俱到。接着根据这样的分析，倒推出上一项相对难度更低的阶段性任务，以此类推，直到设计出所有任务。教师让学生先完成最基础的学习任务，循序渐进完成剩余任务，最终达到解决终极任务的目标。这样一来，低水平的学生能够从初始阶段的学习活动中持续获得正强化，高水平的学生也能通过完成终极任务活动获得正强化。在这方面做得比较好的教材是《新概念英语》。每篇课文之后的练习从最简单的词汇练习、句型练习、段落练习、课文理解到最后的诸如写课文概要以及仿写和大型写作等活动都是循序渐进的，而且学生通过前面所有的关于单词短语句型的语言输入练习学到的语言知识都可以应用于最终的大型语言输出活动。

3.4 丰富课外扩展阅读设计

学校应该组织各专业方向的优秀教师展开顶层调研和顶层设计，为英语专业学生制定丰富的课外拓展和实践活动，使得学生在课堂所学到的知识能够得到应用；丰富课堂内外的实践活动，记录学生在这些实践活动中的实际学习效果，为下一步的课堂教学的改进和实践内容的优化提供理论基础。学生可通过实践活动，特别是与其职业发展高度相关的实践活动，更加准确地了解自己的学习动机类型，教师可通过学生实践活动提供的反馈提升课程实用性，以激励学生的学习动机（谷胜利，2015）。

3.5 加强应用型英语阅读的质与量

如果说英语精读课的主要任务是为学生打下良好的英语语言基础，提高学生的文学审美能力，拓展人文社科知识面，那么加强应用型英语阅读的任务就落在了英语泛读课的身上。民办应用型高校英语专业毕业生能否熟练阅读应用型英语文章并学习能应用于实践的知识是非常重要的。然而，当前的英语泛读课程过度强调考试技巧训练，忽略了对应用型文章的深度学习，包括通过阅读应用型文章来学习具体某门学科的知识。因此，在课本知识教授之外，学校应该组织力量，多找一些适合学生阅读的来自真实实践环境的阅读材料（对于商科专业或商务英语专业学生尤其如此，因为商科环境的阅读材料大量存在），并且根据学生的专业方向和兴趣编撰相关的课外阅读资料，出版更适用于本校学生和老师的教材。比如，以教育为专业方向的学生完全可以在本科阶段就大量阅读教育学相关的原著，然后根据阅读掌握的知识和技能开展诸如中小学英语戏剧课、英语演讲课、英语课堂教案撰写来巩固专业方向知识和英语能力。又比如，商务英语专业的学生可以通过研读国外公司的商业报告、模拟跨境交易、设计商业英文文案、模拟创业等课外实践活动来锻炼自己的语言能力和实践技巧。

4 结语

本文所探讨的各种过程型激励理论如图 1 所示：

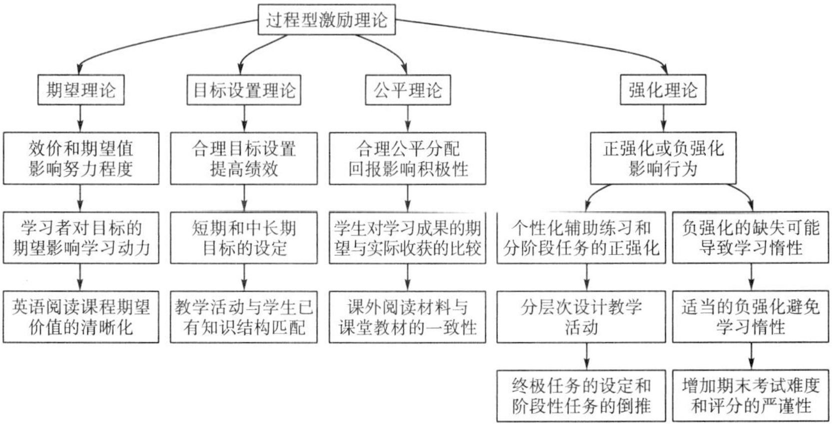

图 1　过程性激励理论

本文主要探讨了民办高等院校英语专业学生学习动力不足的问题，并从过程型激励理论出发，提出了改进英语专业阅读课程的措施。文章首先指出，学习动力不足主要源于激励程度不够和学习方法低效，这在外语类专业尤为明显。其次，文章分析了过程型激励理论的四个组成部分——期望理论、目标设置理论、公平理论和强化理论，并指出这些理论在英语阅读课程中的应用不足。再次，文章指出了民办应用型大学英语阅读课程在激励方面的三个主要缺陷——期望缺陷、目标缺陷和强化缺陷，提出了基于过程型激励理论的课程改革理念，包括：

1. “主题为先”，使学习期望清晰化，通过主题中心的教学活动激发学生兴趣。

2. 教学活动与学生已有知识结构匹配，以弥补目标缺陷，如结合中学阶段所学内容进行深入分析。

3. 分层次设计教学活动，循序渐进地设计任务。

4. 丰富课外扩展阅读设计，组织专业师资进行顶层设计，提供丰富的实践活动。

5. 加强应用型英语阅读的质与量，提供真实实践环境的阅读材料，编撰适合学生的教材。

最后，文章得出结论，改进英语专业阅读课程的教学方法和激励机制，可以有效提高学生的学习动力和成绩，增强英语应用能力。

参考文献：

初明雪，2012. 当前大学生英语学习动机现状及激发策略［J］. 中国成人教育（4）：49－50.

高倩，2012. 基于过程型激励理论的大学英语教学激励手段研究［J］. 陕西教育（高教版）（10）：44＋63.

谷胜利，2015. 基于期望激励理论的专业英语教学效果研究［J］. 大学教育（2）：8－9.

李晶，孟艳丽，2013. 英语专业大学生英语学习动机的实证研究［J］. 黑龙江高教研究（7）：181－184.

李爽，2012. 独立学院教学管理激励理论比较研究［J］. 人民论坛（32）：200－201.

大学英语教育教学

后方法论视角下的微信翻转课堂研究

邹　明　王　龙

成都工业学院外国语学院

摘　要：本文探讨后方法论视角下的微信翻转课堂教学设计和实践。随着数字技术越发普及，微信翻转课堂作为一种灵活的教学模式正引起广泛关注。美籍印度裔著名学者库玛提出的后方法论为语言教学提供了新的视野。本文首先阐释后方法论的核心观点，分析微信翻转课堂的技术特征和教学优势；接着探究微信翻转课堂如何体现后方法论的理念，包括教师和学习者的自主性、学习的社会文化属性、对学习过程的关注等。通过实例分析，本文对微信翻转课堂的设计进行界定。最后，文章强调后方法论对微信翻转课堂设计的指导意义，为具体教学实践提供支撑。

关键词：后方法论；微信平台；翻转课堂

1　引言

随着数字技术在现代语言教学中的广泛应用，利用微信平台建立翻转课堂成为一种可能，其灵活的教学模式受到广泛关注。如何正确运用语言教学理论指导翻转课堂教学，发挥其应有的教学效能，是外语教师需要思考的问题。美籍印度裔著名学者库玛（Kumaravadivelu）在 20 世纪 90 年代提出的后方法论为语言教学提供了重要的反思视角和理论依据。本文拟通过阐释后方法论的核心观点，分析微信翻转课堂的特征，探讨二者的契合关系，以期厘清后方法论如何为微信翻转课堂的设计提供理论指导，从而实现更好的教学效能。

2 后方法论的核心观点

后方法是与后现代、后殖民、后国家和后传播并列的理论之一，它们都是对先前相关理论的反思和解构，为认识老问题提供新视角。外语教学中的“后方法”（post-method pedagogy）指的是20世纪中后期以来西方外语教学研究中出现的从根本上超越传统教学法概念的一种外语教学思想，其理论主张见于普拉布（Prabhu，1990）、斯坦恩（Stern，1992）、布朗（Brown，1991）、库玛（Kumaravadivelu，1992，1994，2001，2003）等学者的论著中，美籍印度裔学者、圣荷西州立大学应用语言学库玛教授为理论集大成者。

库玛认为，传统教学法过于注重技术而忽略了语言学习中的认知、社会、文化等深层因素。他主张语言教学应关注学习过程，强调在具体语言环境中进行教学，而非仅基于预设的规则或方法。库玛提倡教师发挥自主判断，而非被动遵循教学法（Kumaravadivelu，2001）。在这一思想指导下，语言教学原则包括重视教师自主性、强调社会文化认知、关注学习者主体性和批判思维。他提出的“后方法”核心理念包括“学习者自主”和“教师赋权”等内容，鼓励将理论融入实践。后方法不谋求最优教学法，而是基于语境的教学主张和宏观策略，强调教学的语境化、教师主体性和社会政治力量的重要性。这一开放、动态的理论框架通过“特殊性”“实用性”“可能性”三个维度构建，其中，“特殊性”强调环境敏感，这种敏感建立在对当地语言、社会文化和政治特性的正确理解上；“实用性”批判“专家主导教师实践”的传统研究范式，赋权语言教师在理论研究与实践教学中发挥主体性；“可能性”强调语言意识形态，要求教师和学生关注语言教育的社会影响和价值。

在当今数字化学习环境下，后方法论为大学英语课程提供了宝贵的改革思路。一方面，它支持语言教师利用数字技术开发语言学习资源；另一方面，它鼓励通过数字技术探索新兴的教学模式，如翻转课堂、混合式教学等，以确保外语课程的可持续发展。总的来说，后方法论超越了传统语言教学法的局限，是当代语言教学研究领域中一个富有开拓精神与应用价值的理论，为语言教学理论与实践的深入融合提供了可能的路径。

3 微信翻转课堂如何体现和拓展后方法论理念

翻转课堂的核心思想是把传统的课堂知识摄入过程“翻转”过来，学生自主地先在课前通过观看视频、在线学习等方式掌握知识。到了课堂上，主要活动改为师生讨论、互动合作、问题解决等，以加深理解、内化知识。老师的角色从知识传授者转变为学习过程的提问者、助手和指导者，实现从“注入式教学”向“启发式教学”的转变。这种模式可以增强学生的学习兴趣，改善学习效果。翻转课堂并不是简单地让学生观看微课件，而是要在互动和启发中促进学生主动学习、独立思考和合作精神的养成。这对教与学的理念和方式都提出了新的要求。除了前文提到的三大框架，库玛在《超越教学法：语言教学的宏观策略》一书中具体指出了教学实践参考的十大宏观策略，旨在推动语言教学研究与实践超越传统的方法论的束缚，因时因地因人地开展外语教学。以我校“英语报刊阅读”课程为例，微信翻转课堂在设计和实践中可充分体现后方法论的核心理念：

（1）学习机会最大化：提供不同主题的文章或课外阅读，涉及文化、科技、社会等多个领域，设计概述文章、撰写简评等任务以激发学习兴趣；

（2）最小化感知失配的影响：根据学生语言水平选择恰当的多媒体素材，确保适应性。提供辅助工具，如生词表、背景介绍，帮助学生理解；

（3）促进协商式互动：通过微信的群聊、小组、投票等功能，分享对文章的看法。定期组织线上讨论，提高学生的语言交际能力和思维能力。

（4）增强学习者的自主性：鼓励学生选择特定的主题进行深入研读，提供自主学习任务，如自选评论或者相关话题讨论；

（5）培养语言意识：引导学生关注英语报刊中的独特表达方式和语言风格，分析文章结构和语言特点，培养学生对语言的敏感性。

（6）启发学习者语感直觉：通过音视频、图文等形式，让学生接触更多的真实语料和语用环境，形成语感和直觉。

（7）最大化语境语言输入：将英语报刊的文章融入真实语境，如通过相关视频展示或讨论课，提供与文章相关的信息，帮助学生更好地理解语境。

（8）整合语言技能：结合英语报刊的阅读内容，设计听力、口语、写作等多方面的任务，鼓励学生活学活用。

（9）加强社会关联性：建立学习社群，促使学生在微信群组中分享观点、交流学习心得，加强社会关联，增强学生的参与意识和责任感。

（10）增进文化意识：选择英语报刊中涉及文化差异的文章，增进学生对不同文化的认知，定期组织文化交流活动，拓展学生的国际视野。

通过上述教学设计和课堂实践，微信翻转课堂在内涵和形式上都与后方法论的理念高度契合，教学呈现出多元化、个性化、弹性化的可能。

4 微信翻转课堂的技术特征与教学优势

微信翻转课堂在技术特征上支持多元化的教学形式，这与多模态（Multimodality）理论（Kress，2010）相当契合。该理论强调不同模态，包括语言、图像、音频和视频等，共同构建了新的数字化符号系统，为个体学习需求提供了更丰富的实现形式。通过整合这些模态，微信翻转课堂提供了一种综合性的学习体验，从而更好地满足多样化的学习偏好和能力。值得注意的是，微信翻转课堂还能借助其即时通信和云存储功能实现学习数据的采集与分析。这符合现代教育的数据驱动决策趋势。因此，微信翻转课堂不仅是一个教学平台，更是一个促进教学反馈和改进的信息化工具。

4.1 技术特征

（1）多媒体教学内容：微信翻转课堂包括丰富的多媒体教学内容，如图文、音视频、互动小组等。多媒体教学能够更好地满足不同学生的学习方式和需求，促进知识的吸收和理解程度。

（2）即时互动与讨论：通过微信平台，学生可以全时空地参与教学内容的讨论。老师设计问题，学生可以通过评论、群聊等形式进行即时回应，促进学生之间的互动交流，加大学习的深度和广度。

（3）在线测验和作业：HTML5 矢量标志是一种基于 HTML5 技术的动态图形，可以在微信公众号上嵌入各种互动元素，如按钮、输入框、选择框等。教师利用矢量标志，制作各种形式的在线测验和作业，学生在提交作业后可直接观看到正确答案。教师还可设置其他在线测验和作业，这些方式不仅可加深学生对学科知识的理解和掌握程度，也方便教师对学习情况的实时监测。

（4）资源共享和合作：微信平台为教学资源的共享提供了便利。师生可以分享课程资料、学习资源、学习心得，促进合作与交流。

（5）简单方便：相对于其他自主学习课程，微信翻转课堂的最大优势之一在于其操作的便利性，学习者无须下载其他应用程序，可免费使用微信平台。

4.2 教学优势

（1）个性化学习：微信翻转课堂通过多样化的教学内容和形式，允许学生根据自身情况进行学习安排。这种个性化的学习方式有助于激发学生的学习兴趣，提高学习效果。

（2）实时反馈与调整：通过学生的互动、作业提交等，教师可以及时获取学生学习的反馈信息。这为教学调整和优化提供了有力支持，确保教学内容更贴近学生需求。

（3）拓展学科视野：微信翻转课堂的资源共享和合作特性，有助于学生拓展学科视野，获取更广泛的知识。这培养了学生的团队协作精神和综合素养。

5 基于后方法论的微信翻转课堂设计

近年来，研究者们对微信翻转课堂的研究取得显著进展。比如，孟凡立和陈琳（2014）探索利用微信建构新型学习空间的可能性并提出相关技术路线；山峰等人（2015）认为微型学习是教学资源、教学模式、协作活动、支持服务等要素完整的学习过程；李成恩（2015）阐述了如何构建微信翻转课堂，对课中互动机制、个性化支持、课后评价、学习数据分析等都提出了中肯的建议。然而，现有研究仍存在一些局限性。首先，对学习者自主性的培养尚未得到充分重视；其次，如何有效整合丰富的学习资源仍是一个挑战；再者，知识内化和协作学习的有机结合也有待深入探讨。本文在前人工作的基础上，构建了一个“六维一体”的微信翻转课堂设计模型，旨在实现自主学习、资源丰富、知识内化、协作取向的一体化指导。

（1）自主性维度：这一维度下，教师鼓励学生在学习过程中展现主动性，通过微信平台自主选择学习内容和路径。后方法论强调学生的自主性，因此在设计中，我们注重在保持教学目标的前提下，激发学生自主学习的动力。

（2）适用性维度：适用性维度着眼于微信翻转课堂设计的实际应用。考虑到不同学科和学生群体的差异性，设计的课堂应具有一定的灵活性，能够因材施教。后方法论的特殊性参数为微信翻转课堂的差异化设计提供了理论支持，使得课程更贴近实际应用场景。

（3）资源丰富性维度：资源的丰富性对于教学至关重要。微信移动课堂设计应当充分利用各类数字资源，包括图文、音频、视频等多媒体形式呈现的资源，以提供更为丰富的学习体验。后方法论的实用性参数为资源的充分利用提供了理论依据，强调在设计中要注重实际操作，确保资源的高质量和多样性。

（4）交互协作性维度：微信翻转课堂强调学生在学习中的交互和协作，交互协作性维度成为设计的关键。通过微信平台的社交功能，学生可以在课堂内外进行实时交流和协作学习。后方法论注重学习的社会文化属性，因此在设计中我们将学生间的互动纳入核心考虑，倡导通过协作学习提高整体学习效果。

（5）内化建构性维度：内化建构性维度关注知识的内化过程，即学生将学到的知识融会贯通。微信翻转课堂设计应当注重引导学生通过实际操作和讨论，将知识内化入自己的思维体系。后方法论关注学习过程的核心理念与这一维度高度契合，提倡在设计中注重学生对知识的深层理解。

（6）批判性维度：库玛指出学术自主使学习者为达成目标使用策略，自由自主又使其为激发潜能成为批判性的思考者（Kumaravadivelu，2003）。在设计中我们将批判性思维作为重要目标之一。

通过六个维度的有机整合，形成了一个全面且具体的微信翻转课堂设计指导框架。由此，教师可以更好地发挥微信平台的优势，实现教学目标的多样化。这不仅有助于提高教学实效，同时也为学生提供了更为灵活且个性化的学习体验。在后方法论的指导下，微信翻转课堂设计模型有望为语言教学注入新的活力。

6 具体教学实践

6.1 主要内容

本课题通过技术手段努力做到以下三个融合。(1) 资源的融合：线下教材与线上 H5 web 课件（将提高交际能力融入知识获取）融合；(2) 教法的融合：比如 PPP/ESA（传统教学）与 PWP（任务型教学）融合；(3) 适合特定情况的各种教学方法与学法的融合：固定课堂与 H5 随身微播课融合（整合学习者不同语言技能的训练）。采用微信公众平台 HTML5 超文本标记语言的特性，以跨平台 web 页面的形式，将课程做成便捷的网络翻转课件，为枯燥的课文文字配上图、音、补、解的多元讲练，基本实现全时空互动，结合现实课堂讨论，实现高效的翻转教学目标。同时总结和借鉴“移动互联网+翻转课堂”在我国教育教学实践过程中形成的理论、经验，开发和构建适应我国国情和当代学习者需要的大学英语移动教育和学习模式，深度挖掘微信平台潜力，使移动学习和翻转课堂实现有效对接。主要内容如下：

(1) 基于前人的研究成果，通过对相关理论的分析、梳理和研究，设计和开发大学英语类课程的翻转课堂与微信平台的契合点；

(2) 对传统的翻转课堂、基于其他学习平台的翻转课堂、基于微信平台的翻转课堂进行比较，得出微信平台得天独厚的学习载体优势；

(3) 以我校大学英语类课程为范围，开发制作“大学英语”（基础)、“跨文化交际”、“英语报刊阅读”三门课程的翻转课堂网络/手机课件。

其思维导图见图 1：

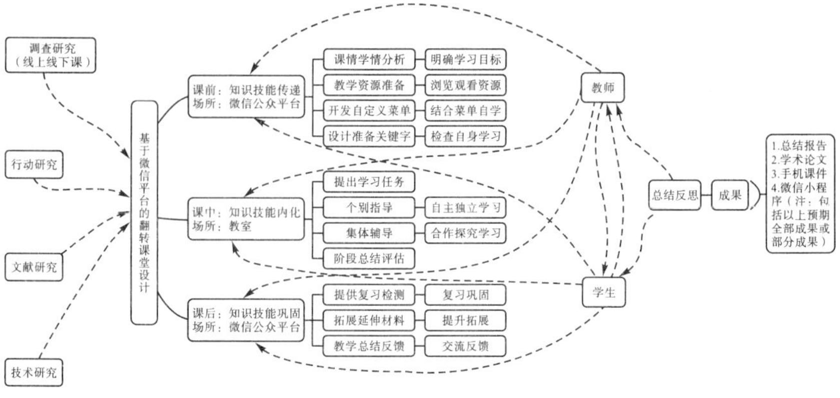

图 1　思维导图

6.2　基于后方法论的微信翻转课堂运用方式

利用微信平台提供课前预习、课堂互动和课后复习的支持，实现知识的传播和内化。具体运用可以分为以下几个步骤：

课前，教师根据教学目标和内容，设计和制作多元化的教学资源，通过微信公众号、群聊、小程序等功能发布给学生，要求学生自主学习和掌握基础知识，并通过微信完成相关的作业或测试，检测学习效果。教师通过微信管理平台收集和分析学生的学习数据，为课堂教学做好准备。

课堂上，教师根据学生的学习情况，有针对性地进行迷你讲座、答疑解惑、案例分析、讨论辩论、项目设计等教学活动，促进学生对知识的深入理解和应用，培养学生的批判性思维和创新能力。教师通过微信的音视频、图片、文字等功能，增加课堂的互动性和趣味性，激发学生的学习动力。

课后，教师通过微信向学生发送与课堂教学内容相关的拓展性、反思性的学习资源，如文章、视频、音频等，要求学生在家进行自主探究、反思提高，巩固内化知识。教师通过微信对学生的学习进行评价和反馈，指导学生进行学习规划和目标设定，提升学生的自主学习能力和终身学习意识。

6.3　效果验证

为验证本课题，授课教师构建并维护了两个微信公众号：

CreativeLearner 和 DeepThinker，制作随行课堂，面向我校学生和公众，发布各种资源和具体学习要求。

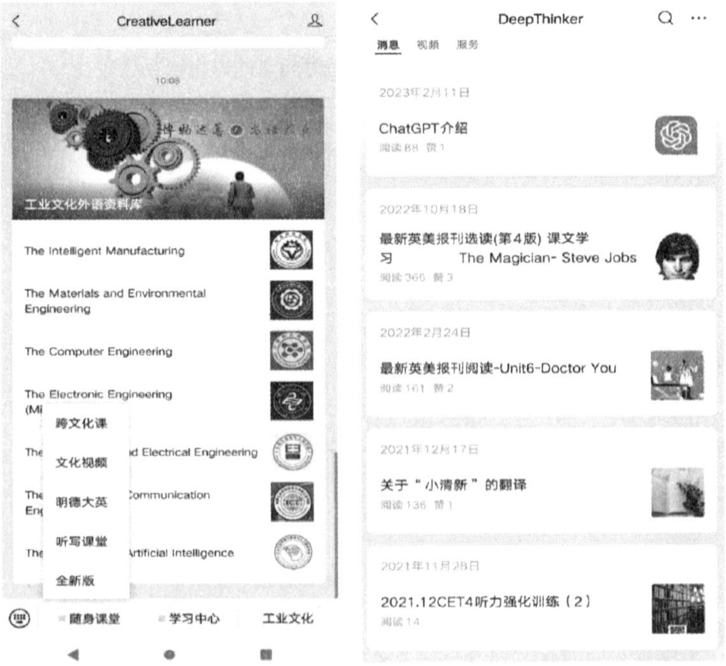

图 2　笔者自办 CreativeLearner 和 DeepThinker 微信公众号截图

随机挑选两个 2021 级“跨文化交际”拓展班学生，分为实验组（1 班）和对照组（2 班），每组 60 人。实验组进行为期一学期的基于后方法论的微信翻转课堂学习，对照组接受传统面对面授课。主要结果如下。

（1）学业成绩测评：在听力、口语、阅读和写作四个方面，实验组的平均成绩明显高于对照组，差异显著（$p<0.05$）（见表 1）。

表 1　实验组和对照组在听力、口语、阅读和写作四个方面的成绩比较

方面	实验组均值（标准差）	对照组均值（标准差）	F 值	p 值	效应量
听力	85.3（2.4）	79.6（2.7）	8.2	0.01	0.12
口语	82.4（2.1）	76.8（2.6）	9.4	0.01	0.14
阅读	84.2（2.3）	78.9（2.8）	7.6	0.01	0.11
写作	81.7（2.2）	76.5（2.9）	6.8	0.01	0.10

（2）语言学习效果测试：前、中、后期的语言水平测试结果显示，实验组在每个时间点的语言水平均显著高于对照组，差异均达到显著水平（$p<0.05$）（见表 2）。

表 2　实验组和对照组在不同时间点的语言水平比较

时间点	方面	实验组均值（标准差）	对照组均值（标准差）	F 值	p 值	效应量
前期	听力	22.3（1.9）	21.8（2.0）	4.2	0.04	0.07
	口语	20.4（1.8）	19.6（2.1）	5.6	0.02	0.09
	阅读	21.2（1.7）	20.7（1.9）	3.8	0.05	0.06
	写作	18.5（1.6）	17.7（1.8）	6.4	0.01	0.10
中期	听力	25.6（2.1）	23.4（2.3）	7.2	0.01	0.11
	口语	23.8（2.0）	21.6（2.2）	8.4	0.01	0.13
	阅读	24.7（1.9）	22.5（2.1）	6.8	0.01	0.10
	写作	21.4（1.8）	19.3（2.0）	9.6	0.01	0.15
后期	听力	28.9（2.3）	26.2（2.5）	8.6	0.01	0.13
	口语	27.1（2.2）	24.4（2.4）	9.8	0.01	0.15
	阅读	27.8（2.1）	25.1（2.3）	7.4	0.01	0.11
	写作	24.8（2.0）	22.2（2.2）	10.2	0.01	0.16

（3）学习体验调查：学习体验调查结果显示，实验组在参与度、满意度、学习动机、自主性、互动性、反馈性等方面的评价都明显高于对照组。实验组满意度达到 85%，对照组为 67%。

以上数据表明，基于后方法论的微信翻转课堂对学业成绩和语言学习效果产生了积极影响，学生对学习体验也更满意。这些结果为后方法论在教学实践中的应用提供了有力的支持。通过这些具体数据，研究提供了翔实的证据，展示了基于后方法论的微信翻转课堂在学业成绩、语言水平和学习体验等方面的提升作用。当然，也应看到微信平台课程建设需要教师个人投入大量时间精力，运营维护压力较大，就研究而言，样本可能不足，周期较短，数据采集存在一定局限性，这都需要在今后继续完善。

7 结语

本文对基于后方法论的微信翻转课堂教学设计进行探讨，旨在为语言教学提供一种可能性。微信翻转课堂作为一种新兴教学模式，与后方法论的核心观点相契合，在教学设计上具有广阔的发展空间。理论指导下的实践创新是推动语言教学在新环境中持续发展的关键。后方法论为我们提供了宝贵的反思视角，而微信翻转课堂等新技术为这些理念的实践提供了新的可能。我们应在继承传统理论的基础上，通过反思性应用促进新技术更好地为教学服务，不断提升教学效果。

参考文献：

郭华峰，梅成才，2015. 基于微信公众平台的微课移动学习平台设计［J］. 中国教育信息化（1）：82－84.

库玛，2017. 文化全球化与语言教育［M］. 邵滨，译. 北京：北京语言大学出版社.

李成恩，2015. 基于微信公众平台的翻转课堂教学模式在高等教育中的应用探究［D］. 重庆：重庆师范大学.

孟凡立，陈琳，2014. 基于微信公众平台的移动学习空间构建研究［J］. 现代教育技术（10）：19－25.

山峰，檀晓红，薛可，2015. 基于微信公众平台的移动微型学习实证研究——以“数据结构公众平台”为例［J］. 开放教育研究（1）：97－104.

徐梅丹，兰国帅，张一春，等，2015. 构建基于微信公众平台的混合学习模式［J］. 中国远程教育（4）：36－42＋62＋80.

CHEN Y，WANG Y，CHEN N S，2014. Is FLIP enough? Or should we use the FLIPPED model instead?［J］. Computers & education（79）：16－17.

FRANQUERIA V N L，TUNNICLIFF P，2015. To flip or not to flip：a critical interpretive synthesis of flipped teaching［C］// Smart education and smart e-learning：57－67.

KRESS G，2010. Multimodality：a social semiotic approach to contemporary communication［M］. London：Routledge.

KUMARAVADIVELU B，2001. Beyond methods：macrostrategies for language teaching [M]. New Haven: Yale University Press.

KUMARAVADIVELU B, 2001. Toward a postmethod pedagogy [J]. TESOL quarterly (35): 537—560.

KUMARAVADIVELU B, 2006. Understanding language teaching: from method to postmethod [M]. London: Lawrence Erlbaum Associates.

NUNAN D, 2004. Task-based language teaching [M]. Cambridge: Cambridge University Press, 2004.

PRABHU N S, 1990. There is no best method—Why? [J]. TESOL quarterly (24): 161—176.

RICHARDS J C, 1991. Beyond training [M]. Cambridge: Cambridge University Press.

STERN H H, 1992. Issues and options in language teaching [M]. Oxford: Oxford University Press.

思政元素融入“人文英语”课程教学案例分析[①]

石　倩

成都信息工程大学外国语学院

摘　要：在思政教育进课堂的大背景下，兼具工具性和人文性的外语课程教学在立德树人和人文素养培养方面具有独特优势。本文以笔者所在高校开设的大学英语拓展类课程“人文英语”为例，结合当下所倡导的“文明互鉴”理念，分析如何挖掘课程中的思政元素，从中外文化对比的视角展开课程思政教学，在正确价值观引领下，提升学生的人文素养和思辨能力，增强学生家国情怀和文化自信。

关键词：课程思政；文化对比；人文素养；文化自信

1　引言

2020年，教育部印发了《高等学校课程思政建设指导纲要》，要求“所有课程都承担好育人责任”，“使各类课程与思政课程同向同行”[②]，“课程思政”成为高校思想政治工作的重要组成部分。具体而言，“课程思政是把‘立德树人’作为教育的根本任务，旨在‘挖掘其他课程和教学方式中蕴含的思想政治教育资源’（习近平，2019），将价值塑造、知

---

① 本文系成都信息工程大学本科教育教学研究与改革项目“‘文明互鉴’理念下‘人文英语’课程思政建设与实践”（项目编号：JYJG2023081）阶段性成果。

② 中华人民共和国教育部. 高等学校课程思政建设指导纲要［EB/OL］.（2020－06－01）［2024－01－28］. http://www.moe.gov.cn/srcsite/A08/s7056/202006/t20200603_462437.html?eqid=a2f7c9f80002888f0000000364269908.

识传授和能力培养三者融为一体，有效运用‘三全育人’协同机制的综合教育观念和实践”（向明友，2022）。我校“人文英语”作为大学英语拓展课，开设在大学生必修英语的最后一学期，旨在增益大学英语课程的人文性，培养学生的思辨能力，提升人文素养，在对学生进行思想政治教育方面也具有优势。

2 “人文英语”课程思政建设的理论依据

2020年修订的《大学英语教学指南》（以下简称《教学指南》）针对“课程定位与性质”明确提出：“大学英语需要在课程建设、教材编写、教学实施等各个环节充分挖掘其思想和情感资源，丰富其人文内涵。”“学生可通过英语学习了解国外的社会与文化，增进对不同文化的理解，加强对中外文化异同的认识”，“可培养学生对中国文化的理解和阐释能力，服务中国文化对外传播”。“大学英语教学应融入学校课程思政教学体系，使之在高等学校落实立德树人根本任务中发挥重要作用。”（教育部高等学校大学外语教学指导委员会，2020）2021年教育部高等学校大学外语教学指导委员会开始着手制定《大学外语课程思政教学指南》（以下简称《课程思政指南》）。《课程思政指南》结合大学外语课程特点制定了课程思政指导意见，提出将思想政治理论教育贯穿人才培养全过程，以爱党、爱国、爱社会主义、爱人民、爱集体为主线，围绕“政治认同、家国情怀、文化素养、宪法法治意识、道德修养”等课程思政重点，在大学外语中系统开展中国特色社会主义和中国梦教育、社会主义核心价值观教育、中华优秀传统文化教育等（向明友，2022）。

《教学指南》和《课程思政指南》为“人文英语”开展课程思政提供了重要指引。长期以来，大学英语课程在导入课程相关的人文知识时以介绍西方国家的风土人情为主，“中国本土文化却在他们接受的外语教育中严重‘失语’，……本土文化的缺失会导致外语教育失去多元文化知识和本土知识的传播，从而必然导致国际交流的失败”（沈骑，2019）。由此可见，大学英语教育亟待解决课程教育中的本土文化“失语”现象，注重大学生多元文化素养的培养。本校“人文英语”结合课程思政的要求，教师充分挖掘课程所蕴含的丰富思想文化内涵，加强学生对异域文化的了解和反思、对中国文化的理解与传承，培养学生的家国情怀和文化自信，有利于落实大学英语“立德树人”的根本任务，彰显大学英语课程对大学生价值塑造的使命。

3 “人文英语”课程思政建设的教学目标和内容重构

作为拓展课程，“人文英语”区别于基础板块的大学英语。根据课程思政的新要求，教师需要“接受新理念，树立新目标，重构教学内容”（刘正光，岳曼曼，2020）。2019 年，习近平总书记在出席亚洲文明对话大会时提出“文明因多样而交流，因交流而互鉴，因互鉴而发展”①，发出了推动文明发展的中国声音。“文明互鉴”理念要求我们在具备良好语言沟通能力的同时更具有国际视野，能够汇通中外文化，促进跨文化交流。“人文英语”既要体现对学生素质的培养从工具性到人文性的升华，又需要体现对塑造大学生价值观念的使命。结合课程思政的新要求，我们的教学目标设定如下：站稳中国立场，结合当下“文明互鉴”理念，通过中外文化对比视角，在课堂教学中将思政元素有效融入，带领学生通过听说读写译等课堂内外活动，拓宽国际视野，培养人文素养和思辨能力，提升学生的家国情怀和文化自信；在社会主义核心价值观的指引下，培养学生对中国文化的阐释能力和对外传播能力。

《人文英语教程》（第二版）作为教材，为大学生提供了广泛且典型的文本阅读素材，题材跨越古今，贯穿中西。教材每个单元聚焦一个主题，提供了相关的 4 篇阅读文本，其中仅一篇是关于中国的文章。从素材比例来看，西方文化明显重于中国文化。这就需要教师深挖教材，重构教学内容，平衡中国文化和西方文化的占比。当大学英语教材内容中没有明显的思政议题时，“需要我们从看似普通的语篇中挖掘思政元素，把思政教育融入我们的课程中……因为话语、语篇和课文都隐含着思政的内容，都反映了价值观”（黄国文，2020）。根据“立德树人”的基本内涵，我们可以在国家认同和政治认同的基础上重点挖掘“中国优秀传

---

① 习近平. 深化文明交流互鉴 共建亚洲命运共同体——在亚洲文明对话大会开幕式上的主旨演讲［EB/OL].（2019－05－15）［2024－01－28］. http://news.cnr.cn/native/gd/20190515/t20190515_524613486.shtml.

统文化、世界优秀文化、时代精神与人类命运共同体思想”（刘正光，岳曼曼，2020）三个层面的思政元素。通过中外文化对比，或进行文明互鉴，或批判性地分析不同的文化立场，培养学生的问题意识和思辨能力。

4 思政元素融入“人文英语”课程教学具体案例分析

课堂教学是实现课程思政的重要环节，下面结合“人文英语”课堂教学单元的主题和案例，分析在“文明互鉴”理念下，教师如何挖掘教材中蕴含的思政元素并融入中外文化对比，帮助学生形成思辨能力，以自信的文化观输出中国文化，讲好中国故事，培养学生的家国情怀和文化自信。

4.1 对比中西神话传说，追溯中华文明之根，探寻文化自信之源

神话传说作为人类早期最重要的文化产品，起源于民间，发展于信仰，传承于生活，把个人、集体、国家和民族联系在一起，提供了宝贵的精神财富，在建构民族文化中发挥着积极作用。在“神话传说”（Unit 1）单元教学中，教师通过带领学生阅读《圣经·创世纪》的章节、希腊神话故事、中国神话故事《大禹治水》，在语言方面积累英语习语和典故，同时对中西神话传说进行文化层面的对比和鉴赏，帮助他们理解西方文明，探讨中西文化差异，从语言学习过渡到文化探源。

通过对比，学生会发现各民族关于创世和人类起源的传说极其相似，在中西方的神话里人都是从泥土中创造出的，教师可暗示“人类命运共同体”的文化根源。在深入讨论时又发现中西创世神话的不同之处，影响了各自的民族精神和信仰。例如，学生们通过“亚当和夏娃偷吃禁果被上帝逐出伊甸园”了解了西方“原罪说”，发现西方文化信仰“性本恶”的根源，暗含了向自然过度索取会受到惩罚的意蕴。这与中国传统文化“人之初，性本善”的观念是不同的，中国文化一直力求与自然调和，到达天人合一的境界，由此发展出延续至今的中华民族的精神和信仰。

将希腊神话与中国神话对比，也可看出差异。受海洋文化影响，希腊神话中众多的神和英雄的征服与冒险行为，显示出其正义、勇敢、忍耐、诚实等重要品质。而受内陆文明和大河文明影响，中国神话故事反映出中国人安土重迁，偏于保守、稳定、和谐，重视道德规范的民族性格。有了对比，学生在复述《大禹治水》时会有意识地表达一些细节。如："Yu refused to go in the door, saying that as the flood was rendering countless numbers of people homeless, he could not rest."（禹公而忘私，以民为本。）"Instead of directly damming the rivers' flow, Yu made a system of irrigation canal which relieved floodwater into field successfully."（禹因势利导，科学治水，终得成功。）学生也借"愚公移山"的故事赞扬了西部开发中人们开山筑路不畏艰险的精神。由此可见，中国神话传说体现出中华儿女在复杂环境中克服困难、追求美好生活的精神和不畏艰难、敢于创新的信心。通过中西神话的对比学习，学生能正确认识西方的文化价值观，更会有意识地发掘中国神话传说中的文化基因，从中汲取精华，继续勇于追求，勤劳奋斗，为实现中华民族的伟大复兴贡献力量。

4.2 对比历史重要事件，培养家国情怀，增强理论自信、道路自信

"Moments in History"（Unit 2）聚焦历史事件，课堂完成文章的阅读、讨论和汉译英任务，并发掘历史事件的当代意义。课堂限时阅读"Renaissance"，教师首先利用思维导图引导学生寻读，快速找到文艺复兴运动产生的原因、起源地、主要思想、代表人物以及对欧洲现代文明开启的意义等文化常识，再引导学生思考中国传统文化思想和人文主义的关系，培养学生的问题意识和思辨能力。通过设计汉译英练习"百家争鸣"，既帮助学生提升语言运用能力，又拓展学生思维去发掘中国传统思想文化内涵。文艺复兴运动中"人文主义"思想蓬勃发展，使欧洲摆脱了中世界的黑暗，挣脱了宗教对思想的桎梏，开启了欧洲现代文明。"百家争鸣"时代的儒家、道家等哲学思想，至今仍深刻地影响着整个中华民族，影响着中国人的品性，是我们宝贵的思想遗产。学生分享对儒家思想的理解，如："Benevolence（仁）means love and compassion for people and to avoid harm or envy towards anyone."

“Integrity（信）is about honesty. Your action matches your words and your thoughts.”可见，中华民族一直就是“以人为本”，讲求要取信于人，一直体现着“人文主义”的思想观。而诸如仁义礼智信、孝道等传统道德的精华也是新时代社会主义核心价值观的基础，具有现实意义。

阅读“Early Settlements in America”时，教师指导学生总结出文章“以时间发展和事件转折为线索”来介绍“美国的早期殖民地建立”并关注其中的重要历史事件及人文知识如“Puritan，Pilgrim，Mayflower Compact”等，从积累文化专有词层面加深了对语言和文化潜在关联的认识。在进行语篇内容讨论时，教师引导学生客观看待历史事件，殖民地的形成帮助部分人实现了“美国梦”，但伴随着对原住民印第安人领地的入侵和对第安人的残酷屠杀，因此这是一部血淋淋的历史。长久以来，“美国梦”被作为很多移民追求成功的代名词和美国精神文化的缩影。在课堂教学中，教师借此引导学生比较“美国梦”和“中国梦”。“美国梦”很大程度是个人价值的实现和个人利益的满足，这种对个人价值和成功高度肯定的观念集中体现出美国的个人主义价值观。然而，今天“美国梦”通过“全球化”来实现，其本质是对外扩张、掠夺和侵略。“中国梦”是“实现中华民族伟大复兴，实现国家富强、民族振兴、人民幸福”，既体现了今天中国人的理想，也反映了先辈们不懈奋斗追求进步的光荣传统。“中国梦”本质是强国梦，是民族复兴梦，是每个中国人的梦。通过对比讨论，学生认识和理解了中国特色社会主义制度的优越性，分享时提到了自己对个人价值实现的看法，除实现个人奋斗目标外，也会把个人理想和国家发展联系在一起；学生们还分享自己参与“三下乡”社会实践的经历，以亲身见闻的脱贫攻坚事例为基础阐述了自己对社会主义核心价值观的认同，坚定了理论自信和道路自信。

4.3 对比世界地理文化，增强文化自信，推动文明互鉴

在“Cultural Geography”（Unit 6）单元，教师在教学中介绍我们国家壮美的山河和悠久的历史文化，激发学生保护历史文化遗产、传承中华文明的责任感。“The Old Blue”一文介绍了密西西比河，作为世界第四长河，它养育着美国这片土地的人民，为美国中南部农业发展提

供了灌溉水源。文中提到美国著名的小说家马克·吐温多部作品以密西西比河上的生活为背景创作，密西西比河就如一位母亲一样见证着美国历史文化的发展，并为之提供了不竭的动力。课文阅读为学生介绍地理知识，也展示历史文化内涵。此时可以将中国的河流文化引入给学生作对比：作为中华民族的母亲河，黄河和长江为流经的土地提供了重要的农业灌溉水源，孕育了悠久而灿烂的中华文明。通过对比，学生不仅重温了中国优秀传统文化，还意识到生态保护的重要性。只有珍惜和保护我们的母亲河，才能维护我们的历史文化遗产，确保国家和社会的可持续发展。

在阅读“The Chinese Treasure Trove”文章后，学生可以学习如何介绍故宫的修建历史及建筑特点。在课堂教学中，教师积极启发学生去发掘文化历史遗产背后的故事，模拟旅游向导向外宾介绍中国名胜。学生搜索资源，撰写英文导游词，最后在课堂展示。展示中既有闻名世界的乐山大佛、都江堰等世界文化遗产的介绍，又有对家乡美丽风景的涉及。在介绍时，学生表达对中国古代劳动人民智慧和勤劳的赞颂，对家乡美丽风景的骄傲，也号召人们保护历史文化遗产和自然资源。通过这项课堂活动，学生加深了对家乡城市历史文化的认知，也增进了对文化旅游资源保护的重要性的认识，培养了学生的文化自信和家国情怀，让学生明白保护旅游文化资源可以从身边做起，保护好、传承好、利用好这些宝贵财富，是我们共同的责任。

4.4 对比习俗和传统文化，提升中华文化素养，增强中华文化传播能力

第五单元以“习俗和传统”为主题，内容丰富，贴近生活。通过学生自学本单元教材文本，小组合作完成一个用英语“讲中国故事”的项目任务，帮助学生发现中西传统习俗的差异，从而发掘中国传统习俗中的特色元素。在完成项目之前，教师结合书本涉及的书法、节日、饮食三方面内容和介绍中国文化的纪录片，帮助学生掌握中国文化的英文表达，再引导学生展开中西文化比较，从而发掘中国传统习俗中浓厚的特色元素，讲好中国故事。

语言文字反映了一个国家民族的历史。英语的起源晚于汉语很久，且古英语现在几乎不可读。相比而言，汉语历史源远流长，古汉语今天

朗读起来仍朗朗上口，语句凝练。有的小组用视频展示自己学习书法的经历，以此介绍汉字的发展和书法的演变及流派，并号召大学生在空余时间练习书法，传承民族文化。

在节日方面，有的小组利用 PPT 在课堂上分享中西节日的异同："西方节日多和宗教信仰紧密联系；而中国的节日展现出传统文化特色、历史渊源还有自然的发展变化，显示出中华民族的智慧和对自然的敬畏。西方人多以聚集、花车游行、购物等方式来庆祝节日，而中国传统节日的庆祝重视对先人的纪念，对自然的感恩，强调家人的团聚，不同节日顺应不同的节气，有不同的地域饮食习惯。"有的小组用视频的方式介绍了"屈原和端午节的由来""中秋节的神话传说""春节背后的故事"，突显出我们的文化传承和民族凝聚力。

中国的饮食文化享誉世界，许多小组都选择介绍美食文化。来自不同地域文化背景的学生用英文介绍自己家乡的美食、美食背后的历史传说及其独特的烹饪方法。来自东北的同学介绍了锅包肉，来自南方的同学介绍了佛跳墙，四川本地的同学介绍了麻婆豆腐、冒菜等。课堂氛围活跃，学生兴趣浓厚。这样的课堂实践不仅让学生积累了大量与饮食文化相关的英文表达，锻炼了学生用英语介绍家乡特产的语言交际能力，还丰富了他们对中国饮食文化的认识。介绍者无形中传播了家乡的特色美食，也彰显了对家乡饮食文化的认同，对勤劳善良的劳动人民的赞美。通过本单元项目展示，学生深深感受到中华民族的聪明才智、民族文化的博大精深，建立起文化自信，同时增强学生传承弘扬中华优秀传统文化的责任感和使命感。

5 结语

课程思政对每位外语教师都是一项挑战。在上述课堂部分教学案例中，教师结合教材主题和语篇的内容积极挖掘思政元素，将其隐形地融入中外文化对比，使学生能辩证地看待中外文化差异，对本民族的文化形成更深刻的理解和欣赏，从而提升其人文素养，形成豁达、包容的文化观。课堂教学通过英语语言文化互动和输出，培养了学生坚定的中国特色社会主义理想信念，帮助他们提高思辨能力，深入挖掘和阐释中华优秀传统文化的时代价值，以强烈的家国情怀和文化自信讲好中国故事，推动文明交流互鉴。

参考文献：

邓红，2015. 人文英语教程　学生用书［M］. 2 版. 上海：上海外语教育出版社.

黄国文，2020. 思政视角下的英语教材分析［J］. 中国外语，17（5）：21—29.

教育部高等学校大学外语教学指导委员会，2020. 大学英语教学指南（2020 版）［Z］. 北京：高等教育出版社.

刘正光，岳曼曼，2020. 转变理念、重构内容，落实外语课程思政［J］. 外国语，43（5）：21—29.

沈骑，2019. 新中国外语教育规划 70 年：范式变迁与战略转型［J］. 新疆师范大学学报（哲学社会科学版），40（5）：68—77.

习近平，2013. 十二届全国人大一次会议在京闭幕　习近平发表重要讲话［EB/OL］.（2013—03—17）［2024—01—28］. http://www.moe.gov.cn/jyb_xwfb/s6052/moe_838/201303/t20130317_148728.html.

习近平，2019. 深化文明交流互鉴　共建亚洲命运共同体——在亚洲文明对话大会开幕式上的主旨演讲［EB/OL］.（2019—01—15）［2024—01—28］. http://news.cnr.cn/native/gd/20190515/t20190515_524613486.shtml.

向明友，2022. 基于《大学外语课程思政教学指南》的大学英语课程思政教学设计［J］. 外语界（3）：20—27.

中华人民共和国教育部，2020. 高等学校课程思政建设指导纲要［EB/OL］.（2020—06—01）［2024—01—28］. http://www.moe.gov.cn/srcsite/A08/s7056/202006/t20200603_462437.html?eqid=a2f7c9f80002888f0000000364269908.

大学英语课程思政的几点思考

刘婷兰

四川大学外国语学院

摘　要：新时代教育背景下的课程思政，教育工作者责无旁贷。本文探讨了大学英语教学目前存在的问题，大学英语课程思政的意义、策略以及思政元素的挖掘等问题，旨在把大学英语“课程思政”化，充分发挥大学英语知识性和人文性相统一的功能，为培养德才兼备的大学生、实现高等教育立德树人的根本任务做出应有的学科贡献。

关键词：大学英语；课程思政；思政元素

“课程思政”最早是由上海市委、市政府在2014年提出来的一种教育理念，提倡把思政教育融入教育教学改革的各个环节，以达到润物细无声的效果，落实立德树人根本任务。2020年，教育部颁发了《高等学校思政建设指导纲要》。

1　什么是课程思政？

课程思政指以构建全员、全程、全课程育人格局的形式使各类课程与思想政治理论课同向同行，形成协同效应，把“立德树人”作为教育的根本任务的一种综合教育理念。课程思政主要是将思想政治教育元素，包括思想政治教育的理论知识、价值理念以及精神追求等融入各门课程中，潜移默化地对学生的思想意识、行为举止产生影响。

2　课程思政的本质

教育的一个重要目标是培养学习者具有社会责任感，具有建立文化与社会环境之间的和谐关系以及建立社会成员之间的和谐关系的意识。课程思政本质上也是一种教育，是为了实现立德树人的素质教育。“育人”先“育德”。教师在传道授业解惑的同时也应当思考如何育人育才。二者的有机结合一直以来都是我国教育的优良传统。课程思政坚持以德立身、以德立学、以德施教，注重加强对学生的世界观、人生观和价值观的正确引导，培养全面发展、德才兼备的人才，从而更好地服务社会、实现自我价值。

3 大学英语课程思政的必要性

目前，党中央对教育工作高度重视，对广大教育工作者提出了更高的要求，强调要坚持把立德树人作为教育教学的中心环节，把思想政治工作贯穿教育教学的全过程，实现全方位育人，努力开创我国高等教育事业发展的新篇章。大学英语全体教师对此义不容辞。

3.1 当下大学英语教学存在的问题

大学英语作为一门传统的高校非英语专业学生的必修课，一直以来肩负着培养和提升大学生英语水平的责任。当下，随着时代和社会发展的变迁，大学英语课程的一些现象令人担忧。

3.1.1 学生学习的功利性太重

语言本身是一种交流的工具。学好英语是为了更好地与人交流、更好地感知世界、更好地适应未来的工作和生活，同时也能享受学习英语带来的乐趣和满足感。但是，在市场经济的时代，学生的思想受到了巨大冲击，理想主义少了，实用主义和功利主义多了。不少学生坦言，学习英语主要是为了通过考试、获取高分、保研出国、方便就业等。这些目标无可厚非，但是却缺少了对英语这门语言本身的关注。是否在英语学习的过程中感受到乐趣似乎也不是学生所关心的问题。这种显而易见的功利性无疑与英语学习的初心渐行渐远。

3.1.2 教师讲课的应试性太强

与学生的功利性相关，大学英语教学的应试教育倾向明显。围绕着全国大学英语四六级考试的指挥棒，老师的教学似乎就是为了让学生通过考试、以后找工作能有个敲门砖。英语教师传授给学生的更多是应试的技巧，而不是英语的原汁原味；注重的更多是学生考试成绩的提升，而不是英语学习兴趣的培养和提高。甚至有些教师为了帮助学生考试过关，总结出一些近乎荒唐的所谓解题技巧，比如“三长一短选一短”“一正一反必选 ”“实在不会就选 C”等，偏离了英语教学的轨道，容易让学生滋生侥幸心理，使得实事求是和刻苦钻研的学习习惯受到冲击。这不仅对英语学习产生不良影响，对其他学科的学习也会产生连带的消极后果。

3.1.3　重知识，轻人文

大学英语课程不仅是一门传授知识和技能的课程，同时也是一门极具人文性的课程。大学英语课不仅应当传授给学生基础知识和基本技能，同时也应该传承人文精神、拓展学生的人文视野。遗憾的是，现在的大学英语教师中存在“重知识技能，轻人文”的现象，很多时候教师都把教学重心放在教授语言知识、培养解题能力等与工具性相关的问题上，却弱化了对学生的人文教育，忽略了对学生人文素养和社会责任感的培养和引导，这可能会导致学生或许在英语的各项技能上具备了高水平，却在做人的基本层面上缺乏道德准则，与社会主义核心价值观所倡导的爱国、敬业、诚信、友善等价值标准相差甚远。

3.2　大学英语课程思政的意义

如何应对当下大学英语教学中的各种问题？在教师们从各方寻求解决之道的过程中，课程思政的重要性不容忽视。

3.2.1　课程思政是大学英语课的课程职责所在

高等教育承担着培养德才兼备高素质人才的使命。大学英语课程作为高校一门必修的公共课程，涉及各个不同专业的学生的培养。并且，大学英语作为一门语言课程，也具有人文教育属性，因为语言本身就是文化的载体。在对学生进行语言知识传授的同时，教师可以双管齐下地进行人文思想的教育。我们应当清楚认识到大学英语课程的人文性，这种人文性与我们提倡的思政教育不谋而合，二者是有机统一的。因此，大学英语课程更应该坚持立德树人，将思政教育有机融入英语教学的各个环节中去。大学英语教师应该挖掘大学英语课程中蕴含的思想政治教育价值和资源，坚持将思想政治教育贯穿大学生英语知识的学习，提升思政教育的亲和力，强调大学生英语课程的正确价值导向。在大学英语教学中，潜移默化地对学生进行思政教育，做到润物细无声，这也是大学英语的课程目标之一。

3.2.2 课程思政对大学生的人格培养具有重要意义

大学生的年龄多在 18 到 22 岁之间，正是人生观、价值观、世界观形成的关键时期。英语教师可以充分运用自身的语言优势更有效地把丰富的人文信息传递给学生。对学生而言，教育的潜移默化性也更容易令其接受。显而易见，教师对学生人格的塑造起着至关重要的作用。一个人仅仅是学问高并不能算真正意义上的人才，要同时拥有高尚的品德和优良的素质才能真正成为社会的栋梁。作为语言教学工作者，教师应该积极利用自身优势，将人文教育贯穿语言知识的教学，有效地将二者统一起来。

3.2.3 课程思政是增强民族自信的有效方法

大学英语课程中涉及不少西方文化的内容。教师应该帮助学生在学习西方文化知识的同时加强辨别和判断能力，取其精华去其糟粕。与此同时，教师可以引导学生把中国文化中的相关内容和西方文化作对比，找出文化差异，增强文化自信，提升民族自豪感。更进一步，教师应当鼓励学生用英语讲好中国故事，把中国文化的精髓传播到世界各地，进一步展现中国的大国形象。

4 大学英语课程思政的策略

如何把课程思政更好地体现在大学英语的教学过程中？这需要奋战在教学一线的教师对已有教学资源进行梳理整合，实现更好的资源配置，让学生最大化享受到资源红利。

首先，充分发挥课堂教学的功能。大学英语旨在培养学生的听、说、读、写、译五大技能，这些技能的传授渠道主要是课堂教学。其中，听和读是输入性技能，学生是被动接受。这种情况下，教师更要提供好的思政资源作为保障，让学生在听和读的过程中思想和心灵都潜移默化地受到积极影响。说和写则是输出性技能，强调交际产出。对此，教师要有好的设计和引导，给学生充分表达自己的观点和想法的机会。

其次，要把课程思政融入大学英语教学，教师应当注重教学方式方法的综合创新，积极尝试不同的教学法，比如案例式教学、启发式教学、探究式教学、体验式教学、互动式教学等，也可以引入现代信息技术下的智慧课堂等概念提出的方法。尤其是在新媒体背景下，教师可以思考如何使用新媒体手段来提高大学英语课程思政的吸引力和时代性。教师可以充分利用网络资源选取生动形象的音视频材料，让学生在轻松的双语氛围中不仅学到知识，也能产生共鸣、坚定文化自信，学会用英语讲好中国故事，传播好中国声音。

在具体操作过程中，教师在传授学生语言知识和语言技能的同时，应当努力挖掘课程中的德育元素，促使学生更好地融入课堂，使学生的人文素养和综合素质在潜移默化中得到提升，从而实现知识、能力和素养三位一体的教学。具体来说，可以从以下三个方面入手：一是将各单元需重点传递给学生的价值要点提炼出来并落实到每一项语言教学活动中；二是让学生围绕各单元的主旨展开讨论，培养学生的思辨能力和道德情操；三是帮助学生学习和了解各国文化、关注中国优秀文化并学会中国优秀文化的表达方式。这里以《全新版大学高阶英语综合教程》第一册第三单元 Text A“A Valentine Story”为例。这篇文章讲述的是一位青年士兵在图书馆读书时被书上字迹娟秀的批注所吸引，想办法找到写批注的年轻女子并与之成为笔友。两人经过一年的通信终于有机会见面。年轻女子为了考验这名士兵，故意让一位身材臃肿的中年女人替她去约定地点会见士兵以试探士兵的反应。最终该士兵成功通过考验赢得了年轻女子的芳心。学习这篇文章时，首先，教师可以在教授词汇的过程中，设计反映文章主题内容的句子让学生进行英汉互译的练习。其次，关于课文，可以让学生阅读过后写一篇摘要复述故事，检验学生对课文的理解是否到位。再次，请学生思考并回答“从这篇文章中你学到了什么”，鼓励学生发散思维，从不同的角度来发表自己的观点。最后，教师可通过学生的反馈总结归纳这篇文章的价值点，让学生尝试理解什么是真爱、如何获得真爱、如何做一个值得别人去爱的人、如何与人交往、如何尊重他人，等等。另外，还可以从起源、人物角色、象征物等各方面对中国情人节和西方情人节进行对比，扩大学生理解、尊重和包容不同文化的格局和视野，助力文化自信的建设。

5 大学英语课程思政元素的挖掘

大学英语课程思政，归根结底就是要回答培养什么人、怎样培养人的问题。大学英语教学要兼顾知识传授、能力培养与价值塑造，提升学生的政治素质和品德修养。而如何萃取大学英语课程中所蕴含的思政元素，进而搭建课程思政教学体系，则成为有效实施大学英语课程思政的关键。对此笔者有两点建议：一是以社会主义核心价值观为准绳，凡是能纳入其中的内容应收尽收。社会主义核心价值观从国家、社会、公民三个层面概括了每位公民应遵守的价值准则。挖掘大学英语课的思政要素，可以分别对应这三个层面的要求将其进行细化归类，实现思政资源的初步整合。二是做好"提取"和"融入"的有机结合。"提取"强调的是在已有基础上的发现，这类思政资源一般都是外显的，易于发现和识别。比如，以珍惜时间、保护环境、突破自我等为主题的英语文章的思政性是显性的。"融入"注重的是拓展和延伸，把相关的思政元素通过教学设计渗透已经提取出来的资源，这类思政资源多为内隐的。比如，在介绍文章作者时，可以通过作者的生平提炼出关于生存成长、砥砺品格、不忘初心等方面的思政素材。例如：介绍美国著名短篇小说家欧·亨利时，可以从他早年因被指控贪污入狱三年却从此开启了短篇小说的写作生涯这一经历让学生思考如何在逆境中崛起，不向命运低头，从而坚定生活信念，勇攀科学高峰，实现人生价值。

大学英语课程思政是一项需要长期坚持的任务和使命。引导学生树立正确的"家国情怀"，引领学生"讲好中国故事"，培养具有民族情怀、家国意识、时代责任和历史使命的人才，是每一位大学英语教师肩负的职责，也是每一位大学英语教师所追寻的教学目标。只有一如既往地贯彻课程思政的核心理念，坚持显性教育和隐性教育相统一，挖掘课程中蕴含的德育元素，才能最终实现全员、全程、全课程育人。新时代的教师不仅要教好书而且要育好人，这就要求大学英语课要融入社会主义核心价值观，培养具有一定思想水平、政治觉悟、道德品质和文化素养的创新型外语人才。只有这样，大学英语课程才能充分发挥其教书育人的功能，不辱时代赋予的使命。

参考文献：

陈环，2019. 大学英语课程思政的实施途径探索［J］. 桂林师范高等专科学校学报（4）：31－33.

郎红琴，2022. 大学英语课程思政教学探索与实践［J］. 洛阳师范学院学报（12）：69－72.

刘迎红，2023. 大学英语课程思政教学改革研究［J］. 中国人民警察大学学报（6）：92－96.

徐常利，2023. 立德树人视域下大学英语课程思政的实施路径［J］. 延安大学学报（社会科学版）（4）：125－128.

杨婧，2020. 大学英语课程思政教育的实践研究［J］. 外语电化教学（4）：27－31+5.

新文科背景下大学英语课程思政教学改革与探索

雷 婕 李 芍

成都文理学院外国语学院

摘 要：新文科建设为大学英语的发展指明了方向，“大外语”的概念助推了大学英语课程思政教学改革，创新了大学英语教学模式，即在传授外语知识和技巧的同时，引入思政元素，将知识、技能、做人做事的基本道理和社会主义核心价值观有机融合。课程设计在提高学生的英语综合应用能力的同时，增强其跨文化交际意识和交际能力，培养其人文精神和思辨能力，同时有效增强学生的文化责任感，形成专业课教学与思想政治理论课教学紧密结合，同向同行的育人格局。最终，通过语言教育工具性与人文性的有机统一，实现立德树人的目的。

关键词：新文科；大学英语；课程思政；教学设计

1 引言

“新文科”是由美国希拉姆学院于 2017 年率先提出，指对传统文科进行学科重组，将新技术融入哲学、文学、语言等课程，实现文理交叉，为学生提供综合性的跨学科学习内容。2021 年 3 月，教育部正式发布《关于推荐新文科研究与改革实践项目的通知》（教高厅函〔2021〕10 号），明确提出深入推动新文科建设，积极构建世界水平、中国特色的文科人才培养体系，这为全国各个高校文科类专业提供了良好的建设契机，指明了突破性的发展方向。2020 年 10 月，教育部发布的《大学英语教学指南（2020 版）》中明确指出，大学英语的课程设置应以立德树人为根本任务，将课程思政的理念和内容有机融入大学英语教学。大学英语是高等学校人文教育的一部分，也是普通本科非英语专业的通识教育课程，兼具工具性和人文性。要加快建设社会主义文化强国，增强文化软实力，提高国际话语权，提出能够体现中国立场、中国智慧、中国价值的理念、主张和方案。要让中华文化走出去，外语教育在其中发挥着重要作用（吴岩，2019）。

我校的大学英语课程共计 48 学时，课程面对的学生群体英语基础薄弱，学习目标定位不准确，学用分离现象严重，语言输入和输出不成正比，英语课堂中文化失语现象明显，学生对中国传统文化的认同感有待加强。本文旨在探索如何立足本校实际，将知识、技能、做人做事的基本道理和社会主义核心价值观有机融合，发挥文化影响中的正迁移作用，帮助学生对传统文化与英语语言文化进行横向对比学习（李芳，2021），提高学生的英语综合应用能力，锻炼其自主学习和终身学习能力，增强跨文化交际意识和交际能力，培养人文精神和思辨能力，同时有效增强学生的文化责任感，培育学生强烈的家国情怀，使其客观、全面地认识当代中国，看待外部世界，用英文“讲好中国故事”，引导其树立正确的世界观、人生观和价值观，通过语言教育工具性与人文性的有机统一，实现立德树人的目的。

2　基于课程思政的大学英语课堂教学设计

2.1　教学目标聚集化

课程践行大学英语“课程思政”的使命担当，在“立德树人”这一核心目标的引领下，构建以培养学生的“文化使命”为教学目标，以中西文化比较为教学内容，以“讲好中国故事”为教学产出的“三全育人”格局，在原有知识目标、能力目标的基础上，构建了三维育人目标（如图 1 所示），把“培养什么样的人、怎样培养人、为谁培养人”落到实处。

（1）知识目标：“知识导向和价值引领”相结合。掌握文中的重点词汇短语及深入理解各教学单元的中心思想，始终围绕育人的主旨，把知识导向和价值引领相结合，学会用英语表述中国的理论、制度、方针政策等，理解社会主义核心价值观，准确传播中国声音、讲好中国故事、展现中国智慧，使课堂教学的过程成为引导学生学习知识、锤炼心志及养成品性的过程。

（2）能力目标："德、知、行"相融通。遵循价值塑造与能力提升相融通的原则，坚持以德为先，综合提升学生思想道德、科学与人文素养以及实践能力。在进行英语听、说、读、写、译等语言技能训练的同时，重视中西方文化的对比，增强学生的跨文化沟通能力和批判性思维。

（3）价值目标："中国灵魂与世界眼光"相协同。在学习英语的过程中，使学生对涉及的西方文化进行全面分析和解读，同时，有机融入"中国优秀传统文化""理解当代中国"板块，不断增强学生的自我文化认同感，增强文化自信，学会用英语表达中华优秀传统文化，培养家国情怀和人文素养，同时理解文化的多样性和差异性，提升"多元文化交流"核心素养，形成文明互鉴和人类命运共同体意识。

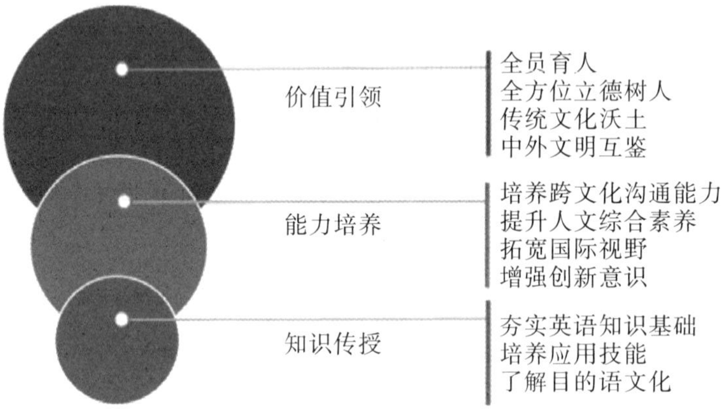

图 1　课程思政教学目标

2.2　教学资源校本化

2.2.1　挖掘思政元素

围绕教学目标，挖掘思政素材（如图 2 所示），在"全人"教育理念指导下，遵循"有序性、渐进性、适度性"的原则，将主流价值观融入课程教学的各环节。立足于专业人才培养目标和课程标准，在对课程整体设计的基础上，根据知识点和技能点挖掘课程思政元素，设计融入方式，收集思政典型素材，形成可执行的课程思政教学方案设计，将做人做事的基本道理、社会主义核心价值观、实现民族复兴的理想和责任，分层次、有计划、潜移默化地融入教学全过程。

主题	思政内容	思政目标	思政素材	素材设计方法
Unit 1 Education	科学观	培养勤奋刻苦的学习精神 认识学习的重要性； 珍惜时光，不虚度光阴的意识	有关学习重要性和学习需要勤奋的名人名言 富兰克林的故事，富兰克林的第六种美德——勤奋 庄子的《逍遥游》 2021年“中国大学生年度人物”	从知识点中发掘思政元素 讲好故事；从知识点中发掘思政元素 教学材料选择：中国元素 价值模块整合
Unit 2 Communication	个人品格	培养网络道德、自律精神和利用社交网络有效沟通的能力； 树立网络交往中的自我保护意识	鬼谷子语录 从古至今通信发展演变的视频 “烽火戏诸侯”典故，“网络喷子”“人肉搜索”等网络词汇 Text A中“The Internet has connected and divided us like nothing before.”	教学材料选择：中国元素 问题导向 “反面教材”的应用 从知识点中发掘思政元素：价值模块整合
Unit 3 Science	家国情怀	增强“科技强国，科技造福人类”的意识； 培养以中华民族伟大复兴为己任，有理想、有本领、有担当的青年一代	华为5G的视频 任正非的故事 5G在疫情时代的作用，科技拯救了生命的视频 中国运用二维码开创了以支付方式为代表的应用场景 中国科学院关于其最新科学发现与未来一年展望的年度系列报告 《新时代的中国青年》白皮书	从知识点中发掘思政元素 讲好故事 问题导向 教学材料选择：中国故事 教学材料选择：价值观追求 价值模块整合
Unit 4 Environment	家国情怀	培养环保意识，绿色发展意识； 理解“人与动物、人与自然的命运共同体”	关于环境现状的视频 中华民族“道法自然，天人合一”的生存理念 中国古代环保举措 鄱阳湖简介和红河哈尼文化景观简介 习近平关于“绿水青山”的英语讲话稿	“反面教材”的应用：问题导向 讲好故事 教学材料选择：中国的事情 从知识点中发掘思政元素 价值模块整合

图 2　单元思政素材挖掘样例

2.2.2　构建校本特色思政资源库

结合我校学生学情和实际需求，我们分析筛选教材、知识点中的思政元素，整合价值模块，把家国情怀、个人品格和科学观三大思政内容融入课程教学，以问题为导向进行内容重构，建设了 32 个思政主题素材包，还制作了 24 堂中华文化主题微课，作为教学内容的补充，体现了鲜明的院本特色，突显了课程德育功能。

2.3　教学任务等级化

2.3.1　“四位一体”的学期任务

“四位一体”的任务是指将听、说、读、写四项技能融入学期任务的项目活动中。学生在每学期以小组为单位，完成一部经典作品阅读，并选择片段进行角色扮演；制作一个中国传统节日的介绍视频；完成英文电影片段配音；参加一次校园英文采访报道等活动。教师针对学生学情的不同和英语能力的个体差异，制定 A、B、C 三个不同难度系数的项目活动供学生选择，既区分了挑战度，又实现了全员参与，让每一位学生都能通过活动提升自己的英语综合应用能力，实现知识向能力的转化，活动成绩纳入期末考核。

2.3.2 单元项目任务

根据教材单元主题，每个单元设计一个项目作为产出任务，教学及课后作业、任务都围绕单元项目展开，学生通过完成单元项目任务及相关子任务最终实现对所学知识的意义构建。同时根据学生英语水平的差异，将单元项目完成情况纳入期末考核，项目任务成果分别以小组和个人两种方式呈现。

2.4 教学模式多元化

2.4.1 PTSF 混合式教学模式

我们以成果导向教育（Outcome-Based Education，OBE）理论为依据，在产出导向法（Production-Oriented Approach，POA）教学假设的基础上，构建了“理念、课程、教师、学生”四位一体的大学英语教育生态，将项目式教学、任务型教学、小规模限制性在线课程（Small Private Online Course，SPOC）教学、翻转课堂等多种教学方法有机融合，构建了 PTSF 混合教学模式（如图 3 所示），并根据“驱动-促成-评价”的教学流程安排教学活动，将语言学习的知识目标、技能目标和价值目标相结合、将育人贯穿课堂教学全过程。

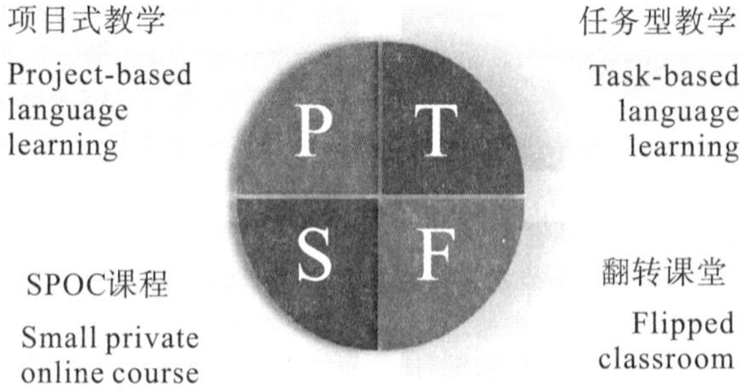

图 3　PTSF 大学英语混合式教学模式

2.4.2 产出导向法理念下的三维教学闭环

按照“驱动-促成-评价”的产出导向法教学理念，通过课前思维导入、课堂引经据典、课后知识拓展，形成完整的教学闭环。课前，培养学生自主探究、独立思考的能力，借助网络资源和教学平台，发布任务，设置讨论话题，了解和单元主题相关的中国文化知识点，突出横向联系和纵向对比，对即将开展的教学内容进行启发引导；课中，教师深挖知识点或技能点所蕴含的思政元素，围绕“文化价值观”引经据典开展教学活动，在中西文化价值观的对比中增进对社会主义核心价值观的理解，让学生们能够以一种“庐山外”的视角反观、反思自己的文化，以更客观、更开阔的视野看待中西文化；课后，教师借助教学平台布置项目和任务活动，帮助学生进行知识巩固和拓展，让学生在任务进程中创造性地用英文讲好中国故事。

2.5 教学组织层次化

本课程在课程思政的教学设计上，根据《高等学校课程思政建设指导纲要》要求，始终围绕育人的主旨，将学生知识、能力和人格的提升作为课程教学目标，突出价值引领；力求打破原有教材的框架，在语言学习的基础上，深挖每个单元的思政元素。

2.5.1 横向层次

设计“线上-线下-线上线下”的教学组织形式，按照“驱动-促成-评价”的产出导向法教学理念（文秋芳，2015）进行教学设计（如图4所示）。

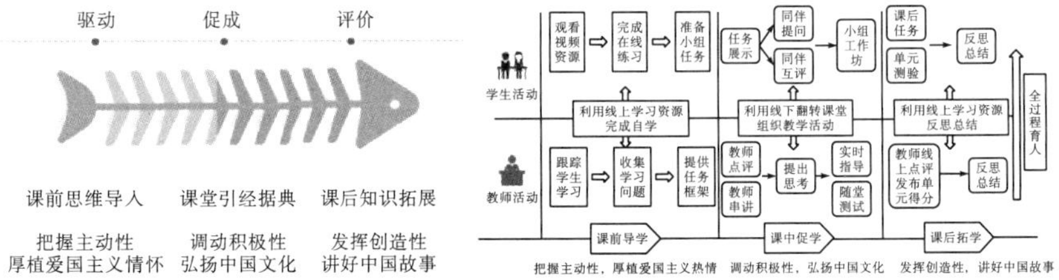

图4 大学英语教学组织形式（横向层次）

课前线上任务驱动：遵循输出驱动、输入促成的教学流程。在这一环节，教师呈现交际场景，将驱动性产出任务发布到线上，辅助以相关的主题式、兼具实用性和趣味性的视频、音频和文字资料，挑战学生的语言产出能力，说明教学目标和产出任务，目的是激发学生产出的欲望。

课中线下任务促成环节：基于“学用一体”和“关键能力培养”理念，老师根据学生课前线上的视频学习安排驱动性产出活动，并在此基础上布置目标性产出任务，产出任务涉及内容、语言、认知和跨文化交际策略三个方面，并综合运用探究、情景、合作、交际等活动辅助学生通过学习材料获取完成任务所需要的语言和内容信息。教师根据产出中的问题及时给予指导，促进学生知识、技能的巩固和课后拓展性学习。

课后促成评价环节：教师根据驱动和促成环节中具体的产出任务和能力要求，结合学生的产出表现，检测线上作业完成情况，并给予相应评价和指导性建议。针对学生在线下课堂上呈现的产出任务，采用教师点评、小组互评、生生互评等立体化、多维度评价方式进行评价。“线上即时＋延时性评价”和“线下即时＋延时性评价”相结合的混合式评价机制，能及时发现并解决教学中的问题，保证教学质量。

通过课前思维导入、课堂引经据典、课后知识内化，形成完整的教学闭环，实现了共同目标与个性化选择、口头交流与书面交流、线上交流与线下交流、独立学习与同伴互助的融合，进而促进了语言能力与综合素养的共同提升。

2.5.2　纵向层次

根据外语课程思政任务设计目标体系构建层次化的课程思政教学组织模型，根据张敬源、王娜（2021）的外语课程思政教学任务设计分层目标体系，由此帮助学生完成从理解到信奉再到践行的升级，通过掌握要义，内化于心并外化于行，实现从初阶认知到高阶认知的升华（见图5）。

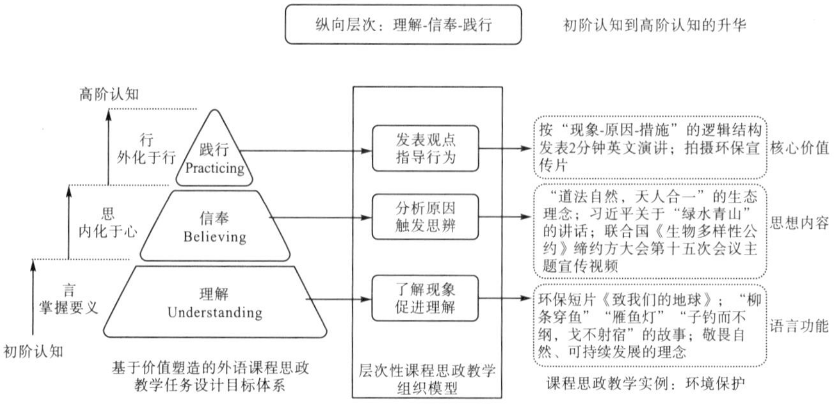

图5　大学英语教学组织形式（纵向层次）

2.6　教学评价过程化

2.6.1　“评教”＋“评学”

我校大学英语课程教学质量多元评价体系以学生和教师发展为根本

目标，以教学过程为主线，以“评教”和“评学”为双内核，构建新的大学英语课程教学质量评价体系，全面真实地评价学生和教师，从而促进学生和教师的全面发展（如图6所示）。

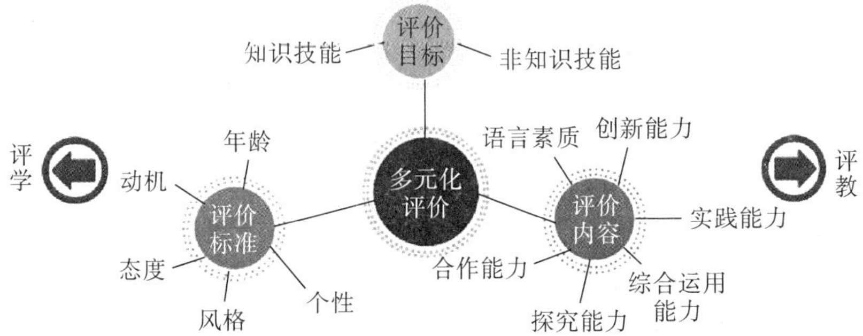

图6　大学英语课程多元化评价机制（一）

2.6.2　“终结性”＋“过程性”

“大学英语”课程秉承“科学性、多元化、激励性”原则，将过程性评价和终结性评价相结合，全面、客观、有效地评价学生的学习过程。终结性评价即为期末书面考试的成绩，占总成绩的45％；过程性评价运用线上测评实时反馈、线上线下学生互评、教师个别反馈与综合性集体反馈相结合的方式，数据主要来自课堂表现、单元课后作业、在线平台的表现，其考核成绩占总成绩的55％，综合考查了学生听、说、读、写、译各项语言能力，以及自主学习和合作学习的能力，多层次、立体化、多维度展示学生综合素质，从而实现以评促学、以评促教的良性循环（如图7所示）。

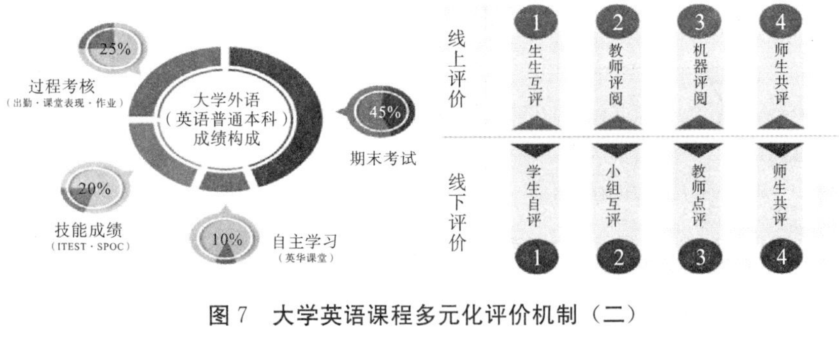

图7　大学英语课程多元化评价机制（二）

3　教学效果和反思

3.1　教学效果

在课程思政教学效果方面，学生对本课程给出了“醍醐灌顶、因势而新”这样的评价，也在学习体会中表示了对思政素材和教学设计的兴趣和肯定，对大学英语课程中思政素材与课程匹配、教师思政教学能力、线上线下思政融合程度和课程思政教学综合效果方面评分在4.5以上。

3.2　教学反思

首先，在教学实施过程中，大学英语课程任务设计应该以教师为主导，以学生为主体，课堂活动的设计要注重启发式教学法的使用，多设计开放式问题，每一项阶段性成果产出都需要大量的驱动和促成环节作为铺垫，以结果或能力获得为导向，辅以与学生真实体验相关的素材进行情景创设，由此推动教学进程，增进学生对当下时事热点以及社会问题的敏感度，提高学生的独立思考能力以及思辨能力，培养学生开阔的眼光和坚定的社会主义理想信念，将课程思政内容内化于心，外化于行（林英玉，2022）。教学素材和活动设计可以根据学生的专业背景等差异进行针对性、精准性和融合性的优化。

其次，在课程思政的大格局下，大学英语教师更要不断提升自身育人能力，树立坚定的理想信念，终身学习，及时反思课前、课中、课后的教学思路，结合学生特点整合、调整、完善教学思路，引领学生健康成长。

4　结语

综上所述，在新文科建设背景下，公共外语教育要进行“大外语”建设（向明友，2020），英语学科本身兼具人文性和工具性，因此课程思政和英语教学具有先天的兼容性。这不仅能帮助学生学好先进技术，还有助于将他们塑造成有文化、有情怀、负责任、敢担当、善创新的复合型人才。教师要转换角色，坚持需求导向，在大学外语教育实践中引入供给侧结构性改革的新理念，树立以学生为中心的思想（向明友，2020），通过整理、归纳、深挖思政素材的方式来发挥这门课程的育人功能。要在传授外语知识和技能的过程中，将思政元素如盐化水地融入外语教学中，使得教学和德育有机统一。让学生既能从外语学习当中辩证地看待中西方文化，利用所学知识和技能完成外语对话，还能明确自己在实现中华民族伟大复兴中的定位。最终实现立德树人的根本任务，达到以文化人、以文育人的教育目的。

参考文献：

教育部高等学校大学外语教学指导委员会，2020．大学英语教学指南［M］．2020版．北京：高等教育出版社．

李芳，2021．文化“走出去”战略下大学英语导入传统文化研究［J］．继续教育研究（11）：93－95．

林英玉，2022．结果导向教育理念指导下的大学英语课程思政建设路径探究——以《全新版大学英语综合教程 2》为例［M］．外语教育研究（4）：1－7．

马阿婷，2021．新文科背景下大学英语课程思政教学模式与教学设计［J］．黑龙江教师发展学院学报，40（9）：139－141．

文秋芳，2015．构建“产出导向法”理论体系［J］．外语教学与研究（4）：547－558．

吴岩，2019．新使命　大格局　新文科　大外语［J］．外语教育研究前沿（2）：3－7．

习近平，2016．把思想政治工作贯穿教育教学全过程［EB/OL］．（2016－12－08）［2022－09－22］．http://www.xinhua-net.com/politics/2016－12/08/c_1120082577.htm．

向明友，2020．新学科背景下大学外语教育改革刍议［J］．中国外语（1）：19－24．

杨荣，2022．基于 OBE 理念的大学英语“一流课程”建设路径探究——以 H 医学院为例［J］．湖北开放职业学院学报，35（14）：189－190＋193．

张敬源，王娜，2021，基于价值塑造的外语课程思政教学任务设计——以《新时代明德大学英语综合教程 2》为例［J］．中国外语（2）：33－38．

甄桂春，2020．“中国文化走出去”战略下大学英语教学模式探究［J］．宁波教育学院学报，22（3）：61－64．

“讲好中国故事”融入大学英语课程的教学实践

——以全新版大学进阶英语《综合教程2》Unit 2为例

陈　佳

四川传媒学院外国语部

摘　要：讲好中国故事，提升国际传播能力，是推动中华民族伟大复兴、构建人类命运共同体的重大任务。“大学英语”作为公共基础课程，肩负着为党育人、为国育才的重要使命。本文以全新版大学进阶英语“综合教程2”（思政智慧版）“Unit 2 Tales of True Love”为例，分别从教学目标、教学内容、教学过程三个维度初步探索“讲好中国故事”融入大学英语课程的教学实践。

关键词：“讲好中国故事”；大学英语；教学实践

1　“讲好中国故事”融入大学英语课程的必要性

党的十八大以来，习近平总书记对讲好中国故事和国际传播工作作出了一系列重要论述和重大部署，提出“下大气力加强国际传播能力建设”[①]；“推进中国故事和中国声音的全球化表达、区域化表达、分众化表达，增强国际传播的亲和力和实效性”[②]。党的二十大报告明确提出

---

① 人民网. 着力加强国际传播能力建设（深入学习贯彻习近平新时代中国特色社会主义思想）[EB/OL].（2023－12－07）. https://baijiahao.baidu.com/s?id=1784573084349317194&wfr=spider&for=pc.

② 光明日报. 讲好中国故事　加强国际传播［EB/OL］.（2021－08－30）. https://baijiahao.baidu.com/s?id=1709460351070576169&wfr=spider&for=pc.

要“加快构建中国话语和中国叙事体系，讲好中国故事、传播好中国声音，展现可信、可爱、可敬的中国形象”①。语言学习和文化交流是相互影响、相互促进的。在大学英语教学过程中，注重“讲好中国故事”，既是落实立德树人根本目标的客观需要，也是顺应外语教学规律、推动外语语言学习和文化交流传播互相促进的必然选择。

2 中国故事融入大学英语课程的路径

《大学英语教学指南》（2020 版）明确指出，“大学英语教学应主动融入学校课程思政教学体系，使之在高等学校落实立德树人根本任务中发挥重要作用”（教育部高等学校大学外语教学指导委员会，2020）。因此，“讲好中国故事”融入高校大学英语课程教学可以有效增强英语课程的思政协同育人功能，帮助学生建立文化自信。

《高等学校课程思政建设指导纲要》要求科学设计课程思政教学体系，坚决防止“贴标签”“两张皮”现象。外语课程思政教学设计要抓住课程的本质，将课程思政元素融入教学目标、教学内容、教学过程和评价反馈的全过程，从而实现全过程、全方位育人（胡杰辉，2021）。因此，本文将以全新版大学进阶英语《综合教程 2》第二单元为例，从教学目标、教学内容、教学过程三个方面着手，探讨将讲好中国故事融入大学英语课程教学的具体实践。

2.1 有效设定教学目标

教师如果能够在正确理解目标、分析教学材料的基础上挖掘出思政元素，再设计出恰当的教学活动、搭建合理的脚手架，思政内容就自然融入了语言教学之中（文秋芳，2021）。

全新版大学进阶英语《综合教程 2》“Unit 2 Tales of True Love”这个单元的主课文介绍了第二次世界大战期间，一名美国军人和他的妻子在诺曼底登陆日前的通信往来，“Reading 1”介绍了一名邮递员遭遇意外失忆，失踪 15 年后终于归家的故事（该课文可作为学生课后泛读

---

① 环球网. 展现可信、可爱、可敬的中国形象［EB/OL］.（2023－01－27）. https://baijiahao.baidu.com/s?id=1756164743579399418&wfr=spider&for=pc.

材料）。"Reading 2"讲述了中国民间四大爱情故事之一的《梁山伯与祝英台》的爱情故事。笔者在进行本单元教学设计时，共安排了 8 个课时。教学目标包含语言目标、技能目标和情感目标。语言目标：（1）对文章的语境和语言有透彻的理解；（2）掌握复述故事的语言技巧，知道如何在上下文中正确地使用关键的单词和表达。技能目标：（1）讲好中国故事，用"故事山"策略复述一个中国传统民间故事或经典爱情故事；（2）熟悉非正式信函的写作，写一封吊唁信。情感目标：（1）通过对比分析中西方战时的爱情观，培养学生的民族意识；（2）批判性地思考个人经历如何反映更广泛的社会和历史背景；（3）引导学生树立正确的恋爱观。

根据本单元教学目标、教学活动设定，笔者发现第 1 课时导入、第 2 课时"Text"和第 6 课时"Reading 2"是将"讲好中国故事"融入教学的一个契机。第 1 课时的课程导入部分可以引入《牛郎织女》等中国民间四大爱情故事。第 2 课时的 Text 讲第二次世界大战时期一位美国军人与妻子的通信往来，可以引入清朝末年革命烈士林觉民的《与妻书》作对比。第 6 课时的 Reading 2 则具体讲解梁祝的爱情故事，可引入西方经典爱情故事《罗密欧与朱丽叶》进行对比分析。在这三个环节可以充分调动学生开展小组讨论，进行有效输出，为讲好中国故事打下基础。

2.2 深度挖掘教学内容

大学英语的课程思政目标要根据实际教学目标和学生专业特点，深度挖掘教学内容和教学重难点。在本单元的教学内容中，教学重点和教学难点梳理如下。教学重点：历史背景理解方面，确保学生有足够的第二次世界大战背景知识，以便理解书信内容和情感背景。词汇与阅读理解方面，应使学生掌握课堂上介绍的与主题相关的词汇和表达，并通过阅读提升理解能力。情感表达和写作方面，重视学生对情感内容的理解，引导学生用英语在中国民间故事复述中表达复杂情感。历史视角与人文关怀方面，通过文本阅读，不仅帮助学生学习语言，还要培养学生客观看待中西方战时的爱情观。批判性思维方面，鼓励学生批判性地思考个人经历如何反映更广泛的社会和历史背景。教学难点：情感与历史背景的融合方面，帮助学生理解书信中的历史细节和情感表达，使两者能相互支撑，让学生能够准确地理解文本。词汇与上下文方面，提升学生在具有特定历史和情感背景的文本中准确使用词汇和表达的能力。写作技巧方面，帮助学生解决写作全新主题书信（吊唁信）时可能会遇到的困难，尤其是如何使用适当的语言准确描述复杂的情感的问题。

2.3 高效实施教学过程

教学设计是完成设定教学目标和挖掘补充教学内容之后，将中国故事融入课程教学的重要步骤，教师需要设计一系列配套的教学活动和教学任务，在一步步达成语言教学和能力培养目标的同时，培养学生讲好中国故事的能力。因此，中国故事模块不能独立于其他教学活动进行分离式教学，而应按照教学活动的内容和特点进行整合式教学，使其贯穿教学的全过程（常丹丹，杨玲，孙慧，2023）。将通识英语教育开设的中国文化、跨文化交际等课程全盘“移植”过来，贴上课程思政的标签，这是一种误解（蔡基刚，2021）。笔者将选取三个教学环节的教学实例来说明如何自然融入中国故事。

教学导入环节：在上个单元结束时布置口语作业，让学生根据教师发放的“故事山”策略图，自行准备一个爱情故事。在本单元的导入中，首先在课堂上播放 TED 关于牛郎织女简介的视频，教师用“故事山”策略（opening—build up—climax—resolution—ending）简要介绍故事情节，帮助学生掌握复述故事的技巧。让学生头脑风暴其他中外经典爱情故事，可引导学生回忆中国民间四大爱情故事等，并邀请数名学生根据“故事山”结构上台讲述课前准备好的爱情故事。鼓励学生发表个人见解，引导他们思考不同文化背景如何影响人们的价值观以及对爱情的表达。通过讨论，帮助学生对古今、中西爱情观有一个大致了解，并树立正确的爱情观。教师继续提问：如果战争爆发，会如何影响人们的情感生活，爱人之间保持联系和表达爱意又会面临哪些挑战？引出主题：通过共读第二次世界大战期间真实的爱情书信了解战争如何深刻地影响人们的情感生活。接下来介绍主课文的内容：第二次世界大战期间，一名美国军人和他的妻子在诺曼底登陆日前的通信往来。

词汇教学环节：在讲解本单元词汇前，通过 App 爱课堂或微信公众号词达人发布单词预习任务。同时，课程组教师根据本教材每个单元涉及的内容分门别类地建立小型语料库，定期发放到班级群。四六级的翻译话题常常涵盖历史文化、教育、交通、经济、地理、社会、节日，建立语料库对于学生备考四六级翻译，能起到丰富语境、积累词汇的积极作用。比如在讲到本单元“Reading 2”的“legend”一词时，教师可以补充2021年6月四级翻译真题关于中国功夫的分析，其中最后一句：“有些风格模仿了动物的动作，还有一些则受到了中国哲学思想、神话和传说的启发。”对应英文翻译为：“Some styles imitate animals，and some are inspired by Chinese philosophy，myths and legends.”再如，在讲到“Reading 2”的“emerge”这个词时，教师可以补充习近平总书记在做出关于教育的重要论述时提到的“自古英雄出少年”，其对应英文翻译为：“Since antiquity，it has always been from youth that heroes have emerged.”在实际语境中出现的词语学生记忆会更加深刻，教学效果更好。学生也能够在潜移默化中加深对传统文化的理解，增强文化自信。

课文阅读和分析环节：在课文阅读和分析的过程中，假如课文内容中没有中国元素，教师可以找到能和中国故事形成对比或存在关联的连接点，使学生在理解课文的基础上跳出文本，用辩证的眼光看待课文中的内容，培养学生的对比分析与批判性思维能力，更加理性地看待中外差异，增强文化自信。如本单元的主课文讲的是第二次世界大战时期一名美国军人和他的妻子在诺曼底登陆日前的通信往来，其中没有中国元素，教师可以补充清朝末年革命烈士林觉民的《与妻书》，带领学生对比分析中西方在战时的爱情观。同时可以补充中国古代文豪们的情诗作为课外阅读材料，如苏轼写给亡妻的《江城子》、秦观的《鹊桥仙》，帮助学生进一步感受中文诗歌之美。反之亦然，本单元Reading 2讲解的是梁祝的故事，教师可以让学生快速阅读课文，然后让一两个学生用“故事山”策略复述梁祝的故事，巩固本单元所讲的“故事山”策略。同时要求学生从文化背景、主题、爱情观、家庭和社会观、结局、情节发展和冲突、爱的表达、意义影响八个方面对比分析《罗密欧与朱丽叶》和《梁山伯与祝英台》之间的共性与差异，鼓励学生进行小组讨论和课堂分享，表1可作为辅助。

表 1 《罗密欧与朱丽叶》和《梁山伯与祝英台》对比分析

Items	*The Butterfly Lovers*	*Romeo and Juliet*	Commonalities and Differences
Cultural Background	China, Late Eastern Jin Dynasty	Italy, Renaissance Period	Difference: Each story reflects its distinct cultural characteristics and historical context.
Main Themes	Love, fidelity, social class, and philosophy of life	Love, family feud, fate, and individual choices	Commonality: Love is a central theme, but surrounded by different social issues and conflicts.
View of Love	Values inner beauty, sincere emotions, and loyalty	Often initiated by physical attraction, passion, and pursuit of free love	Difference: There are variations in how love is portrayed and pursued.
Family and Social Values	Values family honor, parental authority, respect for tradition	Values family honor, feuds between families	Commonality: Family and societal values significantly affect individual love experiences. Difference: Forms of societal conflict.
Ending	Tragedy, both protagonists transform into butterflies to stay together	Tragedy, both protagonist scommit suicide	Commonality: Both end tragically, reflecting themes of love and death.
Plot Progression and Conflict	Conflict between love and family/social traditions	Conflict between love and family feuds	Commonality: Conflicts propel the plot, showcasing the dichotomy between the individual and the external world.
Expression of Love	Through poems, letters	Through monologues, dialogues	Difference: Cultural differences affect the artistic expression of love.
Significance and Impact	Became a model of loyal love in Chinese culture	Became a symbol of romantic love in Western culture	Commonality: Both stories have had a profound impact on their respective cultures.

学生通过从多个维度对比中西方爱情故事，能够更加深刻地理解中国传统文化中对爱的表达，加深对爱的理解，在用英语讲述中国故事时更有民族自豪感。

3 教学效果

笔者所教授专业为播音主持专业，该专业学生富有表现力，乐于参加朗诵、演讲等活动。通过本单元的教学设计，在课堂上融入了英文配乐诗朗诵；采用“故事山”策略用英文分享中国民间爱情故事；对比分析第二次世界大战时的情书与林觉民的《与妻书》；根据教师所列提纲，从八大方面对比分析《罗密欧与朱丽叶》《梁山伯与祝英台》，开展形式多样的活动，充分调动学生的积极性。带领学生更加深刻地理解爱情故事在不同文化背景下存在诸多差异，这些差异反映了每种文化对爱情的理解和表达方式：在西方文化中，许多被广泛传颂的浪漫爱情故事强调个人的追求和畅想，看重个人价值；而在中国文化中，爱情更多地被理解为家庭和社会责任的一部分。借此引导学生树立正确的恋爱观、价值观和世界观。这样的教学设计对于播音主持专业的学生传递好中国声音、讲好中国故事有很好的针对性。

4 结语

“讲好中国故事”既是落实立德树人根本任务的客观需要，也是顺应英语语言教学规律、提升学生语用能力的有效途径。需要教师在研读教材的基础上，制定语言目标、技能目标和情感目标，通过一系列的教学活动设计，将中国故事元素巧妙地融入教学过程中。在达到语言和技能目标的同时，“润物细无声”地使学生深化对中国文化的认识与理解，培养家国情怀，拓宽国际视野，做一个有中国灵魂、世界眼光的中国故事讲述者。

参考文献：

蔡基刚，2021. 课程思政视角下的大学英语通识教育四个转向：《大学英语教学指南》（2020版）内涵探索［J］. 外语电化教学（1）：27－31＋4.

常丹丹，杨玲，孙慧，2023. “讲好中国故事”视域下的大学英语课程教学探索［J］. 大学教育（16）：131－133.

胡杰辉，2021. 外语课程思政视角下的教学设计研究［J］. 中国外语，18（2）：53－59.

教育部高等学校大学外语教学指导委员会，2020. 大学英语教学指南［M］. 2020版. 北京：高等教育出版社.

文秋芳，2021. 大学外语课程思政的内涵和实施框架［J］. 中国外语，18（2）：47－52.

关键语种和研究生教育教学

提升硕士研究生公共英语课程思政育人实效教学案例分析[①]

潘　文

四川大学外国语学院

摘　要：以立德树人为目标的课程思政教育是新时代教育的重要主题和要求。当前，对硕士研究生英语公共课的课程思政探讨较少。笔者以教育部颁布的《高等学校课程思政建设指导纲要》为指南，尝试将课程思政融入硕士研究生英语公共课程课堂教学全过程。本文以其中的一个教学片段——“如何避免学术剽窃”为例进行课程思政教学设计并运用于教学实践。问卷调查显示，该案例课程有效落实了立德树人目标，向学生传递了“诚信”这一社会主义核心价值观。

关键词：研究生英语公共课；课程思政；教学案例；育人实效

2016 年 12 月，习近平总书记在全国高校思想政治工作会议上强调：“要坚持把立德树人作为中心环节，把思想政治工作贯穿教育教学全过程，实现全程育人、全方位育人”（习近平，2016）。由此，我国对高等教育课程思政的改革探索日益兴盛。CNKI 数据显示，对大学英语课程思政的研究在 2017 年起步时，仅有 2 篇，到 2024 年 6 月 30 日，

① 本文系 2023 年四川大学党的二十大精神“三进”研究生教学改革专项课题“‘学术英语（中级）’课程思政实践与立德树人成效研究”（SJYJ2023015）和 2023 年四川大学外国语学院教学改革与管理研究课题“研究生英语公共课的课程思政教学设计与实效研究”（2023 学院教改－05）成果。

已达3350篇。[①] 目前对大学英语课程思政的研究主要集中于本科教育和高职院校（潘文，2022：49），对硕士研究生英语公共课的课程思政探讨较少，因而非常有必要对这一课题开展研究（杜新宇，杨明海，2022：102）。

2020年5月，教育部印发《高等学校课程思政建设指导纲要》，专门对高校课程思政进行安排部署，强调“将课程思政融入课堂教学建设全过程”，具体要“落实到课程目标设计、教学大纲修订、教材编审选用、教案课件编写各方面，贯穿于课堂授课、教学研讨、实验实训、作业论文各环节”，目标是“立德树人”，实现价值塑造、知识传授和能力培养三者的圆融统一（教育部，2020）。以该纲要为指导，笔者对自己长期教授的硕士研究生英语公共课如何将思政教育元素有机融入课堂教学全过程进行了探索。本文就其中的一个教学主题“如何避免学术剽窃”的教学设计和育人成效进行探讨与分析。

1 研究背景：四川大学硕士研究生公共英语课程简介

笔者所在的四川大学硕士研究生英语公共课名称是“学术英语（中级）”，选用的教材是蔡基刚主编的《学术英语（理工）》（2016年第2版）[②]，在硕士研究生一年级的秋季或春季开设，每周2学时，18个教学周，共计36学时。课程目的是帮助非英语专业研一学生在硕士学习起步阶段就能熟悉英文学术伦理规范，掌握英语论文撰写方法和技能，培养获取专业相关前沿信息的能力，提高学术英语听说能力和跨文化交流能力，熟悉学术科研应具备的科学方法和道德品格，形成自我学习与自我提高的学术能力。

根据教材章节内容，课程主线围绕如何写出一篇可发表的英语期刊论文的各个部分与环节展开，包括如何选题与确定论文标题、如何寻找

---

① 这是在CNKI数据库的主题栏检索“大学英语 * 课程思政”后显示的论文数量结果。按CNKI的检索方法，“大学英语 * 课程思政”表示检索到的文献主题同时涉及“大学英语”和“课程思政”。

② 讲授硕士研究生英语公共课的全体老师讨论后一致认为，这本《学术英语（理工）》的内容设置适用于不同的专业，包括人文、理工和医学专业。

学术研究资料、如何写文献综述和引言、如何写研究方法和结论部分、如何写讨论和摘要部分，等等。同时，对学生的学术听说能力进行训练，并强调遵守学术规范，树立正确的世界观、人生观、价值观和政治立场等。

“如何避免学术剽窃”是“如何选题与确定论文标题”教学板块中的一个非常重要的教学主题，下面就这个主题进行课程思政教学设计与实践探索。

2 “如何避免学术剽窃”教学案例课程思政设计

2.1 教学理念和教学法

大学英语课程思政的根本问题是如何潜移默化地实现价值塑造、知识传授和能力培养三者相统一，避免专业与思政割裂的“两张皮”现象，“以学生为中心”的教学理念是解决该问题的基本思路（潘文，2022：52）。本门课程践行“问题驱动”（problem-based learning，PBL）教学模式和“以结果为导向”（outcome-oriented）的教学法，密切结合学生对学术英语的实际需求，在帮助学生解决学术英语运用中的各种实际问题的同时巧妙融入思政元素，开展思政教育。本门课程的一个显著特征是，教师在教学过程中通过不断提问、引导同学间相互提问，吸引学生的注意力，从而提高学生的参与度，这种以提问为方式的课堂翻转对研究生英语听说教学的有效性已被证实（潘文，2023）。当然，临场提问对教师的综合素质提出了较高要求，教师必须保持学习状态，与时俱进，提高教学能力。

2.2 教学目标

“如何避免学术剽窃”这一教学主题包含三方面目标。一是价值目标：避免剽窃，深刻认识学术道德伦理规范的重要性，将学术诚信融入科研与生活中，践行社会主义核心价值观——诚信。二是知识目标：熟知剽窃的定义和各种呈现形式，在论文写作中能避免剽窃，掌握学术规范的基本要求。三是能力目标：能判定剽窃行为、避免“剽窃”（plagiarism）与“不规范引用”（bad citation），能掌握并运用避免剽窃的写作方法。显然，该案例课程践行了课程思政教学的总目标：实现价值塑造、知识传授和能力培养三者相统一。

2.3 教学思路与步骤

“如何避免学术剽窃”的教学思路包含以下七个步骤：（1）Warm-up：学生小组英文 PPT 展示，课堂翻转开展听说训练。（2）展示学术不端案例，引入本节课的知识点，向学生提问“是否了解学术剽窃”。（3）介绍科研诚信的重要性及我国对科学道德和学术规范的相关规定。（4）讲解学术剽窃的定义与剽窃行为的界定，知悉剽窃的各种呈现形式。（5）课堂小组主题讨论：哪种剽窃情况最容易出现？“剽窃”与“不规范引用”有何区别？“故意”与“非故意”的剽窃都应避免。（6）学习避免剽窃的英文写作方法：做好引用和参考文献；介绍引用的三种具体方法：直接引用（quoting）、总结（summarizing）和改述（paraphrasing）。（7）课后训练与自我提升。

2.4 教学重点难点分析与处理

上述“教学思路与步骤”中的（3）、（4）和（6）是本小节的教学重点和难点。教学的成效应该是学生在学习之后能解决这些重点与难点。课堂对重点与难点的处理如下：（1）回顾习近平总书记在二十大报告中关于“实施科教兴国战略，强化现代化建设人才支撑”的论述；学习习近平总书记对“科研诚信”的相关论述与对科研工作者的要求；介绍相关规章制度及对学术不端的惩处案例，突出学术诚信的重要性与严肃性。（2）通过举例、主题讨论帮助学生深刻理解剽窃的定义，熟知剽窃的各类情况、各种形式，避免出现“非故意”剽窃。（3）学生自主学习，通过教材练习与阅读课外专业文献学习，强化对避免剽窃的认识。（4）学生在实际英文论文写作中运用避免剽窃的方法和技巧。

2.5 课程思政教育元素的挖掘与融入

从上述设计可见，“如何避免学术剽窃”这个小节的课程思政教育主要在两方面：

（1）科研诚信的重要性。党的二十大报告指出：“教育、科技、人才是全面建设社会主义现代化国家的基础性、战略性支撑”，要“深入实施科教兴国战略、人才强国战略、创新驱动发展战略”（习近平，2022）。科研诚信是实施上述战略目标的前提和基础。2021 年 5 月，习近平总书记在两院院士大会、中国科协第十次全国代表大会上指出：“诚信是科学精神的必然要求。广大院士要做学术道德的楷模，坚守学术道德和科研伦理，践行学术规范，让学术道德和科学精神内化于心、外化于行，涵养风清气正的科研环境，培育严谨求是的科学文化。”（习近平，2021）

（2）我国对科学道德和学术规范的相关规定与惩处。教育部出台了多项相关规章制度，如《高等学校预防与处理学术不端行为办法》（其中，“剽窃”位列学术不端行为第一类）等，规范科研诚信行为，并对学术不端等进行了严厉惩处，如《教育部公开曝光第十二批 7 起违反教师职业行为十项准则典型案例》等。

教师在对这小节的总结与实训中强调：英文学术写作中要做好引用和参考文献，避免剽窃行为的发生。诚信是学术科研的基本要求，也是社会主义核心价值观之一，对实现民族伟大复兴有重要意义。

2.6 教学活动设计

根据前述“教学理念和教学法”及“教学思路与步骤”，“如何避免学术剽窃”这个主题的课堂教学方法和活动有如下几类：（1）课堂翻转开展听说训练；（2）课前预习与课后巩固练习相结合；（3）综合运用讲解、提问、案例分析等，教师列举英文写作中出现的情况，学生能判定是否是剽窃行为，并能做出正确的修改；（4）开展课堂主题讨论，师生互动，课堂练习中同学间互评（peer review），强化对如何避免各种形式的剽窃的认识，形成对科研诚信和学术道德伦理规范的思考；（5）以实际问题为导向，布置课后写作训练，强化学术论文写作引用方法，避免“非故意”剽窃，遵守学术规范与践行科研诚信。

其中，课堂翻转形式的小组英文 PPT 展示在提高学生的注意力、避免学生“开小差”方面取得了较好的教学效果（潘文，2023）。课后写作训练的设计之一是让学生回顾自己本科毕业论文或自己先前曾写的论文，检查引用注释是否规范，并选取有引文的一部分，用英文撰写或拓展成 500 字左右的内容，注意综合运用直接引用、总结和改写三种写作技巧，并做好参考文献。完成后学生小组成员间交叉互评。

2.7 教学评价

本门课程采用形成性评价方法，由过程考核和终结性考核组成，各占50%。过程考核即平时成绩，主要包括课堂表现和自主学习。终结性考核主要通过期末考试的形式进行，着重考查学生的学术英语输出能力。本课程的考核蕴含对潜在的课程思政教育的考核，包括正确的世界观、人生观、价值观和政治立场，遵守学术道德伦理规范，与专家学者进行跨文化交流时的文化自信、爱国的表现，等等。

本小节课程的成绩计算点包括：（1）课堂开始15～20分钟的小组学术英语PPT展示和以此为基础的翻转课堂听说训练；（2）学生完成相关课前预习、练习，能回答老师问题，参与课堂讨论；（3）学生能运用具体写作方法完成课后写作练习、避免剽窃，能遵守学术规范，做到科研诚信。

3 “如何避免学术剽窃”教学案例课程思政育人成效

本小节知识点与思政元素隐性融合：不剽窃、不作假，科研工作诚实守信，而诚信则是社会主义核心价值观之一；预期课程思政成效是使学生深刻认识学术道德伦理的重要性，做到避免剽窃、有科研品格和社会责任感，并能有意识地将诚信贯穿日常生活，践行社会主义核心价值观。

在2023年秋季学期结束时，笔者用问卷星发放了问卷，对本学期的课程思政育人效果进行了调查。笔者讲授的硕士研究生英语公共课“学术英语（中级）”共有6个班，每班28人，共计168人，回收问卷163份。问卷结果显示，100%的同学认为本门课程是正能量的（如图1所示），这从侧面说明课程思政取得了一定成效。但同学们对“课程思政”的概念和所包含的内容并不完全清楚。图2数据显示，有约8%的同学“不太了解”课程思政内容，还有1.23%的同学属于“完全不了解”。在“如何避免学术剽窃”章节学习中，有3位同学认为课程中提到的“诚信是社会主义核心价值观之一”并“不属于”课程思政，有2位同学对此表示“不清楚”，不过有158位同学（占比96.93%）认为这属于课程思政（如图 3 所示）。图 1、图 2 和图 3 表明，笔者在授课过程中潜移默化地落实了课程思政教育，虽然个别同学对课程思政的内容范围并不清楚，但课程整体充满正能量，“如何避免学术剽窃”章节的课程思政取得了一定成效。

1. 本门课程整体是否是正能量的？

选项	小计	比例
是	163	100%
否	0	0%
不清楚	0	0%
本题有效填写人次	163	

图 1　本门课程的教学是否是正能量的

2. 您了解课程思政内容吗？

选项	小计	比例
非常了解	26	15.95%
比较了解	78	47.85%
一般	44	26.99%
不太了解	13	7.98%
完全不了解	2	1.23%
本题有效填写人次	163	

图 2　是否了解课程思政内容

3. 在“如何避免学术剽窃”章节的学习中，我们提到“诚信是社会主义核心价值观之一”，您认为这属于课程思政吗？

选项	小计	比例
属于	158	96.93%
不属于	3	1.84%
不清楚	2	1.23%
本题有效填写人次	163	

图 3“科研诚信”是否属于课程思政范畴

4　结语

四川大学为硕士研究生开设英语公共课程“学术英语（中级）”的目的非常明确：满足硕士研究生对学术英语的实际需求，培养与提升学生开展学术科研活动的技能与品格。该课程蕴含着丰富的思政教育元素，本文对其中的一个教学点“如何避免学术剽窃”进行了案例分析与实践探索。笔者根据《高等学校课程思政建设指导纲要》的要求，将课程思政融入课堂教学的各个环节，对“如何避免学术剽窃”这个知识点的讲授进行了详细的课程思政教学设计，包括教学理念和教学法、教学目标、课堂教学思路与步骤、教学重点难点分析与处理、课程思政教育元素的挖掘与融入、教学活动设计、教学评价。

本小节课程的专业知识是“如何避免学术剽窃”。在介绍科研诚信的重要性及我国对科学道德和学术规范的相关规定时重温了二十大报告，再次学习了习近平总书记对学术道德、学术规范、科研伦理精神等的论述，并通过介绍《高等学校预防与处理学术不端行为办法》《教育部公开曝光第十二批7起违反教师职业行为十项准则典型案例》，强调科研诚信和在日常生活中贯彻社会主义核心价值观，落实立德树人目标。学期结束时对学生的问卷调查显示，尽管有少数学生对课程思政包含的内容范围不清楚，但高达96.93%的同学肯定“科研诚信”属于课程思政，并有100%的同学表示整门课程是正能量的，这说明笔者对研究生英语公共课的课程思政教学取得了一定成效，此后将继续推动课程思政润物细无声地贯穿教学育人全过程，努力将价值塑造、知识传授、能力培养“三位一体”的人才培养目标落实到位。

参考文献：

蔡基刚，2016．学术英语（理工）[M]．2版．北京：外语教学与研究出版社．

杜新宇，杨明海，2022．研究生英语课程思政教育元素有机融入体系探究[J]．山东师范大学学报（社会科学版），67（05）：101－111．

教育部，2020．教育部关于印发《高等学校课程思政建设指导纲要》的通知[EB/OL]．（2020－05－28）[2024－06－30]．http://www.moe.gov.cn/srcsite/

A08/s7056/202006/t20200603 _ 462437. html.

潘文，2022. 基于CNKI数据库文献的大学英语课程思政研究解析［J］. 四川民族学院学报，31（5）：48－55.

潘文，2023. 翻转课堂在研究生英语听说教学中的运用及成效［G］//王欣. 外国语言文学与文化论丛17. 成都：四川大学出版社：204－210.

习近平，2016. 把思想政治工作贯穿教育教学全过程　开创我国高等教育事业发展新局面［EB/OL］.（2016－12－09）［2024－06－30］. http://politics. people. com. cn/n1/2016/1209/c1001－28936072. html.

习近平，2021. 在中国科学院第二十次院士大会、中国工程院第十五次院士大会、中国科协第十次全国代表大会上的讲话［EB/OL］.（2021－05－28）［2024－06－30］. http://www. moj. gov. cn/gwxw/ttxw/202105/t20210528 _ 424683. html.

习近平，2024. 高举中国特色社会主义伟大旗帜　为全面建设社会主义现代化国家而团结奋斗——在中国共产党第二十次全国代表大会上的报告［EB/OL］.（2022－10－25）［2024－06－30］. https://www. gov. cn/xinwen/2022－10/25/content _ 5721685. htm.

外国语言学及应用语言学专业硕士课程思政的研究与实践

——以“心理语言学”课程为例①

黄 乔

四川大学外国语学院

摘 要：当前外语界课程思政建设研究主要集中在本科层次，几乎未见面向研究生层次的课程思政建设研究。本文聚焦外国语言学及应用语言学专业硕士课程思政的研究与实践，以核心课程“心理语言学”为中心，通过深挖培养目标、教学内容、教学方法和教学评价中的课程思政元素，寓价值观引导于知识传授和能力培养之中，为外国语言文学专业硕士课程思政建设提供思路借鉴，促进外语学科本、硕、博全覆盖的课程思政建设，培养国家需要的高素质、高水平、高层次复合型人才。

关键词：课程思政；心理语言学；外国语言学及应用语言学；外国语言文学

1 引言

改革开放以来，我国外语教育取得了巨大成就，为国家经济社会发展做出了重要贡献。为适应新时期的外语教育，教育部高等学校教学指

---

① 四川大学研究生教育教学改革研究项目（GSSCU2023047）资助项目。

导委员会于2018年发布了《普通高等学校本科专业类教学质量国家标准》（简称《标准》），明确了我国外国语言文学类教学质量国家标准的各项指标；为贯彻落实《标准》精神，教育部高等学校外国语言文学类专业教学指导委员会于2020年发布了《普通高等学校本科外国语言文学类专业教学指南（上）》（简称《指南》）。《标准》和《指南》的出台为外语教育指明了发展方向。不过，尽管《标准》和《指南》规定了外语人才的培养目标和培养规格（2018：92；2020：1－2），但它们多聚焦知识维度和能力维度，对人才培养中的价值维度关注不够。

2020年5月28日，教育部印发了《高等学校课程思政建设指导纲要》（简称《纲要》），全面推进高校课程思政建设，吹响了新时代我国高等教育的集结号。课程思政是新时代我国教育教学的主要特色之一，也是“双一流”建设和新文科背景下落实立德树人根本任务的重要举措。围绕教育的根本问题“培养什么人、怎样培养人、为谁培养人”，课程思政就是要将价值塑造、知识传授和能力培养三者融为一体，在教学中寓价值观引导于知识传授和能力培养之中，实现立德树人的根本任务。

在课程思政建设背景下，外语课程思政建设尤显必要、迫切。语言与文化紧密相关，文化又是民族价值的体现，因此外语专业课程天然地携带着价值观。《纲要》中所强调的价值、知识、能力“三位一体”以及价值先于知识和能力的培养目标是对《标准》和《指南》的重要补充和提升，充分彰显了“价值引领”（王欣，陈凡，2021）的重要性。

由于《标准》和《指南》聚焦本科教学，我国外语界关于外国语言文学（一级学科）专业课程思政的研究成果集中在本科层次（例如，肖琼，黄国文，2020；杨金才，2020；徐锦芬，2021；文秋芳，2021），几乎未见面向研究生层次的课程思政研究成果。有鉴于此，本文以四川大学外国语学院外国语言学及应用语言学（二级学科）专业硕士核心课程“心理语言学”为中心，呈现该课程思政建设的研究与实践，为外国语言学及应用语言学专业乃至外国语言文学专业硕士课程思政建设提供思路借鉴，促进外语学科本、硕、博全覆盖的课程思政建设。

2 “心理语言学”课程的现状分析

“心理语言学”是四川大学外国语学院外国语言学及应用语言学专业硕士的核心课程之一，2学分，32课时，课程共十讲，包括导论、语言的生物基础、语音感知、心理词库、句子理解、话语与阅读、言语生成、语言与思维、一语习得、二语学习等。我们首先概览“心理语言学”课程现有的培养目标、教学内容、教学手段和教学评价，然后分析个中不足，为本课程思政建设留下伏笔。

第一，目前尚无针对具体课程和二级学科的培养目标，而仅有一级学科硕士研究生培养目标。在思想政治方面，掌握马克思主义世界观和方法论，从历史与现实、理论与实践等维度深刻理解习近平新时代中国特色社会主义思想，深刻理解社会主义核心价值观等；在科研学术方面，掌握外国语言学及应用语言学专业基础理论和系统知识；具有从事科学研究工作的能力，具备国际视野，能熟练应用所学外语开展学术研究和学术交流。第二，教学内容重在介绍以英语为主要语言构建的西方心理语言学理论成果，很少涉及基于中国境内语言（汉语普通话、方言以及中国境内濒危语言）反思或重构西方心理语言学理论的内容；多以汉语语言现象作为对西方语言学理论的验证，几乎未见具有中国特色的语言学理论。第三，教学手段以教师讲授与学生听记为主，较少使用大数据时代的数智化辅助教学手段，导致课堂教学互动不足，学生课堂参与度和满意度不高，学生的知识吸收程度和效果受到影响。第四，教学评价以形成性评价方法评判学生对知识的掌握程度，成绩分制为百分制，课程成绩由期末考试成绩（40%）、期中成绩（40%）和平时成绩（20%）构成，考核类型为考试周考试，考试类型为开卷考试。

基于以上现状梳理，我们意识到培养目标中价值目标与能力目标和知识目标存在脱节，教学内容未与中国心理语言学实际相联系，教学手段较为单一，教学评价未涉及思政要素评价，因此“心理语言学”课程思政的建设极为必要和迫切。

3 “心理语言学”课程思政建设路径探索

限于篇幅，本文无法呈现本课程思政建设内容的方方面面，仅集中于培养目标、教学内容、教学设计和教学评价等维度，呈现“心理语言学”课程思政的建设研究与实践，为外国语言文学专业其他硕士课程思政建设提供借鉴。

3.1 培养目标

培养目标是课程思政教学的顶层设计。在课程思政教学背景下，培养目标的落脚点在于“价值引领”（王欣，陈凡，2021）。这是对教育的根本问题“培养什么人、怎样培养人、为谁培养人”的回答。秉承立德树人的根本任务，本文将外国语言学及应用语言学专业的培养目标确立为通过传授语言学知识，提高学生对语言规律的掌握程度和运用能力，在教学过程中积极引导学生批判性思考西方语言学理论，并通过中外对比明确现有西方语言学理论的不足之处，增进学生对中国语言学发展的自信。这一目标有机结合了知识传授、能力培养和价值塑造，有利于培养国家需要的、素质全面的外语人才。

具体到“心理语言学”课程，其培养目标应该与课程思政建设的总目标同向同行，使课程思政与专业培养目标相结合、相促进，重点在于深挖“心理语言学”课程中的思政元素，并在教学内容、教学设计和教学评价的过程中实现增强政治认同，培养家国情怀，提高文化素养，加强中国特色社会主义、中国梦、中华优秀传统文化教育等思政育人目标。

3.2 教学内容

教学内容是课程思政建设中的重中之重。教学内容选取是否得当，直接关系到课程思政的建设成效。应当承认，专业课程内容与思政内容在知识体系上的联系不够明显，两者在教学中似乎是各自独立的，这很容易造成专业课程内容与思政内容的“两张皮”现象。这不仅不利于思政内容的真正落地，甚至会引发学生的抵触情绪。因此，我们深入挖掘现有课程内容中的思政元素，于课程教学的同时实施思政教学，达到

“润物细无声”的育人效果。

当前，外语专业语言学类课程讲授的多为国外语言学理论。现代意义上的语言学确实由西方学者所开创。正因如此，外语专业语言学课程思政建设必须重视中国境内语言（汉语、方言以及少数民族语言）以及中国语言学思想和理论，强化中国语言学的元素以及语言学理论的本土化研究（李银美，文旭，2022：6；文旭，2021：74）。这是不无道理的。按照行为主义学家约翰·华生的环境决定论，给他一打健康儿童，可以训练成任何人。如是，倘若没有中国语言学元素的输入，外国语言学及应用语言学专业培养出来的人才自然也就不知晓我国的语言学研究成果。这既不符合人才培养的知识和能力目标，更远远偏离了课程思政所要求的价值目标。需说明的是，我们并不否认中国语言学相比西方语言学发展存在差距，但教师要引导学生意识到其中存在的差距，并以发展的眼光看待问题，鼓励学生们为之奋斗。

在明确语言学课程的确需要思政育人的基础上，需要弄清如何挖掘思政元素。对此，文秋芳（2021：49—50）提出两点建议：第一，思政元素应当基于教学内容而又高于教学内容；第二，一个教学单元无法覆盖所有思政元素。这既避免了教师将思政课程内容生搬硬套到专业课程，也从多个角度丰富了专业课程的思政建设成果。基于此，我们在“心理语言学”课程的教学内容中深挖思政元素，构建课程思政教学案例库。

心理语言学是语言学和心理学学科交叉的产物，旨在揭示语言活动中的心理过程。然而，中外经典教科书在谈及心理语言学的历史时几乎都没有介绍中国心理语言学的历史和发展。具体而言，不管是我国语言学界心理语言学的开山之作《新编心理语言学》（桂诗春，2000：23），还是在世界范围都享有盛誉的心理语言学经典之作 *Psychology of Language*（Carroll，2008：11），都将美国学者 Osgood 和 Seboek 于 1954 年编辑出版的《心理语言学：理论和研究问题概述》视为心理语言学作为一门学科正式诞生的标志。诞生之前，受行为主义的影响，西方语言学与心理学几乎没有交叉，形成了一种“善意的忽视”局面；诞生之后，主要关注乔姆斯基革命对心理语言学研究对象的重置，以及新的研究技术的引入。

以上两本教科书的描述方式所留下的印象是，中国学界并未参与心理语言学学科的建构和发展。这当然不是事实，至少不是事实的全部。实际上，尽管20世纪90年代之前国内学者关于心理语言学的研究主要是引进和吸收，但在此之后逐渐开展了自己的理论研究和应用研究。在理论探索方面，关注以汉语为母语者的英语学习者的心理词库、英汉句子的短时记忆功能和特性、影响中国学生英语阅读的主要因素等；在应用层面，着重考察了中国学生学习英语的具体过程，将理论研究的成果运用到英语教学实践（李绍山，李志雪，2007：28）。此外，由中国英汉语比较研究会心理语言学专业委员会主办的第六届中国心理语言学国际研讨会（2022年6月10日至12日）见证了中国心理语言学研究在“求是创新”理念下取得的新进展，也为中国心理语言学在世界舞台发出中国声音提供了反馈和启发（余杭燕，杨静，2023：121）。因此，在讲授“心理语言学”第一讲（导论）时，有必要为学生提供补充阅读材料，了解心理语言学的研究进展，特别是中国心理语言学的最新发展动向。

在讲解第四讲（心理词库）时，引导学生关注中国学者的语言意义理论。心理词库指的是存储在大脑中的词项及其所包含的信息。其中一个重要方面是词项的语义信息，而后者又建立在对语言意义理论的阐释之上。课程教学中现有的语言意义理论均是西方学界的产物，包括指称论（罗素）、使用论（维特根斯坦）、言语行为理论（塞尔）、体验论（莱考夫）等，而未涉及中国学者提出的语言意义理论。事实上，在先秦“名实之辩”中，各家各派都有代表性的语义学思想，如孔子“循名责实”的先验主义语义观，墨子“按实定名”的经验主义语义观，老子“轻名实，重言意”的语用主义语义观，以及公孙龙“专绝于名”的理性主义语义观。这些理论围绕“名”（语词）与“实”（指称）展开论战，形成了中国古代的主要语义学立场，并且对现代语言学和语言哲学难题仍有思想上的启发（黄乔，刘利民，2023：14；刘利民，2011：13）。不仅如此，当代中国学者也有独特的语义观问世。例如，四川外国语大学王寅在分析认知语言学的功与过的基础上，为体现语言研究中的马克思列宁主义辩证唯物论和后现代哲学的人本观，将国外的认知语言学本土化为“体认语言学”（王寅，2019）。语言意义是“体认”的结果：“体”是主体与客观世界的互动体验，“认”是主体心智的认知加工。这一新兴的本土化理论为外语教学与研究带来了全新的视角。

在讲解第五讲（句子感知）时，虽然仍然应该以乔姆斯基作出的深层结构与表层结构之分作为讲解重点，但同时也需关注中国学者早已作出的类似划分——黎锦熙在1925年出版的《新著国语文法》中明确区分了论理的次序与文学的次序（黎锦熙，1925：48－49）。当然，仅仅告知学生中国学者的研究成果其实更早生发是不够的，还需要说明为什么黎锦熙思想的影响力不及乔姆斯基。从这个问题出发，我们引导学生反思如下问题：为什么现代语言学流派都是西方的产物？为什么中国具有悠久的语言研究传统但却没有自己的语言学理论流派？很重要的一个原因是中国语言学家重教学实践、轻理论反思的旨趣，而后者恰恰与哲学根基紧密相连（刘利民，2010）。作为佐证，一个典型案例是中国社会科学院学部委员、语言研究所前所长沈家煊研究理路发生的重大变化。他在《关于外语界做研究的几点想法》里明确指出，语言学家的研究对象不是语言理论而是语言本身。“研究语言理论、对各种理论加以评判，这是语言学史学家的任务，不是语言学家的任务……语言学家也不是哲学家，可以坐在那儿从概念到概念做抽象的思考。”（沈家煊，2007：19－20）然而，近年来他关于语言学与哲学之间关系的观点发生了一百八十度的转弯：如果没有哲学的指引，语言学的理论根本不可能深入下去。他基于中国传统哲学中“天人合一”以及“体用不二”等思想，创造性提出“汉语名动包含论”（汉语中的名词和动词是包含关系），这不同于英语中名词和动词之间的分离关系（沈家煊，2017）。可见，沈家煊先生研究范式的更新正应了语言学史家Robins的名言——“广义上的哲学是语言学的摇篮”（Robins，1967：88）。

在讲解第九讲（语言与思维的关系）时，不仅要指出西方与东方的思维方式倾向有别——西方重分析、东方重综合，更要说明东方并不是没有分析式思维。历史上，不少学者曾提出中国没有古希腊式思辨哲学的依据就在于中国人缺乏理性抽象认识能力，而后者又与汉语自身的特征高度相关。例如，法国思想家德里达在2001年访华期间曾宣称，哲学是与古希腊发明和欧洲语言相联系的一种思想，将中国没有哲学的原因归结到汉语身上；汉语作为语境中心语言缺乏形式化特征，不利于抽象、逻辑思想的形成（德里达，2001：9－10）。然而，刘利民（2007，2014）反驳道，汉语并不是产生思辨理性的障碍。只要中国思想家专注对语言意义的反思，也同样能够催生出具备汉语语言特色的理性与逻辑思想。毕竟，哲学是对语言意义的反思，而不是对语言形式的反思；古希腊思想家对语言意义的思索催生了哲学，而对语言形式的思索催生了语言学。

上述案例中的思政元素对于树立民族自信心和自豪感、建立汉语语言学学术体系和话语体系有着重要作用。在课堂上引入中国经验，“能够让学生更理解中国特有的家国情怀，产生情感共鸣和价值认同”（王欣，陈凡，石坚，2021：70）。我国具有悠久的语言研究传统，洞察深刻、分析精辟，将其中的假说、观点和理论纳入外国语言学及应用语言学专业课程的教学内容，对于构建具有中国特色、中国风格、中国气派的语言学学科体系、学术体系和话语体系具有重要推动作用。

3.3 教学设计

教学设计是联通教育理论与教学实践的桥梁。在设计课堂教学方案时，首先需要明确课程的教学目标（价值目标、知识目标和能力目标），其次针对这些教学目标设计恰当的教学活动。有效的教学设计需要考虑教学目标的精准性、内容组织的体系性、流程设计的渐进性和评价反馈的整合性（胡杰辉，2021：53）。精准的教学目标集知识目标、能力目标与价值目标于一体，后者是前者的自然延伸；体系的教学内容指课程内容与思政内容的相互融合，犹如盐溶于水；教学流程是教学活动的顺序安排，其渐进性体现在教学难度的逐渐提高；评价反馈的整合性意即对知识目标、能力目标与价值目标的整合性评价。鉴于教学目标、教学内容和评价反馈主要在其他小节论述，本节重点讨论教学流程，或者说，教学活动的展开。

如上所述，渐进的教学流程是按照难度对教学内容的合理编排，这不仅要求教师对教学内容有全局性的把握，而且还要以恰当的教学方法将教学内容串联起来，以期达到形式和内容的融合。上节讨论了教学内容中的思政元素挖掘，本文以教学方法为中心，探索可能融入的思政元素。

教学方法是落实教学目标的关键。教学方法没有优劣之分，只有恰当与否。换言之，不同的教学方法各有优势与不足。讲授法的效率高，进度易把控，能较快向学生传授知识，但忽视了学生的主动性；任务驱动法能激发学生的兴趣和积极性，培养学生解决问题的能力，但耗费时间较长。因此，应该依据特定的教学内容，选取合适的教学方法，整合不同教学方法的优势，尽可能扬长避短。

例如，“心理语言学”第四讲（心理词库）的知识目标是掌握心理词库中的语义信息地位、心理词库的结构以及词汇通达的模型和影响因素，而价值目标在于培养学生的批判性思维。心理词库是人对语词的形态、语法、语义和语用等全面认知所形成的心理体系，其中的语义信息是争议较大的话题，争议的实质在于学界关于语义信息的解释多样，围绕语言意义的理论数不胜数，甚至互有冲突。我国著名哲学家陈嘉映曾评论道，西方哲学两千多年的历史，其实就是一部“意义史”，一部围绕“意义是什么”、“我们如何认识意义”以及“我们如何用语言来言说意义”的历史。“对‘意义’词群扫一眼，可谓一团乱麻”（陈嘉映，2003：47）。而哲学恰恰又是埋葬其从业者的活动（Baghramian，1998：xlvii）：古有亚里士多德与柏拉图的对立，近有笛卡儿与培根的对立，今有克里普克与罗素的对立。基于此，在讲授“心理语言学”第四讲的心理词库时，我们采用了合作式和任务式教学方法。一方面，在课堂上，将全班分为 3 个小组，各小组合作讨论每个意义理论的不足，并给出例证。组员之间分工协作，共享信息与资源，互教互学，共同完成任务。例如，针对以后期维特根斯坦为代表的语言使用论，分析其与前期维特根斯坦理论之间的联系，论述其解释优势及局限。另一方面，布置课后任务，要求学生阅读近年来国内外学者围绕语词意义所发表的相关论战文章，甄别各方论证的合理性和有效性。合作式和任务式教学方法能够培养学生的辩证思维，帮助学生掌握马克思主义世界观和方法论，进而提升思辨能力和学术创新能力。

又如，在讲授“心理语言学”第三讲（语言感知）和第七讲（言语生成）时，我们采用了线上线下混合式教学。线上教学中，学生借助 Praat 语音学软件操练元音和辅音，利用可视化技术模拟语音的产出和感知过程，辅以软件的纠错功能，给学生带来道地的实践体验，加深学生对语音语调的理解，启发学生思考语音语调与情感表达的关系，欣赏语言中的语音美、韵律美。线下教学以解惑、延伸为主，针对性解决学生线上自学时遇到的问题；采用讲授法阐明语言感知的影响因素和解释模型，以及言语生成的假设阶段，并以实例帮助学生理解。线上线下混合式教学不仅能加强学生的语音识别能力，提升口语水平，也能培养学生的自我学习能力，帮助学生建立对汉语言的民族自信和情感认同。

3.4 教学评价

评价在教学中发挥着指挥棒的作用。开展教学评价，能有效促进师生沟通，提高教学评价和反馈的及时性，构建“以学为中心”的教学评价体系。不过，教学评价体系的构建并非易事。早有学者指出，“课程思政的难点在于建立一套完整的课程评价体系”（石坚，王欣，2020：44）。究其原因，教学评价涉及诸多要素，各要素的构成又是多面的。例如，评价主体至少包括学生、教师以及教学督导等，学生方面又涉及自评、互评和教师的评价。这使得构建完整的教学评价体系异常困难。限于篇幅，本文聚焦教学评价中的评价内容、评价方式和评价主体等维度，介绍这些维度的课程思政建设实践。

教学评价的内容很丰富，主要以考试试题的方式出现。试题的设计不仅是对学生掌握知识和运用能力的考查，还应充分发挥思政功能。考试内容上，引导学生使用西方语言学理论阐释汉语现象，在做到学以致用的同时，考察西方语言学理论无法很好解释的汉语现象，并基于这些现象补充西方语言学理论。例如，要求学生运用最小挂靠节点策略解释汉语花园小径句中的歧义现象。考试形式上，秉承非标准答案的出题思路，以简答题和论述题为主，凸显考试的开放性和灵活性，旨在考查学生的独立思考能力和创新创造能力。例如：心理语言学如何指导义务教育阶段的英语教学？

相关研究表明，传统的终结性评价不能较好反映外语专业学生的学习成效，受偶发因素影响较大，因此现有课程大都采取形成性评价，强调对学生学习过程的考核（袁树厚，束定芳，2017：51）。但关于形成性评价的构成争议较大，例如：期中考试和期末考试各占多少？是否还有除期中考试和期末考试外的其他评价方式？出勤是否计入课程成绩？

我们认为，为有效衡量学生的课程学习成效，学生的课程成绩由以下四个部分构成：努力程度（20%）、进步幅度（40%）、期中成绩（20%）和期末成绩（20%）。作此安排有如下原因：第一，由于每位同学的心理语言学起点不同，高起点学生的课堂表现似乎总是优于低起点学生的课堂表现，这既不利于高起点学生的进一步突破，也打击了低起点学生的自信心和学习动力。这是将努力程度和进步幅度纳入形成性评价的重要原因。第二，进步幅度的占比最大，这是课程知识和能力目标培养的终极指向，践行了“以学为中心”的教学理念。第三，期中考试和期末考试占比相同，既能让学生在整个学习过程中保持较高的专注力，又能较准确地反映学生的学习效果，减少意外因素对考试的影响，提高考试成绩的可信度。第四，努力程度占比与考试占比相同，能激励学生保持奋发向上的精神面貌，间接弱化考试对于学生学习的消极反拨效应。

评价主体主要包括教师、学生以及教学督导。教师需要评价学生的课堂表现，学生和教学督导需要评价教师的课堂教学。第一，教师是课堂教学的操盘手，应依据课程思政的内涵和建设内容对学生的课堂表现进行评价，判断学生是否真正主动参与价值塑造与能力培养的融合发展。此种评价有利于在学生学习过程中进行价值浸润。第二，学生通过课堂及时评教和期末评教等途径，评价教师在课堂教学中是否将价值塑造纳入培养目标、是否选取了具有思政性的教学材料、教学活动设计是否能促进学生价值和能力的融合发展等。第三，教学督导把教师参与课程思政建设情况和教学效果作为教师评价的重要内容，旨在鼓励教师真正践行以学为中心的教学理念，及时关注课堂教学反馈，促进教学反思和持续改进，注重课堂教学质量提升，形成课堂教学质量和思政建设同向同行的闭合单元。

4 结语

在当前外语课程思政建设聚焦本科层次的背景下，本文围绕研究生层次的课程思政建设，以外国语言学及应用语言学专业硕士核心课程“心理语言学”为例，从培养目标、教学内容、教学设计和教学评价四个方面呈现了课程思政建设的研究与实践。

本文不仅丰富了外语课程思政研究的疆域，还为后续研究提供了启发。未来可以建设外国语言学与应用语言学专业课程思政课程群，围绕语言学核心话题，从不同课程所具有的不同视角出发，构建互补关系，在培养学生问题意识、提升学生综合能力的同时实现价值塑造。

参考文献：

陈嘉映，2003．语言哲学［M］．北京：北京大学出版社．

德里达，2001．书写与差异［M］．张宁，译．北京：生活·读书·新知三联书店．

桂诗春，2000．新编心理语言学［M］．上海：上海外语教育出版社．

胡杰辉，2021．外语课程思政视角下的教学设计研究［J］．中国外语（2）：53－59．

黄乔，刘利民，2023．语义最小论视阈下的语词意义再议［J］．外语研究（5）：13－18．

教育部高等学校教学指导委员会，2018．普通高等学校本科专业类教学质量国家标准（上）［M］．北京：高等教育出版社．

教育部高等学校外国语言文学类专业教学指导委员会英语专业教学指导分委员会，2020．普通高等学校本科外国语言文学类专业教学指南（上）：英语类专业教学指南［M］．北京：外语教学与研究出版社．

黎锦熙，1925．新著国语文法［M］．北京：商务印书馆．

李绍山，李志雪，2007．心理语言学研究在中国的发展：回顾与展望［J］．解放军外国语学院学报（2）：27－33．

李银美，文旭，2022．课程思政走进语言学课堂——文旭教授访谈［J］．语言教育（1）：3－10．

刘利民，2007．在语言中盘旋：先秦名家“诡辩”命题的纯语言思辨理性研究［M］．成都：四川大学出版社．

刘利民，2010．“是”与“真”的哲学追问与语言学流派问题［J］．四川大学学报（哲学社会科学版）（5）：61－66．

刘利民，2011．语言元范畴化与公孙龙语言哲学［J］．外语学刊（1）：13－16．

刘利民，2014．“道”与“Logos”之“说”——中西思想文化差异的语言视角［J］．当代外语研究（6）：59－69＋125．

沈家煊，2007．关于外语界做研究的几点想法［J］．中国外语（1）：19－20．

沈家煊，2017．从语言看中西方的范畴观［J］．中国社会科学（7）：131－143＋207．

石坚，王欣，2020．立德树人　润物细无声：课程思政的内涵建设［J］．外语电化教学（6）：43－45．

王欣，陈凡，2021．角度、深度和温度——新文科背景下价值引领与外语专业课程思政建设［J］．外国语文（6）：16－22．

王欣，陈凡，石坚，2021．价值引领下的英语专业课程群思政建设［J］．中国外语（2）：65－70．

王寅，2019．体认语言学发凡［J］．中国外语（6）：18－25．

文秋芳，2021. 大学外语课程思政的内涵和实施框架［J］. 中国外语（2）：47－52.

文旭，2021. 语言学课程如何落实课程思政［J］. 中国外语（2）：71－77.

肖琼，黄国文，2020. 关于外语课程思政建设的思考［J］. 中国外语（5）：1＋10－14.

徐锦芬，2021. 高校英语课程教学素材的思政内容建设研究［J］. 外语界（2）：18－24.

杨金才，2020. 新时代外语教育课程思政建设的几点思考［J］. 外语教学（6）：11－14.

余杭燕，杨静，2023. 求是创新：中国心理语言学研究的新视角与新进展［J］. 外国语言文学（2）：118－122.

袁树厚，束定芳，2017. 我国外语教学中的形成性评价研究：回顾与思考（2002—2016）［J］. 外语教学理论与实践（4）：51－56＋21.

BAGHRAMIAN M，1998. Modern philosophy of language［M］. London：J. M. Dent.

CARROLL D W，2008. Psychology of language［M］. 5th ed. Belmont：Wadsworth Publishing.

ROBINS R H，1967. A short history of linguistics［M］. London：Longman.

俄语教学中文化意识培养的策略与实践[①]

罗 苹 谷玮洁

四川师范大学外国语学院

摘 要：外语课程具有工具性和人文性的双重性质。外语课程不仅仅是语言教学课程，还是培养学生文化意识的人文素质课程。本文从语言与文化的关系出发，结合全球化和“一带一路”背景，论述俄语教学中培养学生文化意识的必要性，提出俄语教学中培养学生文化意识的具体方法和途径，最后指出培养文化意识应辩证处理俄语工具性和人文性之间的关系，在文化教学中注意文化导入的双向交流，避免出现“中国文化失语”。

关键词：文化意识；俄语；教学

1 引言

外语课程具有工具性和人文性的双重性质，这一点已逐步为我国外语界所公认。2011 年版《义务教育俄语课程标准》（以下简称“2011《课标》”）指出，“义务教育阶段的俄语课程具有工具性和人文性双重性质”，“就工具性而言，俄语是一门实践性课程”，“就人文性而言，俄语是一门文化学习课程”（中华人民共和国教育部，2011）。2020 年版《普通高等学校本科俄语专业教学指南》（以下简称“《指南》”）也指出，

① 本文系四川师范大学校级教改项目“基础俄语 2”（项目编号 20220108XKC）和四川省教育厅人文社科项目“校地协同机制下的俄语教育路径探讨”（项目编号川 KYY202108）的阶段性成果。

“俄语专业属于人文社会科学学科，人才培养应突出人文特色”（教育部高等学校外国语言文学类专业教学指导委员会等，2020）。由此可见，俄语教学不仅仅是语言教学，而且是文化教学，是培养学生文化意识的人文素质课程。

然而长期以来，俄语教学的绝大部分关注点仍在语法和词汇教学上，对培养学生的文化意识的重视程度不够。所谓文化意识，一般包括文化知识、文化理解和跨文化交际三个方面的内容。就俄语教学而言，文化意识是指“学生在学习过程中，对俄语文化内涵的感知、理解和运用，以及在中俄文化的比较中，加深对中华民族优秀文化的认知和热爱”（中华人民共和国教育部，2011），其主旨是通过俄罗斯文化知识的传授，促进学生对俄罗斯文化以及中俄语言文化差异的理解，从而提高学生的跨文化交际能力。

因此，本文拟对俄语教学中学生文化意识的培养展开讨论，旨在阐明俄语教学中培养学生文化意识的必要性，结合教学实践探讨培养学生文化意识的具体方法和途径，并指出培养文化意识过程中应注意的问题，希望对促进俄语教学、提高俄语人才培养质量有所裨益。

2 俄语教学中培养学生文化意识的必要性

2.1 培养文化意识是语言与文化相互关联的必然结果

众所周知，语言与文化相互关联、相互依存。一方面，语言是文化的载体和容器，具有存储文化、传承文化、促进文化发展的基本功能。“语言的两大功能——交流感情和传输信息，认知世界和描写世界——的总结果是人类经验的积聚，存在于语言的记忆库之中。”（许国璋，1991）如果没有语言的记忆存储，人类的经验就仅限于耳闻目睹，而无法跨越时空世代传承，形成人类丰富的文化宝库。

另一方面，语言是文化的有机组成部分和重要内容。任何一个民族的语言都是该民族文化的一面镜子，都蕴含着丰富的民族文化。美国人类学家沃德·亨特·古德诺夫（Ward Hunt Goodenough）在《文化人类学与语言学》（*Cultural Anthropology and Linguistics*）中写道：“一个社会的语言是该社会文化的一个方面，语言和文化是部分和整体的关系，语言作为文化的组成部分，其特殊性表现在：它是学习文化的主要工具，人在学习和运用语言的过程中获得整个文化。”（转引自司徒双，1985）俄罗斯学者德米特里·谢尔盖耶维奇·利哈乔夫（Дмитрий Сергеевич Лихачев）也指出，“民族语言不仅仅是交流的工具、传递信息的符号系统。民族语言就其潜力而言——就像是俄罗斯文化的替代物”（转引自朱达秋，2010）。

从上述论述不难看出，一方面，透过语言的棱镜，往往可以看到一个民族的文化习俗、社会准则、价值观念等；另一方面，不了解所学语言国家的民族文化实际上无法真正掌握该门语言。

2.2 培养文化意识是全球化以及“一带一路”背景下外语教育的需要

当今世界正处在大变革时期，呈现出世界多极化和经济全球化的发展态势。这使得全球范围内的政治、经济、社会、文化、科技联系更加紧密，国际交流日益频繁，跨文化沟通的重要性也愈发凸显。外语教育不再仅仅局限于语言技能的传授，文化意识的培养已成为外语教育的重要目标和要求。美国外语教学委员会（American Council on the Teaching of Foreign Languages）关于外语能力标准的暂行规定明确地将“文化修养”规定为“听、说、读、写”之外的“第五项技能”，更在向美国 50 个州提出的外语教学大纲中指出，交际能力应包括五种要素，即某种语言能力（听、说、读、写）加上社会文化能力（能够与另一文化的人进行和谐的交往）（转引自石英，2007）。

文化意识更是“一带一路”背景下外语人才的必备素质。作为一个和平发展的大国，中国承担着重要的历史使命和国际责任与义务。2013 年 9 月和 10 月，中国国家主席习近平出访中亚和东南亚时，分别提出共建“丝绸之路经济带”和“21 世纪海上丝绸之路”的合作倡议，旨在积极发展与沿线国家的经济合作伙伴关系，共同打造政治互信、经济融合、文化包容的利益共同体、命运共同体和责任共同体。随着“一带一路”建设的深入推进，必然需要大批熟知沿线国家和本国文化的高素质外语人才，革新外语教学模式、提高外语人才培养质量已成为必然趋势。

俄语作为“一带一路”上的重要语言，对“一带一路”倡议在俄语国家的成功实践起着至关重要的作用。要实现俄语教育与“一带一路”建设高度接轨，使俄语教育服务于“一带一路”建设，不仅需要提高学生的俄语学习水平，还需要培养学生的跨文化意识，帮助学生深入了解两国语言文化差异。一方面实现外国文化“走进来”，另一方面实现中国文化“走出去”，传播中国声音，讲好中国故事，为中国与“一带一路”沿线国家的民心相通打下基础，实现真正意义上的互利共赢。

综上所述，外语教育应适应全球化趋势，适应“一带一路”背景，注重培养学生的跨文化意识。只有这样，我们才能培养出真正具备国际竞争力的人才，为推动全球文化的交流与融合做出贡献。

2.3　培养文化意识是提高学生人文素养的需要

如前所述，外语课程具有工具性和人文性的双重性质。外语专业教育不能仅仅着眼于语言知识和技能的传授，还应注重人文素养和各种综合能力的培养。2018 年版《外国语言文学类教学质量国家标准》（以下简称“《国标》”）将外语类专业规定为“我国高等学校人文与社会科学学科的重要组成部分……具有跨学科特点”（中华人民共和国教育部，2018），并从素质、知识和能力三个方面对外语类专业学生提出了要求。其中，素质要求规定“外语类专业学生应具有正确的世界观、人生观和价值观，良好的道德品质，中国情怀和国际视野，社会责任感，人文与科学素养，合作精神，创新精神以及学科基本素养”；能力要求规定“外语类专业学生应具备外语运用能力、文学赏析能力、跨文化交流能力、思辨能力，以及一定的研究能力、创新能力、信息技术应用能力、自主学习能力和实践能力”（中华人民共和国教育部，2018）。

2011《课标》也明确指出，“俄语课程承担着提高学生人文素养的任务。学生通过俄语课程能够了解俄罗斯文化，开阔视野，磨砺意志，陶冶情操，养成良好的学习习惯，形成有效的学习策略，培养自主学习的能力和团队意识，增强爱国主义精神，培养健全的人格，形成正确的人生观和价值观”（中华人民共和国教育部，2011）。

从以上描述不难看出，外语教学作为教育的一部分，不只承担着语言教学的任务，还肩负着提高学生人文素养的重任。而要实现学生人文素养的提高，就离不开文化意识的培养。正因为如此，外语教学“不仅是语言教学，还是文化教学”的观点越来越受到学界重视。美国语言学家查尔斯·弗里斯（Charles C. Fries）曾指出，“讲授有关民族的文化和生活情况绝不仅仅是实用语言的附加成分，不是教学总目的全然无关的事情，不能因时间有无或方便与否而决定取舍。它是语言学习的各个阶段不可缺少的部分……”（转引自崔校平，1990）。

因此，培养文化意识是提高学生人文素养的必然要求。外语教育应重视文化意识的培养，并将其融入日常教学中，为学生提供丰富的学习资源和多元化的教育环境，促进他们的全面发展。

3 俄语教学中培养学生文化意识的方法和途径

在俄语教学中可以通过哪些方法和途径来培养学生的文化意识呢？我们认为，可以从以下几方面进行。

3.1 深入挖掘教材中的文化知识，组织形式多样的课堂活动

目前，各大、中学使用的俄语教材，都蕴含了丰富的人文科学知识，将文化、历史、地理等内容有机融合在一起。教材呈现给师生的是更加贴近俄罗斯生活实际的语言材料，能够生动直观地再现中俄语言文化差异，让学生比较直观地感受到俄罗斯人的性格特点，俄罗斯的风土人情、社会习俗等。在教学过程中，教师应有意识地挖掘教材中的文化知识，变单纯的语言学习为语言、文化等内容的学习，兼顾对学生的品格培养和情操熏陶。

以《大学俄语（东方）（新版）》第三册为例。该册教材 Урок 12 的主题为«Праздники»。这是文化内涵非常丰富的一个主题，也是学生们最喜欢、学习热情最高的主题之一。深入挖掘本课的文化元素，可以很好地对学生进行跨文化意识的培养。针对该主题，教师可以组织多种多样的课堂活动。首先，可以通过一些引入性的问题，例如 Какие праздники вы знаете в Китае и в России? 来开始本课的教学。这时，学生们会表现出极大的兴趣和参与度，也很容易将两国的节日进行比较：

Праздники в Китае	Праздники в России
1. Праздник Весны	1. Новый год
2. Праздник середины осени	2. Рождество

3. Праздник Дуаньу	3. Масленица
4. Национальный день	4. День победы
…	…

比较之后，很容易发现“新年（Новый год）”是两个国家都隆重庆祝的一个节日。接下来可以进一步向学生提问：Когда отмечают Новый год в России? Сколько дней обычно отдыхают Россияне на новый год? Как отмечают Новый год в России? Что едят на Новый год в России?... 这类问题通常会引起学生们的热烈讨论。这时，教师可以顺势引导学生将俄罗斯新年和中国新年进行比较，包括新年假期、习俗、饮食文化、祝福语等。

为了增强学生的体验感，教师还可以创设一些跨文化交际的情景，如设计角色扮演、情景对话、小话剧、课堂游戏等形式多样的课堂活动，让学生模拟真实的语言环境运用俄语。通过与同学互动，学生可以更好地理解俄罗斯人的传统文化、思维方式、生活习惯与审美情趣等，使学生逐渐形成文化意识，提高跨文化交际能力。此外，这类活动还可以将学习和娱乐有机结合起来，巩固和深化所学语言知识，同时培养学生的记忆力、创造力、观察力以及合作意识和团队意识。

3.2 利用网络资源和多媒体技术丰富教学手段

除传统的教学方式外，教师还可以利用网络资源共享的优势，平时有意识地多收集、下载一些关于俄罗斯文化的音像资料，发挥多媒体技术生动、直观、快捷、方便的特点，设计出个性化的、主题鲜明的多媒体课件，向学生立体生动地展示俄罗斯文化。此外，还可以给学生播放俄语小视频、动画片、电影片段或俄语歌曲等，为学生展示真实的俄语语境和文化场景。通过这些丰富多彩的内容，提高学生的语言感受能力和语言运用能力，培养学生对俄罗斯文化的敏感性和洞察力。

例如，在学生刚刚开始学习俄语字母的时候，可以给学生播放俄罗斯 2014 年索契冬奥会开幕式上的一部宣传短片。该短片用 33 个俄语字母诠释了俄罗斯的辉煌成就。短片通过一位熟睡中的俄罗斯小姑娘的梦境，以 33 个俄语字母为主线，用以这些字母开头或包含这些字母的单词串联起俄罗斯历史上的科学成就和文学、艺术瑰宝。从以字母“A”

开头的单词“Азбука”开始，到包含字母“Я”的单词“Россия”结束，俄罗斯的第一位宇航员加加林、航空之父茹科夫斯基、缔造俄罗斯帝国的彼得大帝、谱写《天鹅湖》的柴可夫斯基、发现元素周期表的门捷列夫、大文豪托尔斯泰、画坛巨匠夏加尔、蒙太奇之父爱森斯坦等在俄罗斯历史上取得重要成就的杰出人物在观众面前徐徐出现，充分展现了俄罗斯辉煌大气的历史文化底蕴。该短片可以很好地激发初学者学习俄语的兴趣和愿望。

再比如，在介绍俄罗斯城市的时候，可以给学生展示一些莫斯科和圣彼得堡的图片，播放相关城市视频。在介绍俄罗斯新年时，可以给学生播放苏联经典新年影片《命运的嘲弄》（«Ирония судьбы»）。这些都可以让学生直观地感受到俄罗斯文化，体会到中俄文化差异，培养其文化意识并提高其跨文化交际能力。

3.3 拓展俄语第二课堂丰富课程资源

俄语课堂时间毕竟有限，所以可以积极拓展第二课堂，利用丰富多彩的课外活动来培养学生的跨文化意识，从而提高其俄语交际能力。

俄语课外活动的形式有很多。例如，在讲到备受学生喜爱的«Русская кухня»这一主题时，可以组织一个小型的俄罗斯美食节，或利用课外时间带领学生制作一道经典的俄罗斯美食。奥利维耶沙拉（салат Оливье）就是非常不错的选择。这是俄罗斯最有名的一种沙拉，又被直接称为“俄罗斯沙拉”，且制作非常简单。教师可以先以图片的形式展示这道沙拉，让同学们课下以小组为单位上网查询这道菜的相关资料及制作食谱，然后购买食材，一起进行制作、品尝。在讲到俄罗斯的谢肉节时，可以带领学生制作俄式薄饼并装饰稻草人。聘用外教的学校，可以更方便地营造跨文化环境。将这类活动交给外教来组织，更有助于学生沉浸式体验俄罗斯文化。

有条件的学校还可以利用便利的互联网，与俄罗斯的大学生进行连线交流或共同举办线上论坛，就相关主题进行线上讨论。类似的活动已经不再是模拟的语言环境，而是真实的跨文化交际环境，可以最大程度让学生感受俄罗斯语言文化，提高跨文化交际能力。

3.4 鼓励学生在课外拓展文化知识

除以上措施以外，教师还可以推荐学生在课外阅读俄罗斯文学作品、观看俄语纪录片等。文学是民族的一面镜子，承载着大量的文化信息。阅读文学作品不仅能巩固学生的语言知识，提高其语言水平，还可以让学生透过文学作品更深入地了解该民族的风俗传统、历史背景、思维习惯等，增进学生对俄罗斯文化的了解，同时还可以提高学生的文学修养、鉴赏能力、人文素养等。

此外，还可以引导学生去探索俄罗斯语言文化，比较中俄语言文化的异同，鼓励他们就相关论题撰写小论文，并利用课前三分钟汇报自己的探索成果。

4 俄语教学中培养学生文化意识应注意的问题

4.1 应辩证处理俄语工具性和人文性之间的关系

如前所述，俄语课程具有工具性和人文性的双重性质。在教学过程中，应该对俄语的工具性和人文性进行辩证处理，使学生既掌握好俄语这门工具，又通过工具深切地了解俄语所蕴含的俄罗斯文化，通过对语言文化的了解进一步促进对语言工具的运用。

换言之，在俄语教学中培养学生的文化意识是为了促进语言的学习，提高学生的跨文化交际能力，使学生能够更准确地理解俄语、更恰当地使用俄语。必须处理好文化教学同语言教学的关系，文化教学应是外语教学的辅助手段，课堂教学中仍需以语言能力的训练为主。

4.2 应在文化教学中注意文化导入的双向交流，避免出现“中国文化失语”

文化意识的培养应该是双向的，一方面加强对对象国文化的理解和领悟，另一方面要求通过与本国文化进行对比，理解两国文化的异同，提高跨文化交际能力。

目前的俄语教学中对对象国文化的导入普遍比较重视，但常常会忽略对本族文化的俄语教学。在笔者从事的俄语本科和研究生教学过程中，发现不少学生即便已经具有了较高的俄语水平，一旦进入俄语交流语境，仍立即呈现出“中国文化失语症”，使用俄语描述中国文化显得力不从心。这不能不说是俄语教学的一大缺陷。但正如从丛所指出的，“但是我们不应忘记，无论是汉语的‘交流’，还是英语的‘communication’一词，其所表示的交际行为都是‘双向的’。跨文化交流决不能仅局限于对交流对象的‘理解’方面，而且还有与交际对象的‘文化共享’和对交际对象的‘文化影响’方面，在某些情况下，后两者对成功交际则更为重要”（从丛，2000）。

在这一方面，义务教育阶段俄语教材的编写比高等学校的俄语教材做得更好。综观人教社的整套俄语教科书，基本上做到了双向式交流，让学生不仅能够了解俄罗斯的文化国情，也能学会用俄语向俄罗斯朋友简单介绍中国的文化。教材内容设计洋溢着浓浓的爱国主义情怀，真正使学生通过学习俄语理解中俄两国文化的差异，学会在弘扬祖国文化的同时尊重他国文化；同时也开拓了学生的国际视野，提高了他们的人文素养，充分体现了素质教育的思想。

因此，教师在授课时，既要让学生了解俄罗斯文化的精华以及中俄文化的差异，也要在课程设置中反映中国的优秀文化传统，引导学生提高文化鉴赏能力，树立民族自尊心、自信心和自豪感。在利用好教材的基础上，还可以适当补充一些语言材料，设计一些契合主题的思政内容，以便让学生更好地输出中国文化。

5 结束语

综上所述，要真正达到培养学生实际运用俄语进行交际的最终目的，纯语言形式的教学是远远不够的。在教授学生掌握必要的语言知识的同时，需加强对文化知识的传授，培养学生的文化意识。既要重视俄罗斯文化的引入，也要重视中国文化的渗透。在激发学生跨文化学习兴趣的同时，帮助学生形成对待不同文化的正确态度，学会尊重和欣赏他国文化，同时坚守中国文化立场，树立民族文化自信，讲好中国故事，传播中国声音。只有这样，才能培养出既有坚实的语言知识和言语技能，又能成功进行跨文化交际的高质量外语人才。

参考文献：

从丛，2000．“中国文化失语”：我国英语教学的缺陷［N］．光明日报，2000－10－19（C01）．

崔校平，1990．英语教学与文化背景知识的传授［J］．山东外语教学，40（4）：16－19．

教育部高等学校外国语言文学类专业教学指导委员会，等，2020．普通高等学校本科俄语专业教学指南［M］//普通高等学校本科外国语言文学类专业教学指南（下）．上海：上海外语教育出版社．

石英，2007．外语教学中文化意识的培养［J］．西南民族大学学报（人文社科版）（12）：304－307．

司徒双，1985．社会文化因素与外语教学［J］．外语教学与研究（3）：49－53．

许国璋，1991．许国璋论语言［M］．北京：外语教学与研究出版社．

中华人民共和国教育部，2011．义务教育俄语课程标准［S］．2011版．北京：北京师范大学出版社．

中华人民共和国教育部，2018．外国语言文学类教学质量国家标准［S］．（2018－04－11）［2024－01－29］．https://www.sohu.com/a/227935754_507486．

朱达秋，2010．再谈文化视角下的俄语［J］．外国语文，26（5）：100－104．

OBE 理念下日语演讲与辩论课程教学改革的实践与思考

涂丽佳

四川工商学院外国语学院

摘　要：日语演讲与辩论作为日语专业核心课程，在培养学生语言能力和批判性思维方面具有重要作用，但现有课程模式也存在一些问题，如教学目标不明确、学生参与度不高、课程设计和教学资源单一、评价方式不完善等。OBE 理念是一种以学习成果为导向的教育模式，更加重视培养学生能够习得的实际应用与综合能力。文章基于 OBE 理念，通过现状分析和文献调查，探讨了日语演讲与辩论课程的教学改进策略。包括优化教学目标、创新教学模式、构建多维动态评价体系三个方面。通过探索 OBE 理念在具体课程中的实践路径，本研究为日语演讲与辩论课程的教学提供了新的思路和方法，有助于进一步提升课程教学质量，优化课程设计，增强学生的综合素质。

关键词：OBE 理念；日语演讲与辩论；课程改革

1　前言

1981 年，美国学者威廉·G. 斯派蒂（William G. Spady）率先提出了以学生为中心，以成果为导向，持续改进的“成果导向教育理念”（Outcome-based education，简称 OBE 理念）。该理念一经提出，便引起多国学者的关注和讨论。美国工程教育认证协会（Accreditation

Board of Engineering and Technology）首先全面接受了OBE理念；20世纪90年代初，南非和澳大利亚将其作为国家教育政策进行推广；90年代后期，OBE理念传入我国，并在台湾、香港等地产生了重要影响。作为一种以学习产出为导向的新型教育模式，OBE理念自引入我国以来，对高校人才培养模式研究、人才培养方案制定、课程体系设计等提供了新理念、新视角和新方法。

相较于传统教学，基于OBE的教学在以下几个方面显示出了相关特点：（1）更加关注学生的学习成果和掌握的实际技能；（2）更加关注学习的必要性和国家、社会以及行业的具体需求；（3）更加关注如何帮助学生取得预期的学习效果；（4）更加关注如何科学有效地对学生的学习成果展开个性化评价；（5）以学生的不断反馈为驱动，强调教学的持续改进。

尽管OBE理念在提升高等教育质量，适应新时代对人才培养的要求方面显示出了一定优越性。但在实际推行过程中也面临着一定困难和挑战。其中，教育理念的转变以及新旧教学习惯的冲突尤为突出。此外，师资队伍的建设、教学资源的支持、持续改进与反馈机制的保障等也是有效推进OBE教学理念实施的难点。

本文将在明确OBE教学理念的基础上，结合教学实践案例和相关调研数据，明确传统教学模式中存在的问题；并基于OBE理念，设计一系列教学改革措施，包括优化教学目标、创新教学模式、构建多维动态“课程学习评价”模式三个方面。笔者希望通过本研究能够进一步提升课程教学质量，优化教学设计，增强学生的综合竞争能力，并为日语专业其他课程的教学改革提供参考。

2　OBE理念融入日语演讲与辩论课程的必要性

2018年初，教育部出台《高等学校外国语言文学类本科教学质量国家标准》，正式将日语演讲与辩论课程纳入日语专业核心课程群。经过数年来的教学实践，各高校对日语演讲与辩论课程的培养目标、教学内容、考核指标等不断地进行探索和改革，但日语演讲与辩论的传统课程教学中还是存在不少问题。为更好地了解演讲与辩论课程的教学现状，笔者以所在高校日语专业2020级学生为调查对象，通过“超星学习通”发布了“日语演讲与辩论课程学情分析调查问卷”。共发放调查问卷40份，回收40份，有效率100%，结果如图1所示。

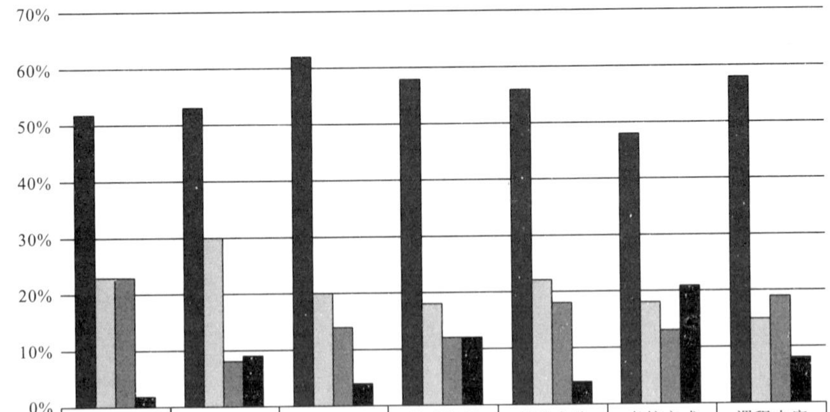

	学习目标了解度	课程学习兴趣度	教学活动参与度	教学资源满意度	教学方法认可度	考核方式认可度	课程内容接受度
■非常	52%	53%	62%	58%	56%	48%	58%
□一般	23%	30%	20%	18%	22%	18%	15%
■稍微	23%	8%	14%	12%	18%	13%	19%
■略微	2%	9%	4%	12%	4%	21%	8%

图1　日语演讲与辩论课程教学现状数据统计图

从以上调查结果可以看出，在日语演讲与辩论课程的教学实施过程中，还存在以下问题：

（1）课程目标不够明确，学生对学习目标的了解度一般。OBE教学理念基于知识技能的产出，更关注学生学得怎么样，不仅要明确课程的教学目标，在教学过程中也要不断追求预设目标与要求的达成。而日语演讲与辩论的传统教学偏重理论知识的讲解和灌输，教师对课程初始目标的定位不明确，学生对课程实施背景和课程要求的理解也不充分，仅以完成课堂任务为学习目标，学习兴趣和参与度普遍不高。

（2）教学方法、教学内容单一，学生对教学资源的整体接受度不高。课堂教学未能达到OBE理念以学生为中心，以学生的不断反馈为驱动，持续改进教学和学习过程的要求。

（3）教学评价模式和考核手段单一，缺乏个性化评价体系。尤其是人数较多的教学班，教师无法做到因材施教，分层教学，对学生的评价也很难达到OBE理念所倡导的“多种评估、持续评估”的模式。学生的整体表现和学习效果无法被正确评估，教师也无法持续调整和改进教学手段和计划内容，整个教学过程无法形成良性循环。

3 基于OBE理念的日语演讲与辩论课程的改革策略

3.1 基于OBE理念，优化课程教学目标

《普通高等学校本科教育教学审核评估指标体系》关于本科教学质量保障能力明确提出了“五个度”的要求：培养目标的达成度、社会需求的适应度、师资和条件的保障度、质量保障运行的有效度、学生和用人单位的满意度（中华人民共和国教育部，2021）。这已然从国家标准层面对基于OBE理念的高校教学改革提出了新要求。高校的人才培养效果应充分反映其预期培养目标，行业和企业、学生个人满意度等也是衡量一所高校教学质量保障能力的重要指标。

吕丽红等于2020年12月21日—2021年1月6日，以来自广东省内办学规模较大的几所民办院校（广东理工学院、广东白云学院、仲恺农业工程学院等）的各个专业的部分教师为调查对象，对各高校现有人才培养方案进行了调研。在调研报告中，关于专业人才培养方案与用人单位需求之间的符合度作出了如下总结：

> 34.46%的教师认为专业培养目标完全符合用人单位需求，60.92%的教师认为基本符合用人单位需要，另有4.62%的教师认为亟待改进……就目前高校毕业生在工作中最突出的问题，以及从教师的选择排序来看，大家普遍认为学生的实践能力和学习能力最为欠缺，其次为所学专业知识与实际工作需要相脱节，缺乏对相关行业专业知识的了解以及踏实的工作作风，另外，学生的自律性和团队协作能力较差。（吕丽红，周红梅，蒙子伟，2022）。

另外，根据对笔者所在高校2017级—2020级日语专业学生毕业去向的调查，日语专业毕业生的职业需求主要集中在旅游与服务业、教育与培训、外贸与国际商务等领域。

OBE作为一种目标导向的模式，采用的是“出口倒推”的方法，关注的核心是学生毕业时能带走什么，并以此作为最终的SLOs（Student Learning Outcomes，学生学习成果）来反向设计各门课程的

SLOs（巩建闽，2017）。结合上述提到的广东省人才培养方案调查报告相关结果，以及日语专业毕业生的主要就业需求，可基于 OBE 理念对日语演讲与辩论课程的教学目标进行反推和优化，具体如表 1 所示。

表 1　日语演讲与辩论课程教学目标

知识目标	1. 知识理解：演讲与辩论基础理论知识、规则和情感表达技巧； 2. 能力培养：能运用相关词汇、语法、修辞，了解中日社会文化知识，能够在公众场合进行恰切演讲与辩论活动。
能力目标	1. 知识理解：中日社会文化和风土人情差异； 2. 能力培养：日语语言综合运用能力、自主学习与思辨能力、团队合作与协作能力、跨文化交际及国际传播能力。
素质目标	1. 知识理解：理解当代中国理念、价值观念； 2. 能力培养：具备家国情怀和国际视野；具备对日语导游、商贸客服等职业的了解与适应能力，有较高的职业道德素养和从业能力素养。

总之，以课程的最终教学目标为起点，并基于 OBE 理念反向进行课程设计，开展各项教学活动，能更有效地激发学生的学习潜力，提高他们的学习效率，课程的教学内容及教学设计等也更加符合客观实际，从而能更切实地实现专业的培养目标，使学生通过更科学有效的培养模式达到相应的毕业要求。

3.2　创新教学模式

日语演讲与辩论课程授课对象多为日语专业二、三年级的学生。作为进入大学后才开始全面学习日语的“零基础”语言学习者，其日语语言文学、母语语言文化知识的积累以及跨学科知识结构尚不完整，欠缺日语综合运用、自主学习及实践的能力。OBE 理念的特点之一，便是以结果为导向，以学生为中心。在日语演讲与辩论课程的教学过程中，坚持建构以实践为主的“启发式教学模式”，并通过各项教学活动和实践任务来实施和推进，保证学生在习得专业技能的基础上，最大程度提高自身独立思考、团队协作、创新、思辨等能力。

3.2.1　线上线下混合式教学模式

混合式教学模式借助现代信息技术打破了学习的时空限制，有效地融合虚拟空间和实体空间，极大地充实了学习资源，推动了资源共享，从而大幅度地提高了学习的效能，增强了教学活动中的师生、生生互动

（林韶南，2023）。日语演讲与辩论课程重在利用日语五项基本技能，在课堂上活用专业知识，对中日历史、社会文化、文学等方面的基本知识进行综合输出。受学时偏少、教学班人数偏多、学生日语水平参差不齐、教学模式单一等因素的限制，很难将课程理论知识和实践训练集中、高效地在有限的课堂教学中完成。因此，在日常授课中，可以采取混合式教学模式，遴选线上优秀教学资源，设计合理的混合式教学环节。从课前、课中、课后三个环节，全面覆盖、追踪各项教学活动，并持续性评价和改进教学效果。以日语演讲与辩论课程“貧困脱却と共同富裕”（脱贫攻坚和共同富裕）一课为例，其具体实施流程和教学效果如图 2 所示。

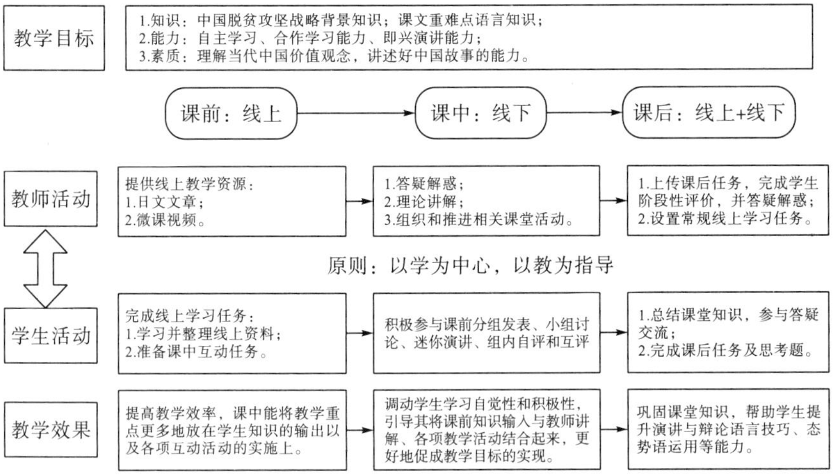

图 2　线上线下混合式教学模式流程图

课前，教师通过提供线上教学资源，如人民网日文版网站上检索到的《被称为脱贫攻坚典范的中国》等文章，以及重难点单词、语法相关微课。引导学生课前研读相关资料，分组完成各项资料的整理，并准备课中的发表和互动。此环节能让学生于课前充分了解本课知识背景，还能帮助他们更好地理解词汇、语法等基础语言知识。教师也能在课中将教学重点更多地放在学生知识的输出以及各项互动活动的实施上。

课中教师结合教材，对中国脱贫攻坚的实例、成效、制度体系等理论知识进行讲解。同时，通过答疑、分组发表和小组讨论、以《我感受到的中国脱贫攻坚的成果》为题进行迷你演讲、组内自评、互评等教学活动的推进，调动学生学习的主动性、自觉性和积极性，引导他们将课前的知识输入、教师的理论讲解与各项教学活动结合起来，从而更好地促成教学目标的实现。

课后教师在线上教学平台上传课后任务，并做好教学反思。学生也会在相应的网络学习平台上完成作业的提交，复习巩固课堂知识。此外，教师还可设置一些常规性线上学习任务，并要求学生完成相应的思考题，以更好地帮助其提升思辨能力、演讲与辩论心理素质。

3.2.2　模块化教学模式

模块化教学强调的是“模块化”的教学设计，是一种以对相同的语言技能进行大规模的输入来提升其能力，进而实现语言特定技能产出的一种教学方式（雷蔚茵，2023）。这与 OBE 强调的关注学习成果的输出，即明确学习成果是什么、如何取得学习成果、如何评估学习成果的理念特色不谋而合。日语演讲与辩论课程的教学目标不仅要求学生具备较好的日语语言综合运用能力，同时对学生的跨文化交际以及思辨与创新等能力也提出了一定要求。

结合课程特点及主要教学目标，以一学期 32 学时的教学实践为例，可以将日语演讲与辩论课程的教学分为以下四个模块：（1）演讲与辩论的理论和实践模块；（2）口语表达模块；（3）思辨及创新意识模块；（4）心理素质及体态语模块（见表 2）。

表 2　模块化教学模式

模块化教学项目	学时	教学重点	主要教学方法
演讲与辩论的理论和实践	8	1. 演讲与辩论的理论基础与准备 2. 不同主题的演讲与辩论赏析和实践	讲授法 微格教学法
口语表达	10	1. 音量、语音、语调、语速、情感表达训练 2. 文本朗读、跟读模仿、读书分享 3. 100 字命题演讲训练	演示教学法 话题式教学法
思辨及创新意识	10	1. 诵读训练：整理、反思、积累经典素材 2. 分小组命题演讲/辩论训练：解构演讲/辩论主题、论据、结论；尝试立论与反驳 3. 即兴演讲训练：独立思考，多角度分析，大胆质疑和推理	对分课堂教学法 PBL 教学法

续表

模块化教学项目	学时	教学重点	主要教学方法
心理素质 及体态语	4	1. 表情管理，肢体语言训练 2. 视频赏析，模仿演讲者态势语 3. 分层教学指导，克服怯场心理	演示教学法 情境教学法

各模块的教学侧重点、教学方法、授课形式等各具特色，但在实际教学中又环环相扣，相辅相成，并始终对标共同的教学目标。需要说明的是，各模块的侧重点教学在整个课程教学中充当的是辅助角色。即在每课时的主线教学任务完成后，教师会预留一定时间围绕各模块的教学侧重点展开特别训练。也可将部分教学任务转移至线上进行，达成“互联网+模块化”的教学模式。当然，不论是线上还是线下，在教学过程中，将始终坚持 OBE 教学理念所提倡的以学生为中心，注重以成果导向进行教学设计的理念核心，如此才能更好地协助教师完成主线教学任务，并更好地达到预期的教学目标。

3.3 构建多维动态的“课程学习评价”模式

OBE 教学理念强调教学及学习过程的可持续改进。不论是培养目标、毕业要求，还是教学环节，抑或是每一个教学参与者，都被纳入了评价范围。这就要求我们必须建立相应的评价机制，制定合理的评价周期。图 3 是笔者基于 OBE 理念并结合具体教学实践制定的日语演讲与辩论课程的教学评价体系。

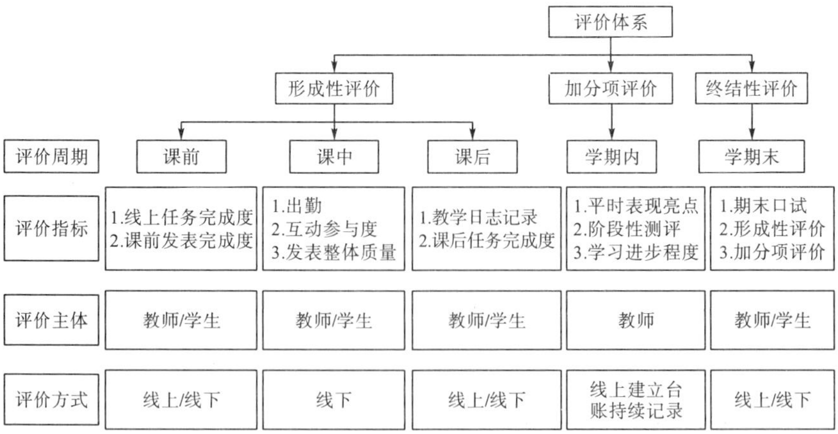

图 3　日语演讲与辩论课程评价体系

总之，在日常授课中，我们不仅要关注学生在学业测评中的综合表现，还要关注他们在每个学习阶段、教学模块中取得的阶段性学习成果。接下来以日语演讲与辩论课程“法治と徳治の結合を堅持しよう”（坚持法治和德治的结合）一课为例，结合图 3 中的内容对该课程的评价思路展开说明。

课前教师会布置分组搜集、整理和发表“法治中国”相关文本、视频材料的任务，并采取随堂点评的方式对各组的课前任务完成度和完成情况进行记录和评价。

课中将主要通过课堂讨论、分组迷你演讲等教学方式，进一步引导学生了解法律和道德的关联，理解法治和德治的重要性。课中主要采取的是自评、小组间互评以及教师点评的方式，对学生的演讲表现力、讲稿质量、语音语调等方面进行综合评价。

课后则会通过发布“分组完善和提交讲稿”等补充任务，鼓励学生完成任务并进行自评。教师也会结合教学日志和课堂记录等对学生在本课的整体表现进一步展开评价。

不仅如此，学生的阶段性测评成绩、模块化教学中的“加分项”表现等均可成为形成性评价的重要指标。教师可结合学生的线下表现及线上学习的后台数据，依据一定权重，以学期为单位建立评价台账，为学生在学期末的终结性考评提供客观数据。

构建多维动态的“课程学习评价”模式是一个跨学期，甚至跨学年的复杂体系，但结合相关教学实践可以发现，基于 OBE 理念的科学、系统的评价系统能够有效反馈教学。首先，形成性评价、加分项评价与总结性评价相结合的长周期评价模式，能够帮助教师及时了解学生的学习进展，并提供及时反馈和指导，帮助学生持续改进。其次，多样化的评价指标基于明确的学习目标，能够帮助学生了解课程的具体要求和期望。再次，多元评价主体能够促进学生自主学习和反思。通过教师点评、自评和互评，能够激发学生的学习动力，促使其主动参与学习和实践。最后，线上线下相结合的评价方式能够尽可能客观全面地衡量学生的综合能力，并提供个性化反馈。

4 结语

日语演讲与辩论课程虽多开设于日语专业中、高年级，但很多学生仍然未从被动接受理论知识的传统学习模式中跳脱出来，知识储备的积累和知识面的拓展不足，思考和观点也欠缺深度和广度。因而学生在思辨和创新能力方面也有所缺失。

上述教学模式及教学评价体系的提出和实践，虽结合 OBE 教学理念的基本内涵，在一定程度上优化了课堂教学，以帮助学生明确学习目标，夯实知识基础，增强口语表达能力、思辨及创新意识，但课程改革道阻且长，在实际授课过程中，教师还应在提升自身专业素质的基础之上，充分结合学情，活用多样化教学资源和教学手段，将语言能力训练、理论知识学习和价值塑造充分融合，才能培养出具有较强综合能力的复合型外语人才。

参考文献：

巩建闽，2017. 高校课程体系设计研究——兼论 OBE 课程设计［M］. 北京：高等教育出版社.

雷蔚茵，2023. 新文科背景下大学英语模块化教学模式研究［J］. 甘肃教育研究（11）：32－35.

林韶南，2023. 高校日语混合式教学改革路径与保障［J］. 福建技术师范学院学报，41（4）：550－555.

吕丽红，周红梅，蒙子伟，2022. OBE 理念下应用型本科院校人才培养方案调查报告［M］//刘香萍，周红梅. 基于 OBE 理念的专业和课程建设. 北京：北京理工大学出版社：235－239.

中华人民共和国教育部，2021. 普通高等学校本科教育教学审核评估指标体系［EB/OL］.（2021－02－03）［2024－06－26］. http://www.moe.gov.cn/srcsite/A11/s7057/202102/t20210205_512709.html.